本书得到中国青年政治学院出版基金资助

中/青/文/库

转型期网络舆论生态：
动因、机制与模型

刘朝霞◎著

中国社会科学出版社

图书在版编目（CIP）数据

转型期网络舆论生态：动因、机制与模型／刘朝霞著．—北京：中国社会科学出版社，2016.3

ISBN 978－7－5161－7727－3

Ⅰ.①转…　Ⅱ.①刘…　Ⅲ.①互联网络—舆论—研究—中国　Ⅳ.①G219.2

中国版本图书馆 CIP 数据核字（2016）第 045884 号

出 版 人　赵剑英
责任编辑　李炳青
责任校对　闫　萃
责任印制　李寡寡

出　　版　中国社会科学出版社
社　　址　北京鼓楼西大街甲 158 号
邮　　编　100720
网　　址　http://www.csspw.cn
发 行 部　010－84083685
门 市 部　010－84029450
经　　销　新华书店及其他书店

印　　刷　北京君升印刷有限公司
装　　订　廊坊市广阳区广增装订厂
版　　次　2016 年 3 月第 1 版
印　　次　2016 年 3 月第 1 次印刷

开　　本　710×1000　1/16
印　　张　13.5
插　　页　2
字　　数　236 千字
定　　价　52.00 元

《中青文库》编辑说明

《中青文库》，是由中国青年政治学院着力打造的学术著作出版品牌。

中国青年政治学院的前身是1948年9月成立的中国共产主义青年团中央团校（简称“中央团校”）。为加速团干部队伍革命化、年轻化、知识化、专业化建设，提高青少年工作水平，为党培养更多的后备干部和思想政治工作专门人才，在党中央的关怀和支持下，1985年9月，国家批准成立中国青年政治学院，同时继续保留中央团校的校名，承担普通高等教育与共青团干部教育培训的双重职能。学校自成立以来，坚持“实事求是，朝气蓬勃”的优良传统和作风，秉持“质量立校、特色兴校”的办学理念，不断开拓创新，教育质量和办学水平不断提高，为国家经济、社会发展和共青团事业培养了大批高素质人才。目前，学校是由教育部和共青团中央共建的高等学校，也是共青团中央直属的唯一一所普通高等学校。学校还是教育部批准的国家大学生文化素质教育基地、全国高校创业教育实践基地，是中华全国青年联合会和国际劳工组织命名的大学生KAB创业教育基地，是民政部批准的首批社会工作人才培训基地。学校与中央编译局共建青年政治人才培养研究基地，与国家图书馆共建国家图书馆团中央分馆，与北京市共建社会工作人才发展研究院和青少年生命教育基地。2006年接受教育部本科教学工作水平评估，评估结论为“优秀”。2012年获批为首批卓越法律人才教育培养基地。学校已建立起包括本科教育、研究生教育、留学生教育、继续教育和团干部培训在内的多形式、多层次的教育格局。设有中国马克思主义学院、青少年工作系、社会工作学院、法学院、经济管理学院、新闻传播学院、公共管理系、中国语言文学系、外国语言文学系 9 个教学院系，文化基础部、外语教学研究中心、计算机教学与应用中心、体育教学中心 4 个教学中心（部），中央团校教育培训学院、继续教育学院、国际教育交流学院 3 个教育培训机构。

学校现有专业以人文社会科学为主，涵盖哲学、经济学、法学、文学、管理学、教育学 6 个学科门类，拥有哲学、马克思主义理论、法学、社会学、新闻传播学和应用经济学 6 个一级学科硕士授权点、1 个二级学科授权点和 3 个类别的专业型硕士授权点。设有马克思主义哲学、马克思主义基本原理、外国哲学、思想政治教育、青年与国际政治、少年儿童与思想意识教育、刑法学、经济法学、诉讼法学、民商法学、国际法学、社会学、世界经济、金融学、数量经济学、新闻学、传播学、文化哲学、社会管理 19 个学术型硕士学位专业，法律（法学）、法律（非法学）、教育管理、学科教学（思政）、社会工作 5 个专业型硕士学位专业。设有思想政治教育、法学、社会工作、劳动与社会保障、社会学、经济学、财务管理、国际经济与贸易、新闻学、广播电视学、政治学与行政学、汉语言文学和英语 13 个学士学位专业，同时设有中国马克思主义研究中心、青少年研究院、共青团工作理论研究院、新农村发展研究院、中国志愿服务信息资料研究中心、青少年研究信息资料中心等科研机构。

在学校的跨越式发展中，科研工作一直作为体现学校质量和特色的重要内容而被予以高度重视。2002 年，学校制定了教师学术著作出版基金资助条例，旨在鼓励教师的个性化研究与著述，更期之以兼具人文精神与思想智慧的精品的涌现。出版基金创设之初，有学术丛书和学术译丛两个系列，意在开掘本校资源与迻译域外精华。随着年轻教师的增加和学校科研支持力度的加大，2007 年又增设了博士论文文库系列，用以鼓励新人，成就学术。三个系列共同构成了对教师学术研究成果的多层次支持体系。

十几年来，学校共资助教师出版学术著作百余部，内容涉及哲学、政治学、法学、社会学、经济学、文学艺术、历史学、管理学、新闻与传播等学科。学校资助出版的初具规模，激励了教师的科研热情，活跃了校内的学术气氛，也获得了很好的社会影响。在特色化办学愈益成为当下各高校发展之路的共识中，2010 年，校学术委员会将遴选出的一批学术著作，辑为《中青文库》，予以资助出版。《中青文库》第一批（15 本）、第二批（6 本）、第三批（6 本）、第四批（10 本）陆续出版后，有效展示了学校的科研水平和实力，在学术界和社会上产生了很好的反响。本辑作为第五批共推出 13 本著作，并希冀通过这项工作的陆续展开而更加突出学校特色，形成自身的学术风格与学术品牌。

在《中青文库》的编辑、审校过程中，中国社会科学出版社的编辑人员认真负责，用力颇勤，在此一并予以感谢！

目　录

第一章　绪论 ……………………………………………………………… (1)
　第一节　研究背景、研究对象及目的 ………………………………… (1)
　第二节　研究方法、路径及创新点 …………………………………… (3)
　　一　研究方法 ………………………………………………………… (3)
　　二　研究意义 ………………………………………………………… (6)
　　三　研究创新与难点 ………………………………………………… (6)

第二章　网络舆论研究现状综述 ……………………………………… (9)
　第一节　我国网络舆论研究的视角 …………………………………… (9)
　　一　社会学视角 ……………………………………………………… (9)
　　二　政治学视角 ……………………………………………………… (9)
　　三　传播学视角 ……………………………………………………… (10)
　　四　自然科学视角 …………………………………………………… (10)
　第二节　我国学术论文数据统计和内容分析 ………………………… (11)
　　一　历时态考察 ……………………………………………………… (11)
　　二　研究主题考察 …………………………………………………… (15)
　　三　研究类型考察 …………………………………………………… (25)
　　四　研究领域考察 …………………………………………………… (26)
　　五　研究方法考察 …………………………………………………… (27)
　　六　网络舆论研究总括 ……………………………………………… (27)
　第三节　国外关于网络舆论的研究状况 ……………………………… (29)
　　一　社会学视角 ……………………………………………………… (30)
　　二　政治学视角 ……………………………………………………… (33)
　　三　传播学视角 ……………………………………………………… (34)

四　自然科学视角 ……………………………………………（36）

第三章　网络舆论相关概念界定 ……………………………………（38）
第一节　舆论概念内涵及研究现状 ………………………………（38）
第二节　网络舆论概念内涵及研究现状 …………………………（40）
一　网络舆论定义的历时态考察 ………………………………（40）
二　网络舆论概念的界定 ………………………………………（42）
第三节　网络舆论与网络舆情概念辨析 …………………………（43）
一　网络舆论与网络舆情的概念比较 …………………………（43）
二　网络舆情向网络舆论的转化 ………………………………（44）
第四节　机制的界定 ………………………………………………（45）
一　机制的本义 …………………………………………………（45）
二　机制的引申义 ………………………………………………（45）

第四章　社会转型视域下的网络舆论生成 …………………………（48）
第一节　网络舆论背后的政治转型 ………………………………（49）
一　意识形态：密闭向宽松转变 ………………………………（49）
二　政治制度：人治向法治转变 ………………………………（51）
三　制度执行者：官本位向民本位转变、经济建设型向
公共服务型转变 ……………………………………………（53）
第二节　网络舆论背后的经济转型 ………………………………（55）
一　社会利益结构的分化 ………………………………………（55）
二　利益主体的多元化与利益表达诉求的增长 ………………（59）
第三节　网络舆论背后的文化转型 ………………………………（61）
一　传统伦理文化的失落 ………………………………………（62）
二　网络文化的崛起 ……………………………………………（64）
第四节　网络舆论背后的媒介环境 ………………………………（67）
一　传统媒体公共话语平台功能的弱化 ………………………（67）
二　媒介“话语霸权”的消解 …………………………………（68）

第五章　网络舆论形成的哲学分析 …………………………………（71）
第一节　网络舆论形成的客观根源 ………………………………（71）

一　网络本质及特征 …………………………………………（71）
二　网络舆论客体 ……………………………………………（76）
三　网络舆论的民众评价论本质 ……………………………（79）
第二节　网络舆论形成的主观依据 …………………………（81）
一　网络舆论主体界定 ………………………………………（81）
二　网络舆论的主体依据 ……………………………………（82）
三　网络主体性 ………………………………………………（83）
四　文化哲学视野下的网络舆论主体身份考察 ……………（84）
第三节　网络舆论形成的认识论基础 ………………………（85）

第六章　网络舆论生成过程研究 ……………………………（88）
第一节　网络舆论的发生要素 ………………………………（88）
一　网络舆论主体的公众性 …………………………………（88）
二　网络舆论客体的双重转向——公共领域私人化、
私人领域公共化 ………………………………………………（89）
三　网络舆论主体的利益、价值观、情感 …………………（92）
第二节　网络舆论的生成逻辑 ………………………………（98）
一　网络舆论是社会安全阀 …………………………………（99）
二　网络舆论是社会晴雨表 …………………………………（101）
三　网络舆论的生成逻辑 ……………………………………（101）
四　网络舆论的生成路径 ……………………………………（102）
第三节　网络舆论传播模式 …………………………………（108）
一　5W 模式 …………………………………………………（108）
二　香农—韦弗模式 …………………………………………（109）
三　钮科姆模式 ………………………………………………（109）
四　德弗勒模式（双向反馈模式） …………………………（110）
五　网络舆论生成的双向互构模式 …………………………（111）

第七章　网络舆论的演进过程研究 …………………………（113）
第一节　网络舆论演进模型构建 ……………………………（113）
一　五个热点事件网络舆论演变统计 ………………………（113）
二　网络舆论演进周期图 ……………………………………（122）

三　网络舆论演进阶段划分 …………………………………………（125）
四　网络舆论演进模型构建 …………………………………………（128）
第二节　稳定—波动—平衡的网络舆论形式动态结构…………（132）
一　网络舆论演进的影响因素分析 ………………………………（132）
二　网络舆论演进中各动因博弈机制研究
——加值理论的视角 ……………………………………………（134）
第三节　个体—群体—个体的网络舆论主体动态结构…………（163）
一　群体概念界定 ……………………………………………………（163）
二　网络舆论群体的形成 ……………………………………………（164）
第四节　潜在舆论—显性舆论—潜在舆论的网络舆论本体
动态结构 ……………………………………………………（168）
一　潜在舆论生发 ……………………………………………………（169）
二　舆论显在化 ………………………………………………………（172）
三　舆论复归隐性 ……………………………………………………（175）

第八章　结论 ……………………………………………………………（177）
一　研究发现 …………………………………………………………（177）
二　若干争议问题的思辨 ……………………………………………（182）
三　网络舆论作用的认知立场 ………………………………………（184）
四　研究不足及研究方向 ……………………………………………（186）

参考文献 ………………………………………………………………（188）

后记 ……………………………………………………………………（201）

插图目录

图 2.1　2002—2013 年 CNKI 收录网络舆论相关论文数据统计折线图 …………（12）
图 2.2　2002—2013 年 CNKI 收录网络舆论相关论文研究主题分布图 …………（15）
图 2.3　2002—2013 年 CNKI 收录网络舆论相关论文研究类型分布图 …………（26）
图 2.4　2002—2013 年 CNKI 收录网络舆论相关论文研究领域分布图 …………（27）
图 2.5　2002—2013 年 CNKI 收录网络舆论相关论文研究方法分布图 …………（27）
图 4.1　国家统计局、世界银行公布的中国基尼系数变化图 ……（57）
图 6.1　2009—2013 年 100 个舆论热点事件传播路径折线图 …………（107）
图 6.2　网络舆论二级传播模型图 …………（107）
图 6.3　拉斯韦尔 5W 模式图 …………（108）
图 6.4　香农—韦弗模式图 …………（109）
图 6.5　钮科姆模式图 …………（110）
图 6.6　德弗勒模式图 …………（110）
图 6.7　网络舆论形成双向互动结构模式图 …………（112）
图 7.1　华南虎照事件发帖量走势图 …………（116）
图 7.2　三鹿奶粉事件发帖量走势图 …………（118）
图 7.3　三鹿奶粉事件百度热点趋势图 …………（118）
图 7.4　杭州飙车事件发帖量走势图 …………（119）
图 7.5　动车事故发帖量走势图 …………（120）

图 7.6　动车事故百度热点趋势图 …………………………………（121）
图 7.7　马航 MH370 事件新浪微博数量走势图 ……………………（121）
图 7.8　马航 MH370 事件百度指数热点趋势图 ……………………（122）
图 7.9　消解型网络舆论演变图 ………………………………………（123）
图 7.10　低落型反复演变模型图…………………………………………（124）
图 7.11　激进型反复演变模型图…………………………………………（124）
图 7.12　网络舆论演进模型图……………………………………………（131）
图 7.13　加值理论图示 …………………………………………………（133）
图 7.14　2009—2013 年 100 个舆论热点事件舆论框架比例图 ………………………………………………………（142）
图 7.15　2009—2013 年 100 个舆论热点事件舆论议题分布图 ………………………………………………………（144）
图 7.16　网络舆论孕育与诞生过程演进图 ……………………………（147）
图 7.17　网络舆论发展与扩散过程演进图 ……………………………（154）
图 7.18　网络舆论鼎盛与波动过程演进图 ……………………………（157）
图 7.19　网络舆论衰减与消退过程演进图 ……………………………（163）
图 8.1　网络舆论生发的内部因素作用图 ……………………………（179）
图 8.2　网络舆论生成模式图 …………………………………………（180）
图 8.3　网络舆论生成与演进机制总结 ………………………………（181）

附表目录

表 1. 1　2009—2013 年 100 个网络舆论热点事件列表 ……………… (4)
表 4. 1　政治转型引发热点舆论统计表 …………………………………… (54)
表 4. 2　经济转型引发热点舆论统计表 …………………………………… (61)
表 4. 3　文化转型引发热点舆论统计表 …………………………………… (66)
表 6. 1　2009—2013 年 100 个舆论热点事件双重转向统计表 …… (90)
表 6. 2　2009—2013 年 100 个舆论热点事件传播路径
统计表 ……………………………………………………………… (105)
表 7. 1　华南虎照事件发帖各期分布表 ………………………………… (117)
表 7. 2　以往学者网络舆论演变阶段划分统计表 …………………… (127)
表 7. 3　2009—2013 年 100 个舆论热点事件舆论框架
统计表 ……………………………………………………………… (141)

第一章　绪论

第一节　研究背景、研究对象及目的

凡是社会处于大变革、大转折的时期，都是言论传播空前活跃并发生巨大作用的时期。在目前中国公共领域尚不发达、传统媒体公共话语平台功能弱化的现况下，互联网无疑成为一种重要的“代偿性”媒体，为汹涌的民意提供了打破官方信息及话语垄断的唯一出口。网络正越来越深地向中国的社会生活渗透，使得很多事件的引爆、发生、发展变得更不可测、更不可控。这种社会话语能量的巨大释放给社会的管理者带来了巨大的压力和无穷的困扰。

当下中国，正如新华社前总编辑南振中所言“客观存在的两个舆论场”[①]更加显明：一个是党报、国家电视台、国家通讯社等“主流媒体舆论场”，即官方舆论场，它忠实地宣传党和政府的方针政策，传播社会主义核心价值观；一个是依托于口口相传特别是互联网的“民间舆论场”，人们在微博、微信、BBS、QQ、博客上议论时事，针砭社会，品评政府的公共管理。“两个舆论场”以前往往呈现两种截然不同的舆论态势，现在它们开始相互渗透、彼此占领，有时候仿佛是断裂的大峡谷，南北两岸风景迥异，有时候又两江合流，大江东去。[②]这是中国传媒界引人注目的一道风景，也是一道待解的方程式。如何打通两个舆论场，需要学界与业界共同努力，寻找切实的解决方法。

---

① 南振中：《把密切联系群众作为改进新闻报道的着力点》，《中国记者》2003年第3期。

② 祝华新：《“两个舆论场”的由来和融通之道》，《南方传媒研究》2012年第38期。

因此，我们需要探讨：网络舆论发生、发展的根源？舆论在网络环境下的生成与演进模式？如何规避网络舆论可能带来的社会治理风险？如何弥合民间舆论与官方意见的分野？对于前述宏大社会命题，从具体而微的问题入手，可能也是一条路径。譬如，在网络对社会生活渗透力越来越强、网络传播渐成整个传播生态中的主导传播逻辑的大背景下，网络舆论又是如何策源、引爆、发生、发展？网络议题如何聚合，在此过程中影响力传导机制如何作用？本书以网络舆论为研究对象，以网络舆论的生成与演进作为核心议题，探讨网络舆论在哪些因素作用下产生，呈现什么样的发展态势和规律，在各演变阶段的影响动因及作用机制如何等问题。这对于政府实现有效社会治理、构建和谐舆论生态环境颇有意义和价值。此外，此研究也有助于对网络舆论的演进与运行有更加清晰、全面的认识，为后续研究提供基础。

本书着重考察我国网络舆论的生成与演进机制。就目前我国网络舆论现状来看，网络舆论的内涵及样态实在太过丰富复杂。网络舆论是网民就公共事务发表的带有普遍性的意见。然而，网民群体的组成却是复杂而多样。网民群体内部包括没有技术和权力优势的网络草根阶层（大众网民）；具有一定知识和分析能力，且能够影响、作用甚至引导舆论的网络意见领袖（知识分子网民）；具有较强的技术能力，且利用技术优势影响、干扰甚至操纵舆论的网络推客（网络推手）；还有大量以盈利为目的的网络公司有意编撰虚假信息，以吸引眼球，增加点击量。广义而言，为媒体、政府服务及其他相关人员（网络水军）也会在网络上发布言论，也属于网民。不同的网民身份，使得发表的言论往往带有不同性质。比如，网络草根阶层占有资源稀少，社会剥夺感最强，更容易产生对社会的不满情绪。从价值取向来看，他们发表的言论更多具有民本主义特点；从利益取向来看，他们发表的言论更多是社会抗争的表现；从情感色彩来看，他们发表的言论往往带有批判色彩。而网络推手、网络水军服务于不同的组织和机构，更多会从维护效力组织机构的角度出发制造和引导舆论，他们发表的言论多为正面舆论。意见领袖多从公平、正义角度，对草根阶层有着天然的同情，往往会支持草根网民的声音，同时又进一步引领网民对现实的批判。据中国互联网络信息中心（CNNIC）发布的《第 33 次中国互联网络发展状况统计报告》[①] 显示，截至 2013 年 12 月，中国网民人数已突破 6.18 亿，其中学生是中国网民主力，占比为 26.8%。其次为个体户/自由职业者，占比为 17.8%。退休和无业/下岗/失业群体在整体网民中的占比有所上升，分别为 3.3% 和 11.2%。从学历结构来看，初、高中学历网民是主体。这显示大众网民占据网民的多数，带有明显“草根”特征。因此，网络草根阶层发表的舆论是网络舆论中的主要组成部分，也是当前最现实、最值得关注、最需要解答的网络舆论形态。以笔者一己之力实在难以对全部网络舆论形态加以研究，因此，本书所研究的网络舆论仅限于主要由网络草根阶层与意见领袖发起的，对公共事务讨论形成的民本主义色彩的意见，这种意见多带有批判性，不包括媒体、政府、企业及其他组织服务的人员发表的言论。

第二节 研究方法、路径及创新点

一 研究方法

（一）案例研究法

网络舆论演变的一般规律是基于对各种个案舆论呈现和演变的抽象，因此，为了使一般性和抽象性分析具有可靠的现实基础和实践基础，需要对一些典型的个案进行全面的、深入的解剖，以提供研究的具体样本和材料。本书在写作时，运用案例对网络舆论研究中各种假定存在的联系进行佐证与诠释，既有单案例的呈现过程，也有在多案例研究基础上进行高度的概括分析。首先，本研究采纳了人民网舆情监测室自 2009—2013 年每年发布的舆情监测报告中的 100 个舆论热点事件作为贯穿本书的案例（见表 1.1）。其次，在第七章研究网络舆论演进过程时，选取了五个代表性案例进行定量研究。[②]

---

① CNNIC：《第 33 次中国互联网络发展状况统计报告》，http：//www. cnnic. net. cn/hlwfzyj/hlwxzbg/hlwtjbg/201403/P020140305346585959798. pdf。

② 五个事件分别是华南虎照事件、三鹿奶粉事件、杭州事件、7·23 动车事故和马航 MH370 事件。

表 1.1　2009—2013 年 100 个网络舆论热点事件列表①

年度 事件	2009	2010	2011	2012	2013
1	湖北巴东邓玉娇案	腾讯与 360 之争	7·23 动车追尾	钓鱼岛与反日游行	薛蛮子嫖娼案
2	重庆打黑风暴	上海世博会	佛山小悦悦事件	伦敦奥运会	李天一案
3	云南“躲猫猫”案	网络红人凤姐	日本大地震	神舟九号与天宫一号对接	薄熙来案
4	上海钓鱼执法	我爸是李刚	郭美美事件	黄岩岛与南海局势	斯诺登棱镜门事件
5	网瘾标准与治疗	富士康员工跳楼	深圳大运会	舌尖上的中国	芦山地震
6	绿坝之争	袁腾飞言论惹争议	利比亚政局	莫言获诺贝尔文学奖	厦门公交大火案
7	杭州飙车案	北京查封天上人间	药家鑫案	周克华案	上海法官集体嫖娼事件
8	吉林通钢暴力事件	郭德纲弟子打人事件	乔布斯去世	方韩论战	农夫山泉质量门事件
9	湖北大学生舍身救人	唐骏学历门	上海地铁追尾	王立军、薄熙来案	曾成杰被执行死刑
10	央视曝光谷歌涉黄	宜黄强拆自焚事件	房产限购	北京特大暴雨	新快报记者被捕事件
11	开胸验肺	方舟子遇袭	抢盐风波	毒胶囊与皮鞋很忙	光盘行动
12	贾君鹏红遍网络	张悟本虚假宣传	免费午餐计划	电商价格战	黄浦江死猪漂浮事件
13	逯军替谁说话	校园袭童案	李娜法网夺冠	微笑局长成“表哥”	夏俊峰被执行死刑
14	小学生卖淫案	安阳曹操墓真伪之辩	神舟八号发射	广东乌坎事件	陕西神木房姐事件

① 本表所列事件根据人民网舆情监测室发布的 2009—2013 年舆情监测报告制作。

续表

事件 \ 年度	2009	2010	2011	2012	2013
15	成都公交车燃烧事件	山西问题疫苗	钱云会案	四川什邡事件	《南方周末》事件
16	河南灵宝王帅案	商丘赵作海案	故宫失窃事件	陕西孕妇引产事件	海南万宁校长开房事件
17	访民精神病说	王家岭矿难救援	上海染色馒头事件	多地曝光集资案	长春盗车杀婴事件
18	罗彩霞事件	谷歌退出中国	刘志军贪腐案	哈尔滨塌桥事件	甘肃初中生发帖被刑拘事件
19	习水县嫖宿幼女案	唐福珍自焚	双汇瘦肉精事件	沈阳大量商铺关门	刘铁男事件
20	湖北石首骚乱	部分地区罢工	微博打拐	最美女教师张丽莉	香港限奶令事件

（二）内容分析法

内容分析法是大众传播领域的基本研究方法。本书首先对12年来网络舆论相关研究成果的历时态发展、研究主题、研究类型、研究领域、研究方法等进行分类统计，获得对网络舆论研究现状的概貌性评价。其次，对于前述100个舆论热点事件的发生根源、舆论客体、传播路径以及舆论“框架”进行了内容分析。最后，本书还着眼于对五个代表性事件所含信息量及其变化的分析，对论坛的帖文和微博博文等材料进行数据统计，在此基础上，对网络舆论演变进行阶段划分，并构建网络舆论演进模型图。

（三）比较研究法

比较研究法是一种贯穿全文的方法，通过对历史研究对象的比较对照，把研究对象纳入广阔的历史背景之中，分析异同，认识本质，从而揭示共同规律和特殊规律。关于网络舆论概念，需要厘清舆论与网络舆论、网络舆论与网络舆情的区别。社会政治、经济、文化与传媒的转型会带来网络舆论的转型。在网络舆论演变的各个环节，需要对前后的舆论变换进行比较和对照，对各影响动因也需要对比和参照；此外，各演变阶段，网络舆论主体的集群状态需要对比，网络舆论的存在样态也需要对比。另外，网络舆论的演变与现实舆论的演变有何不同，网络舆论的生成逻辑、传播模式与传统社会舆论的传播有何异同，通过多角度的对比，可为展示网络舆论演化及其内在机理的独特图景提供参照体系。

二　研究意义

本书试图在如下方面开拓努力，为网络舆论研究尽绵薄之力。

（一）寻找富有解释力的规律，为认知网络舆论现象提供坐标

通过梳理历年热点事件网络舆论演变过程，可形成多元因素交互作用形成网络舆论的过程，网络舆论演变的一般模型、路径等规律性成果。这些具有现实解释力的规律，对网民抑或政府认知各种具体事件和网络舆论现象提供可能的认知坐标，避免在面对突发网络舆论时不知所措、盲目或反应失当。

（二）为认知网络舆论形成的哲学本原提供可参考路径

通过探寻网络舆论形成的主客观根源以及认识论基础，探讨网络舆论的主体、客体特点及主客体间性；并且从认识论、实践论角度认识网络舆论的形成，把握和认知网络舆论的本原及网络舆论形成的本质规律，可为追本溯源认知网络舆论的生成、演变提供基本视角。

（三）为如何处理民众与政府之间的关系提供新的思路和方法

研究获得的关于网络舆论运行特征、演变过程及生成机制模型的成果，可为政府部门认知、介入、引导以及预测网络舆论提供先导性服务，使政府充分认知不同主体和要素及其行为特点、过程等会对网络上衍生的舆情产生何种影响和作用效果。实际上，任何应对活动的效果的实现都是基于对需要规制和管控对象的深度把握基础上，而对网络舆论演变的分析提供了把握规制对象的可能。

三　研究创新与难点

从现有文献来看，研究主要集中在网络舆论的定义、表现形式、特征、传播、影响及引导等方面。对于网络舆论究竟如何形成、传播并演进这一关键问题的探讨相对较少，而探究网络舆论运行规律的研究更显不足。本书试图在探求网络舆论生成与演进规律方面有所突破。

（一）从社会转型这一视域考察我国网络舆论运行的特征和规律

目前，中国正处于社会转型期，社会转型为网络舆论的勃兴提供了

宏阔的社会背景，同时，网络舆论也为社会转型贡献力量。本书从社会转型视域下，考察网络舆论的生成与演进，赋予本问题的研究以社会意义。

（二）从哲学角度探讨网络舆论形成与变动的哲学基础

国内研究网络舆论形成机制，大多从传播学、政治学、舆论学、心理学、自然科学等角度介入，鲜有从哲学角度探讨网络舆论的本原及网络舆论形成的本质规律。哲学是社会科学之母，对于网络舆论研究而言，哲学视角的考察对于追本溯源意义鲜明，因此引入哲学探讨，实有必要。本书从马克思主义哲学的角度，探讨网络舆论的主体、客体，并且从认识论、实践论角度认识网络舆论的形成，赋予本问题的研究以哲学意义。

（三）运用社会学加值理论、博弈论以及复杂系统理论和自组织理论，分析网络舆论生成、演进的运行规律

如今，网络的社会化和社会的网络化正日益成为共识性的认知。网络舆论是现实民意的折射，同时，网络舆论也会反过来左右现实民意。对网络舆论进行社会学意义的考察，有助于探讨网络民意在社会变迁中的作为及可能。本书运用社会学加值理论、博弈论作为理论框架对网络舆论演进过程中各影响要素的作用机制进行解读。同时，还运用“复杂社会网络理论”和“自组织理论”揭示网络舆论演进背后的网络舆论主体及形态的演变规律。这些理论的运用，是对网络舆论研究的一种全新尝试，为本书网络舆论研究打开了一个新的理论视角，并把触角伸向了更新的研究领域。

理想是丰满的，现实却往往很骨感。在研究中落实前述设想，仍然存在现实的困难：

首先，研究空白的找寻是首要困难。网络舆论的相关研究已有很多。在本书写作时，如何不断寻找与发现他人在网络舆论研究中的空白或他人研究中存在的不足，从不同的角度、用不同的理论进行创新与深入研究，是本书研究的重点所在，也是难点所在。

其次，陌生视角的解读带来的未知困难。运用新的理论，从新的角度解读网络舆论的生成与演进，在研究的实际操作过程中难度较大。不仅需要考虑理论的适用性，还可能需要结合实际对理论进行修正。

再次，网络数据的不易获取和复杂性带来的方法困难。在进行内容

分析时，材料的收集非常庞杂。例如，在中国知网（CNKI）上收集到的十多年来的相关研究论文达到3415篇，在一段时间内收集如此庞多的资料，并运用内容分析法对之进行定量与定性分析，并非一件易事。又因时间间隔较长，针对个案，考察与其相关的论坛帖文或微博博文，客观上存在一定难度。此外，每天发帖、发博数量巨大，在如此众多的信息中找寻有效信息，更加不易。

最后，变动不居的网络及社会现实增加研究的难度。对变动事物的考察类似持照相机追随高速运动的物体，动态事实的静态考察无疑是困难的。随着网络信息技术的发展，网络舆论传播的渠道与形态无时无刻不在变化之中，如何敏锐地感知并把握网络舆论的传播形态与传播规律的变化，客观全面地解读网络舆论，是一个难点所在。

第二章　网络舆论研究现状综述

第一节　我国网络舆论研究的视角

近年来，伴随民众对互联网言论功能使用的深入，网络舆论作为网络传播的重点研究对象，逐渐成为学术界的研究热点。纵观各类研究发现，目前相关研究主要有四种不同的理论取向。

一　社会学视角

社会学领域对网络舆论的研究，更多作为网络社会学的分支学科而存在。这一类研究多从美国社会学家曼纽尔·卡斯特的网络社会理论中汲取营养，将网络舆论看作一个社会系统，着重探讨网络舆论的建构背景及其结构、功能和过程。如张春华的《网络舆情：社会学阐释》[①] 一书便属此类。

二　政治学视角

在政治学视角的研究中，最常运用的理论是哈贝马斯的公共领域与市民社会理论，当然还包括近年来西方比较流行的协商民主理论的引入。彭伟步借用公共领域概念展开分析，认为网络提供了一个公共空间，为公共舆论的形成和传递提供了便利，并进而会成为影响社会和政府决策的外部压力。尽管网络传播存在种种限制和问题，但总体上还是会提高社会民主的程度。[②] 丁未认为，网络民主可能变成少数人的特权，一种由技术专家产生的更为隐蔽的权力集中现象已悄然降临，以至

① 张春华：《网络舆情：社会学阐释》，社会科学文献出版社 2012 年版。

② 彭伟步：《信息时代政府形象传播》，社会科学文献出版社 2005 年版，第 132 页。

于可能在未来造成技术专家在政治上的专权。[①] 李永刚更为细致地分析了网络发展与技术官僚统治、信息集权控制以及民主与直接民主的关系，认为从长远来看，人们应该对技术的进步抱以信心，但技术不会塑造价值，也不会产生理想，需要我们尽早为之设计规范。[②]

三　传播学视角

此类研究数量最多，研究主题涵盖广泛。既有立足传统传播学传播模式，通过证实或证伪经典理论来发现网络舆论生成规律。譬如，金兼斌从“议题的出现”“议题的存活”到“舆论的走向”分析了网络舆论演变过程中的一些关键环节。[③] 刘海龙认为，沉默螺旋产生的基本条件在网络空间中仍然存在，对“中坚分子”的分析也揭示了网络空间中沉默的、螺旋的特殊表现。同时，基于剖析网络舆论传播中独特现象的个案，如人肉搜索、网络暴力、网络流言、网络非理性（群体极化）等，归纳出网络舆论生成的部分图景。[④] 学者们构建了网络舆论暴力形成的“龙卷风”模型等，也有学者借用舆论波理论、“羊群理论”、雪崩效应、舆论虹吸、涌现等理论解释网络舆论的强大影响力。

四　自然科学视角

此类研究的主要工作集中在为舆论形成建模上。如张彦超的博士论文[⑤]对社交网络的信息传播机制、观点演化模式、用户行为特征以及话题预测方法等问题进行了研究。该论文构造了社交网络信息传播模型以及个体观点交互模型，研究了社交网络用户行为的特征规律、社交网络中话题传播行为规律和预测方法。杜阿宁的博士论文[⑥]利用内容敏感网

① 丁未：《社会结构与媒介效果——“知沟假设”研究》，复旦大学出版社 2004 年版，第 89 页。

② 李永刚：《我们的防火墙：网络时代的表达和监管》，广西师范大学出版社 2009 年版，第 112 页。

③ 金兼斌：《网络舆论的演变机制》，《传媒》2008 年第 4 期。

④ 刘海龙：《沉默的螺旋是否会在互联网上消失》，《国际新闻界》2001 年第 5 期。

⑤ 张彦超：《社交网络服务中信息传播模式与舆论演进过程研究》，博士学位论文，北京交通大学，2012 年。

⑥ 杜阿宁：《互联网舆情信息挖掘方法研究》，博士学位论文，哈尔滨工业大学，2007 年。

页监控技术、频繁访问主题挖掘、NISAC 指数监测系统等进行了实证研究。程葳等人进行了网络论坛中发帖行为复杂性研究，从实验角度证明了由网民和论坛网站共同构成的网络论坛系统处于自组织临界态，并提出了可用于网络论坛突发事件发现的定量新指标。①

以上研究路径中，社会学的结构化视野从网络与社会同构、互构角度认知网络舆论的结构和过程，研究结果既推动网络社会学的发展，又对网络舆论传播有所突破。政治学的民主化视野更多试图回答网络对于社会民主究竟是推动抑或掣肘，对公共领域予以构建抑或消解的问题，研究结果推动互联网政治学的发展。只是此类研究在大陆面临本土化的现实困境。自然科学的实证化视野，立足科学证实（伪）、理论建模并加以应用的立场，提供了诸如复杂动力系统、自组织系统等对网络思索的新思维，在网络舆论生成、演进的实证研究，特别是建模上取得了突破。只是过于明显的技术痕迹，加之晦涩的自然科学语言和艰深的结论，无疑又会阻碍其他学科及领域对其成果的了解和推广。传播学的视角试图把握网络舆论传播背后的脉动，寻找网络舆论传播的规律性解释，为社会治理提供新的策略性支持。研究成果众多，然而路径依赖严重，创新性不足，需要汲取其他学科的学术营养，为未来研究获得新的生长点。

第二节　我国学术论文数据统计和内容分析

一　历时态考察

近年来，网络舆论研究已成为网络研究的重点领域。网络舆论理论、技术和实践方面的研究都获得了较大发展。作者在中国知网（CNKI 中国学术文献网络出版总库平台），选取学术期刊、博士论文、硕士论文和会议论文四个子库为检索库，用“网络舆论”为主题，精确搜索 2000 年 1 月至 2013 年 12 月间的文献，共获得相关文献 3415 篇。其中，期刊论文 2438 篇、博士论文 35 篇、硕士论文 891 篇、会议论文 51 篇。从中国知网的相关研究成果来看，最早出现网络舆论研究是在 2002 年。2003 年因为 SARS 暴发而引爆网络上喧嚣的民意

① 程葳：《网络论坛中发帖行为复杂性研究》，《系统工程学报》2009 年第 4 期。

表达，被很多学者看作网络舆论的真正发端。学界也敏锐地捕捉到了这一点。自 2003 年始，之后文献量呈逐年递增的趋势，2003—2007 年的五年时间，文献从原来的 7 篇增加至 97 篇；到 2008 年，文献量由原来的双位数猛增至三位数 179 篇，2012 年突破 700 篇大关，达到高峰。

图 2.1 反映了 2002—2013 年间有关网络舆论研究的论文发表数量的分布情况。从图中我们发现一个有趣的现象，历年文献的增长分布和中国网络舆论的发展情况高度一致。正如有学者所言，“2003 年是网络舆论年，2007 年是网络民意年，2008 年是网络舆论监督年”①，因学术研究的时效性和文献发表的滞后性，事件的发生和文献的发表量会产生一段时间差。由此，我们不难理解，为何图中 2004 年、2008 年和 2009 年三年成为数量增长的关键节点的原因。这种与网络舆论发展的呼应，从侧面反映出我国网络舆论研究强烈的现实关照性。

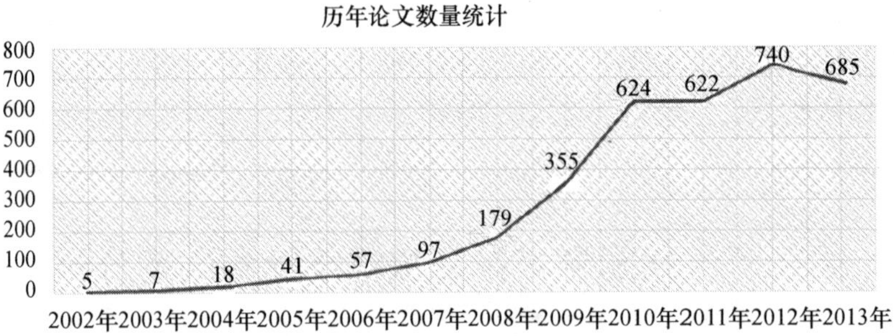

图 2.1　2002—2013 年 CNKI 收录网络舆论相关论文数据统计折线图

将中国网络舆论发展现况与相关论文增长分布两相比对，大体可将国内网络舆论研究分为三个阶段：

（一）第一阶段：滥觞期（2002—2003 年）

伴随着互联网技术在内地的着陆，随之而兴的互联网讨论和互联网信息的传播成为潮流。此时，网络舆论作为网络传播的一种社会功能和影响现象，被纳入研究视野。任何一个领域的研究在开拓之初最

① 钟瑛、余秀才：《1998—2009 重大网络舆论事件及其传播特征探析》，《新闻与传播研究》2010 年第 4 期。

重要的工作可能都是对研究对象的廓清、界定与白描。网络舆论研究也不例外地在此阶段努力进行学术奠基的工作：其研究内容包括网络舆论的名称统一、内涵界定及基本特征描述。这些初步的探讨，开启了网络舆论研究蹒跚起步的初始局面。此阶段共发表文献 12 篇。2002 年虽有 5 篇相关文章，但网络舆论作为一个概念被正式提出却是在 2003 年。从这一年开始网络舆论研究作为一个研究议题走入了学者研究的视野。在这一年发表的 7 篇成果中，主要文献有 2 篇，其中一篇探讨了网络舆论的概念，另一篇探讨了网络舆论与网络舆论引导的关系。

（二）第二阶段：能量积聚期（2004—2007 年）

自 2003 年"孙志刚事件"之后，网络舆论一次又一次掀起高潮，网络舆论的相关研究也呈逐年增长态势。从 2004 年突破 10 篇后直到 2007 年接近三位数。此阶段共发表文献 213 篇。学者们结合国内互联网发展动态和政府管制策略，对网络虚拟社区、公共领域和舆论影响等方面进行了深入的思考，网络舆论研究的内容逐步拓展，理论探讨、实践总结及对策建议同步发展。所有这些成果都为下一阶段网络舆论研究的蓬勃发展积聚了能量。

2004 年，与网络舆论有关的研究文献有 18 篇，这些文献的特点之一是主要探讨了网络舆论的监督控制与引导方式，另一个重要的研究特点是对网络群体极化及网络情绪性舆论的关注；2005 年，相关研究文献有 41 篇，这些研究在前两年研究成果的基础上又进行了深入研究，主要的关注方向有两个：一是网络舆论监督与网络舆论控制；二是网络舆论与大学生及高校思想政治的关系；2006 年，相关研究文献有 57 篇，研究成果稳定增长，但仍没有大的起色。"铜须门事件"让人们见识了网络舆论的巨大威力。自然，这一具有轰动效应的网络事件，也成了以后专家学者研究的重要议题；2007 年，中国网络舆论继续活跃的一年，相关研究文献有 97 篇，研究成果仍然稳定增长，研究内容的分布较为均匀，但研究的数量仍没有大的跨越。这一年，以重庆征地拆迁"钉子户"事件和山西"黑砖窑"事件为代表，网民对突发事件和社会事务踊跃发表意见，形成了若干轮较大规模、较强力度的网络舆论。这些网络舆论事件的发生发展过程自然都成为专家学者研究的重要内容。

不过，此阶段也开始呈现出二元对立特征，一方面对网络舆论的社会动员功能寄予“乌托邦”幻想，另一方面又基于网络暴力、群体极化等网络非理性倾向充满悲观论调。

（三）第三阶段：成熟期（2008 年至今）

该阶段是网络舆论的内涵式研究阶段，即对网络舆论的信息流变规律进行剖析，探寻其强大影响力的来源、结构及其运行规律。此阶段共发表论文 3235 篇，占 12 年发表论文总量的 94.7%。其中 2008—2010 年三年经历了连续跨越式的发展，从 2011 年开始平稳发展。

2008 年相关研究从前一年的 97 篇一下跃升为 179 篇，研究呈现井喷状态。这与 2008 年奥运会、“5・12”汶川地震、奥运火炬全球传递、“3・14”西藏事件、艳照门、三鹿奶粉事件等一系列事件的发生紧密相连。其中一个很重要的特征，是对网络舆论的概念、生成、演变及特征的研究更加深化。2009 年 355 篇文献的研究切入也越来越小，对网络舆论认识更加深刻。邓玉娇案、周久耕案、习水嫖宿幼女案、杭州飙车案成为网络热点事件。在这一年，“打酱油”、“躲猫猫”、“俯卧撑”、“楼倒倒”、“被”等网络舆论词汇不断丰富。2010 年，相关文献有 624 篇。这一年的网络舆论事件有：“我爸是李刚”事件、富士康员工跳楼事件、凤姐、唐骏“学历门”事件、宜黄强拆自焚事件、山西“问题疫苗”事件、犀利哥迅速走红，等等。2011 年，相关文献有 622 篇，这一年的网络舆论关键词有 7・23 动车追尾、抢盐风波、佛山小悦悦、郭美美、药家鑫、刘志军等。2012 年，相关文献 740 篇，这一年的网络舆论关键词有乌坎事件、毒胶囊与“皮鞋很忙”、山西孕妇引产事件、北京特大暴雨事件、“表哥”杨达才等。2013 年，网络舆论板块发生重要变化，政府加大了对互联网的管理力度，微博大 V 遭遇沉重打击，风光不再，舆论热度大幅度下降。这也直接影响了网络舆论研究成果，相关文献 685 篇，比去年略有下降，这一年的网络舆论关键词有：薄熙来、王立军案、南周事件、新快报陈永洲被批捕、黄浦江死猪漂浮事件等。

此阶段，在互联网越来越深入地介入中国的政治生活，成为了解民意、汇集民智的重要渠道这一时代背景下，网络舆论研究呈现系统、深入和全方位探索的发展态势。

二　研究主题考察

纵观12年间3415篇论文的研究主题，主要分布在八个方面：网络舆论本体研究、主体研究、客体研究、载体研究、网络舆论监督研究、网络舆论引导与管控研究、网络舆论与社会相互作用研究、其他延伸研究。（见图2.2）

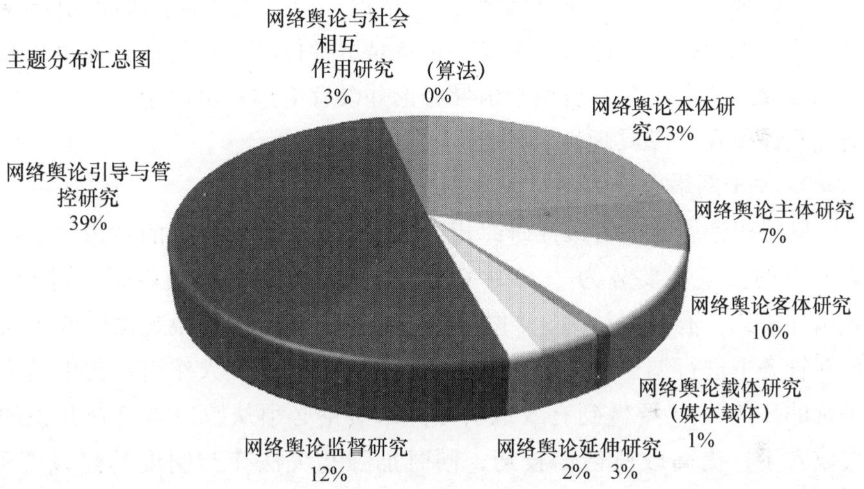

图2.2　2002—2013年CNKI收录网络舆论相关论文研究主题分布图

（一）网络舆论引导与管控研究

从上图可见，网络舆论的引导与管控是中国网络舆论研究的一大特色。在所有文章中数量最多，达1326篇，占39%。不少研究者在研究文章中提出，研究网络舆论的目的就是要实现对网络舆论进行更好的引导。网络舆论引导与调控的研究主要集中在三个方面：网络舆论为何需要引导、网络舆论由谁引导、网络舆论应该如何引导。

1. 关于网络舆论为何需要引导的探讨

大部分研究认为，网络舆论引导的必要性在于网络舆论的社会影响有正、负两面性。也有研究将网络舆论引导的必要性提到党、国家和人民利益的高度，指出“舆论引导正确，利党利国利民；舆论引导错误，误党误国误民”[①]。

2. 关于网络舆论引导主体的探讨

新闻学、传播学视角的研究将舆论引导的主体限定在媒介机构上。有学者认为：“舆论引导的确切含义是指新闻舆论对公众舆论的引导，舆论引导的主体是新闻舆论。”[②] 但也有学者从政治学和社会学的视角出发，认为网络舆论引导的主体可以分为三个层次，它们分别是：“决策主体——执政党和政府、执行主体——网络媒体管理层、参与主体——权威网民。”[③] 大量的研究只注重论述引导主体应该如何引导网络舆论，如何提高舆论引导水平，也就是引导技巧。对为什么要由执政党和政府，或者说媒介机构来引导舆论并没有论述，也就是说，大多数研究只停留在“工具理性”层面。[④]

3. 关于网络舆论引导对策的探讨

网络舆论引导的对策性研究相当之多。关于舆论引导的对策，学者们提出的方案主要分为“宏观 + 微观”式引导模式，或者是“综合”式引导模式。有研究认为，“网络舆论要从宏观政策到微观操作两个层面双管齐下进行调控，加强网络立法，重视网络把关人作用是其中最为关键的环节”。“要做到有效地引导网络舆论必须从政府与公众共识的形成入手，提高政府话语技巧，同时加强相关法律与制度的建设。”[⑤] 也有研究认为应该将控制与引导相结合，从以下几个方面加强对网络舆论的规范和引导：“一是以政府监管为主导，并注重制度建设和相关法律法规建设，从而提高网络舆论引导的效率；二是加强与传统媒体的合作，并通过‘意见领袖’的方式达到网络舆论引导的最佳效果；三是大力开展网络素质教育，不断增强网民及网络服务商的道德意识和责任意识，以强化网络舆论引导的内在动力。”[⑥] 还有很多研究者提出对网络舆论的管控，要从法律和道德两个层面入手。学者们虽然提出了各种引导方法，其实质就是“两手都要硬”。要实现“硬控制”与“软引

---

① 薄明华：《我国网络舆论研究 10 年：回顾与展望》，《学术论坛》2012 年第 8 期。
② 王雄：《新闻舆论研究》，新华出版社 2002 年版，第 12 页。
③ 王天意：《网络舆论引导与和谐论坛建设》，人民出版社 2008 年版，第 106—107 页。
④ 桑丽：《网络舆论研究》，博士学位论文，中共中央党校，2011 年，第 8 页。
⑤ 李琼瑶：《网络舆论的现状及引导》，《湖南行政学院学报》2006 年第 3 期。
⑥ 关梅：《网络舆论的社会意义及其引导策略探析》，《东南传播》2009 年第 9 期。

导”、“堵”与“疏”的有效结合。也有研究者介绍了国外关于网络舆论的管理状况，以期对我国的网络舆论管理有所启示。[①]

（二）网络舆论本体研究

这是第二大研究主题，共781篇，占23%。纵观12年来网络舆论研究状况，对网络舆论的概念、特征、形成与演变、功能与影响等方面的研究一直没有间断。

1. 关于网络舆论概念

通观现有文献可以发现：（1）大部分研究对网络舆论概念的界定都从舆论的概念引申而来，认为网络舆论是一种意见，具有一定的影响力；（2）众多研究中所指涉的网络舆论均为狭义上的网络舆论；（3）在概念的界定中包括网络舆论的主体、网络舆论的客体、网络舆论的传播平台以及网络舆论自身。

2. 关于网络舆论特征

不同学者从不同视角对网络舆论的特征做了概括。基本有以下几种有代表性的观点：一是从网络舆论内容的角度来归纳网络舆论的特征，认为网络舆论具有“丰富性、复杂性、多元性、冲突性、难控性”等特征；[②] 二是从网络舆论构成要素的角度出发，对网络舆论的特征做出概括：“主体的复杂性、客体的分散性、本身的双重性、数量增长的快速性、持续时间的相对短暂性”[③]；三是从网络舆论的内容和现实影响的视角出发，认为网络舆论有以下特征：“参与性、互动性、监督性、叛逆性、排他性、冲击性”[④]；四是试图从网络传播的基本特性入手，对网络舆论基本特性做出了分析，认为网络舆论具有“自主性、放大性、时评性、多元性、过程性”[⑤] 等特征；五是从网络舆论与传统媒体舆论相比较的角度出发分析网络舆论，认为网络舆论具有以下特征，“时间和空间上的更具广泛性、形成和反应的快速性、传播的自由性和

---

① 燕道成、蔡琪：《国外互联网管理及启示》，《当代传播》2007年第2期。

② 谭伟：《网络舆论的概念及特征》，《湖南社会科学》2003年第5期。

③ 昝玉林、许文贤：《引导网络舆论：现代思想政治工作导向功能的发展》，《求实》2005年第6期。

④ 王天意：《网络舆论引导与和谐论坛建设》，人民出版社2008年版，第73—75页。

⑤ 赵志立：《试析网络舆论的基本特性和运行规律》，http：//news. sohu. com/s2009/2009chuanbonianhui/。

内容的多样性”①，以及“主体的隐匿性和分散性、内容的丰富性和复杂性、形成的快捷性”②。

3. 关于网络舆论功能

基本上有以下两种观点：一种观点将网络舆论的功能与社会影响相混淆，认为网络舆论的功能与网络舆论的社会影响是相一致的，有正负之分。如国内就有学者从默顿的功能分析范式入手认为网络舆论既有正功能，又有负功能。网络舆论的正功能主要表现在：反映民情民意的公共舆论空间，促进政府政策透明化、公开化的推进器；负功能体现在：存在情绪型的潜在舆论，假新闻误导舆论走向，网络话语权被垄断的隐患等几方面；③ 另一种观点则认为，网络舆论的功能与社会影响是有区别的，网络舆论的功能没有正负之分。如有的学者就认为我们应该从理论层面分析网络舆论的功能，而不能从“后果评价”角度出发去分析网络舆论的功能，功能与社会影响是有区别的，并无好坏或者说正负之分。持该种观点者认为，网络舆论具有信息功能、导向功能、沟通功能和监督功能。④

4. 关于网络舆论社会影响

大部分研究认为网络舆论给社会带来了正、负两方面的影响。如有研究认为：“网络舆论有利于公民社会建设，有利于促进透明度的提高和社会良性发展，有利于推动社会主义核心价值体系的形成。……网络舆论有时导致信息误导和舆论失范、社会信任危机、网络话语权失衡。”⑤ 有研究认为：“网络舆论有利于党和政府了解民意，有利于社会安定和谐，有利于促进政府决策，有利于社会良性发展。……网络舆论可能导致信息误传、文化渗透、社会价值观偏颇。”⑥

---

① 林恩全：《网络舆论及其控制》，《军事记者》2004 年第 9 期。

② 董德宾、宿亮：《网络舆论：特点、现状及引领途径》，《党政干部学刊》2009 年第 8 期。

③ 彭鹏：《网络舆论的功能和调控策略》，《南京政治学院学报》2005 年第 3 期。

④ 王天意：《网络舆论引导与和谐论坛建设》，人民出版社 2008 年版，第 90—94 页。

⑤ 同上书，第 95—102 页。

⑥ 王海龙：《网络舆论与执政党的舆论引导工作》，硕士学位论文，中央党校，2008 年，第 7—15 页。

5. 网络舆论演变规律研究

这是很重要的一部分研究，也是本书的直接相关成果。邹军认为，网络舆论生成具有“可视化”特点，他以信息来源和流动为视角，将网络舆论生成概括为传统媒体报道引发网络舆论、源自网络信息、经传统媒体报道后又回到网络引发舆论和源于网络限于网络等三种类型。[①] 杨军认为，网络舆论形成包括三个环节：对社会事件或热点问题的关注、引起社会议论、意见的归纳与整合。[②] 郑萍和薛冰从哈贝马斯的协商民主理论角度分析了网络公共舆论的形成机理，认为网络舆论通常包括话题集结阶段、争议辩论阶段、趋同意见形成等阶段。[③] 田卉和柯惠新认为，网络舆论形成与危机事件传播模式具有部分相似，他们在借鉴危机传播研究成果基础上，将网络舆论形成过程分为舆论潜伏期、突发期、蔓延期、终结期等阶段。[④]

根据以上文献研究分析，可以看出大部分的学者在舆论形成的过程研究基础上，都把网络舆论的形成过程按阶段划分，总的概括就是潜伏阶段、舆论场的形成阶段、影响力的形成阶段和消退阶段。

（三）网络舆论监督研究

网络舆论监督研究也是中国网络舆论研究的特色之一。此类研究共409篇，占12%。网络舆论是相对于传统舆论的另一个监督场。近年来，研究者分别就网络舆论监督的优点、缺点以及如何进一步正确发挥网络舆论的监督功能做了分析。钟克勋、邹万明高度评价“5·12”汶川大地震事件中网络媒体的表现，认为互联网以其独特优势，像“电子眼”一样监视着那些有悖于社会良知和道德的行为，既保证了政府有关抗震救灾工作的公开透明，同时也在一定程度上维护了社会稳定，让公众对政府充满信心。[⑤] 陈力丹等总结了网络舆论监督的六大优势：普通

---

① 邹军：《虚拟世界的民间表达》，博士学位论文，复旦大学，2008年，第51—55页。

② 杨军：《网络环境下舆论的形成机制分析》，《江西社会科学》2006年第8期。

③ 郑萍、薛冰：《网络公共舆论的形成机理及其影响政策制定的途径》，《中国行政管理》2009年第1期。

④ 田卉、柯惠新：《网络环境下的舆论形成模式及调控分析》，《现代传播》2010年第1期。

⑤ 钟克勋、邹万明：《从汶川地震看社会化网络媒体舆论监督的力量》，《西南民族大学学报》（人文社科版）2008年第8期。

百姓真正拥有了自己的话语权、强大的聚合力、良好的交互性、公众的意愿和看法更真实充分地表达、广泛的代表性、监督的时效性。[①] 杨宁芳、杨泽华以“华南虎照”事件为例，探讨网络舆论监督中存在的问题及其对策。作者指出，网络舆论监督存在着网络舆论暴力、监督信息片面性、网民身份隐匿性、网络信息失真性、监督主体情绪性、网络监督不稳定性等问题，需要通过完善监督机制、提高网民的责任意识和自律意识、完善相关的法律法规来引导网络舆论监督良性发展。[②]

（四）网络舆论客体研究

此类研究共346篇，占10%。网络舆论的客体就是网络舆论关注的社会现象，包括社会上新近发生的重大事件、流行的社会思潮、社会热点问题等。近年来中国网络舆论关注的焦点主要集中在：中外民族关系问题、民众个体权利的表达、社会阶层冲突等方面。来自海内外的学者，尤其是政治学者对中国的网络民族主义思潮进行了诸多研究。近两三年来，网络舆论的热点进一步扩展至对道德的捍卫（如常见的“人肉搜索”）、对权威的消解（如2005年后兴起的“网络恶搞”）等。诸多网络舆论事件背后潜藏的其实是复杂社会背景中的利益冲突，眼下研究者们对舆论客体的关注，主要以不同的网络舆论个案事件为研究对象，分析网络舆论在事件解决中的作用，但对事件背后更深层次的原因挖掘不足。而这也是今后网络舆论研究中需要进一步努力的地方。

（五）网络舆论主体研究

此类研究共228篇，占7%。笼统地讲，网络舆论的主体就是网民，很多研究者因此将中国互联网络信息中心（CNNIC）每年两次的调查中获得的网民数据作为研究的基础。

美国学者凯斯·桑斯坦的“群体极化”概念和法国心理学家勒庞的群体心理学，成为研究网络舆论主体行为的两大理论工具。凯斯·桑斯坦在研究网民的网络行为时提出“群体极化”这一概念，指出“团体成员一开始即有某些偏向，在商议后，人们朝偏向的方向继续移动，最

① 陈力丹：《虚拟舆论场：政府怎样发挥主场优势》，《人民论坛》2011年第8期。

② 杨宁芳、杨泽华：《当前外国网络舆论监督存在的问题及出路》，《新闻爱好者》2010年第11期。

后形成极端的观点”[①]。近年来，针对网民出现的网络“群体极化”现象，有研究者认为，当网络群体成员在网上就某一问题进行反复讨论后出现意见和观点的分化、移动、集中时，网络群体极化就会发生[②]。也有研究者认为，由于网民群体具有以群内同质化、群际异质化聚集的特性，因此，志同道合的网民群体容易出现严重的“群体极化”倾向。[③]也有许多研究者以典型的网络舆论事件为例，分析网民的主体行为。认为重大新闻事件，尤其是涉及贪污腐败案件或其他公共安全事件，网络舆论中的网民都往往表现得“偏激、冲动、缺乏理智”[④]。另有不少研究者从“网络暴民”现象出发，引发对网络媒介素养教育的思考[⑤]。也有研究者以勒庞的群体心理学作为分析工具，分析网络群体的非理性特征。如有研究者从具体的网络舆论事件入手，分析了非理性舆论的形成和传播过程中网民的心理特征。[⑥]

在网络舆论主体研究方面，网络“意见领袖”也渐成热点之一。保罗·拉扎斯费尔德“意见领袖”的概念与观点被部分研究者用来研究少数网民在网络舆论传播过程中的作用。有研究者从心理角度出发，对网络意见领袖存在的动因进行分析。认为网络意见领袖的存在是因为：信息占有与再生产会为意见领袖带来快感；信息再生产带来快感的同时，也为自己服务；“赢得尊重”能为意见领袖带来成就感；“获得社会威信”是意见领袖内在英雄情结的外化。[⑦]然而，更多的研究者则是从个案出发，研究个别网络论坛中的意见领袖在舆论传播中的影响与作用，探求网络意见领袖在新媒介环境下的角色与变化。[⑧]也有少数研究

---

① ［美］凯斯·桑斯坦：《网络共和国：网络社会中的民主问题》，黄维明译，上海人民出版社2003年版，第28页。

② 王邈、蒋一斌：《网络群体极化及其心战功能》，《西安政治学院学报》2006年第4期。

③ 张桂霞：《网络舆论主体的群体极化倾向分析》，《青岛科技大学学报》（社会科学版）2005年第4期。

④ 樊亚平：《杨丽娟事件与网络舆论的非理性》，《当代传播》2005年第5期。

⑤ 冷冶夫、刘新传：《由网络暴民现象引发的对媒介素养教育的思考》，《东南传播》2008年第9期。

⑥ 刘正荣：《从非理性网络舆论看网民群体心理》，《现代传播》2007年第3期。

⑦ 侯利强：《意见领袖存在的深层心理动因》，《山东视听》2006年第11期。

⑧ 周裕琼：《网络世界中的意见领袖》，《当代传播》2006年第3期。申雪凤：《网络环境下意见领袖的嬗变》，《广西大学学报》2006年第6期。

者从实证角度出发，对网络舆论意见领袖的作用进行定量分析。但从总体上看，这方面的研究显得单薄，缺乏有深度的实证研究。

（六）网络舆论载体研究

此类研究共148篇，占4%。网络舆论的载体主要是BBS，后来，博客与新闻跟帖也逐渐成为人们研究的对象。现在，伴随微博、微信等社交媒体的兴盛，自媒体同样也进入学者的研究视野。

BBS作为网络舆论的主要载体，对它的研究在网络舆论研究中占有相当的比重，许多有分量的个案研究和内容分析都依托BBS进行。其中，人民网的强国论坛作为中国时政类论坛的代表，受到研究者最多的关注。此外，天涯论坛、猫扑论坛与凯迪社区的研究也有很多。

BBS研究涉及众多话题，如BBS的议程设置、话语权力、内部动力、传播和社会功能，等等。有研究者通过对强国论坛日常议题形成与衰变过程的个案研究，分析了BBS议题形成的动力、议题发生衰变的原因，发现BBS议题在发展中有内在的趋同性，有试图逃脱监管的趋向；认为BBS具有“社会安全阀”的作用。BBS中存在着话语权力的不平等，其话语权力结构是离散层级型结构，区别于传统集权层级型结构。① 在对中日两国有代表性的时政论坛在同一事件中的信息传播和舆论形成特点进行比较后，有研究者发现，网络论坛表达多样化观点的功能的发挥情况，与传统媒体的报道力度直接相关。此外，网民的上网习惯、民族心理和文化特点对网民的讨论行为会产生明显的影响。② 有研究者通过对强国论坛深入讨论区有关“宝马撞人案”的帖子进行内容分析后认为：强国论坛上的公众讨论并没有突破理性的框限；网络上的公众表达不仅形成了一个公众讨论空间，而且在某种意义上，也形成了一场社会运动，对现实进程产生影响。③

2004年后，博客评论成为网络评论中的一个新的亮点。对于博客舆论研究，目前学界与业界主要集中在对博客评论功能的研究、博客评

① 陈彤旭、邓理峰：《BBS议题的形成与衰变——对人民网强国论坛的个案研究》，《新闻与传播研究》2002年第3期。

② 宋豫等：《“西北事件”期间中国人民网〈中日论坛〉和日本雅虎〈日中关系〉BBS论坛的内容比较研究》，《新闻与传播研究》2004年第12期。

③ 曾凡斌：《重大突发事件中的BBS舆论特点与管理初探》，《出版发行研究》2006年第4期。

论的影响力研究和博客评论的作用研究上。吴凡、彭莲萍[1]认为博客是一个中立、开放、人性化的信息资源平台。王新佳[2]认为，近两年“博客”成为互联网上的流行语。这种借助互联网发展起来的新形态，成为草根阶层发表言论的平台。其具有的个性化、自由表达、真情流露的特性造就了与传统媒体不同的评论特性。同时，其接近性、真实性，以及与众不同的“多点对多点”的传播形式，也彰显了博客巨大的影响力和生命力。

伴随着2009年新浪推出微博，目前微博已替代博客成为研究的又一热点。付桂祯试图勾勒出微博传播过程网络舆论的生成模式，即社会事件由微博用户通过微博进行发布，在信息所能传播到的范围内形成公共话题，展开讨论，形成大多数人一致性的意见即生成舆论。[3] 随着网络技术的发展，网络舆论的表达渠道更加多样化，如网络即时通信、电子邮件、新闻组、邮件列表、微博、贴吧及其他社交软件等。这方面的研究也逐渐增多。

（七）网络舆论与社会相互作用研究

此类研究共114篇，占3%。这是从更宽阔的视野来讨论网络舆论问题。一方面，互联网作为新兴传播技术的代表对社会带来了很大冲击；另一方面，技术总是为特定社会中的人所采用，技术的扩散和被采用同样有赖于特定社会条件。有研究者指出，网络舆论的力量既给政府的社会控制提供了新的手段，也对现有的社会管理和信息控制模式带来了挑战。中国政府对网络信息的规制对于互联网的充分应用产生了影响。[4]

在讨论网络舆论与社会的相互作用过程中，互联网与中国市民社会的成长、公共领域的构建之间的关系是关注的焦点。有研究者通过对互联网上的言论表达展开研究后认为，在中国，互联网与市民社会同步演

---

① 吴凡、彭莲萍：《评论界崛起的一股新力量——解读博客评论》，《新闻爱好者》2009年第4期。

② 王新佳：《博客评论的影响力》，《中国高新技术企业》2006年第1期。

③ 付桂祯：《微博对网络舆论的生成与影响机制研究》，硕士学位论文，暨南大学，2010年。

④ 方付建、汪娟：《突发网络舆情危机事件政府回应研究》，《北京理工大学学报》（社会科学版）2012年第5期。

进，呈现相互依赖的关系。① 但反对对于互联网在中国社会的发展抱过于乐观的态度，而强调其作为新的社会现象的重要性。②

关于网络空间是否构成“公共领域”，学者们有两派对立的观点，争论的核心是对“公共领域”概论的理解。就公共领域所产生的严格社会条件而言，中国社会确实缺乏一个独立于国家的市民社会，因而也就谈不上独立的政治公共领域的生长与发展，因此，有学者指出，称网络是一种“公共话语空间”更为恰当。③ 但是，也有学者认为“抛开规范性论争，我们还是可以获取适用于分析中国社会的公共领域概念的。即在当前政治与社会条件下，人们可以在具体组织的空间构成及其实践活动的层面上使用公共领域这一分析工具”④。有研究者通过个案研究，认为 BBS 不只是虚拟的网络社区，而已经具有现实的公共领域的特征，是一个公共权力的批判领域，⑤ 互联网公共论坛中的政治参与在“近似地”实践着协商性民主的理想，体现了民主的价值和精神。⑥ 有学者通过对 1998 年印尼骚乱中全球华人的网上抗议活动及中文网站的发展进行研究，认为一个跨越国界的交流空间（跨国中华文化领域），一个并不完美的公共领域已经形成并正在发展。⑦ 关于这方面的讨论还在继续。

网络舆论对社会的影响（包括积极影响和消极影响）突出表现为网络舆论热点事件对社会的影响。近十年来，我国网络舆论热点事件频频爆发，如孙志刚事件、华南虎照事件、周久耕事件、黑砖窑事件、邓玉娇事件、毒奶粉事件、7·23 动车重大事故，等等。其中很多事件在极短时间内就成为超百万级点击率、评论数超十万级的热点。其传播速度

---

① Guobin Yang, The co-evolution of the internet and civil society in China . *Asia Survey*, Vol. 43, No. 3, May/June 2003, pp. 405 – 422.

② Guobin Yang, The internet and civil society in China: A preliminary assessment, *Journal of Contemporary China*, Vol. 12, No. 36, August2003, pp. 453—475.

③ 彭兰：《中国网络媒体的第一个十年》，清华大学出版社 2005 年版，第 282 页。

④ 邵春霞、彭勃：《谁的公共领域——概念运用的困惑与修正》，《新闻大学》2007 年第 2 期。

⑤ 王君平：《虚拟的网络社区现实的公共领域——浅谈强国论坛对公共领域的重构或转型》，《中国社会科学院研究生院学报》2004 年第 6 期。

⑥ 陈剩勇、杜洁：《互联网公共论坛：政治参与和协商民主的兴起》，《浙江大学学报》（人文社会科学版）2005 年第 3 期。

⑦ Guobing Yang , *The Internet and the Rise of a Transnational Chinese Cultural Sphere* . Media , Culture &Society, Vol. 25, No. 4, 2003, pp. 469 – 490.

之快，波及面之广，影响力之大，远远超出人们的想象。学术界，特别是传播学界对这些舆论热点给予了高度的关注，对网络舆论热点事件的追踪研究成为网络舆论研究的一个亮点。有学者从蝴蝶效应与混沌理论入手，以“虐猫事件”、“范跑跑事件”、“躲猫猫事件”和“韩局长日记事件”为例，分析了网络舆论热点不同于以往传统媒体时代的循环式生成路径与特点。① 有学者以“邓玉娇事件”为例，通过对《南方都市报》有关“邓玉娇案”的相关报道和人民网强国论坛深入讨论区的相关主帖的统计分析，揭示了这场网络舆论风暴生成的关键过程、影响要素以及生成过程中所体现的特点。② 有学者通过对“躲猫猫”事件中网络舆论传播特点的分析，研究了网络舆论引导策略。③ 还有学者通过对1998—2009年160起重大网络舆论热点事件的系统分析，揭示了近十年来我国网络舆论热点事件的传播规律。④

（八）其他延伸研究

此类研究数量最少。主要以网络舆论与思想政治教育相结合的研究为主，基本上是从网络舆论对大学生产生的影响这一视角出发的。如有学者认为，“复杂的网络舆论容易对大学生的‘人生观、价值观、世界观’产生不良影响……网络舆论影响着思想政治教育的接受和教育方式”⑤。总地来说，将网络舆论与思想政治教育相结合的研究数量不多。

三　研究类型考察

从文献研究主题看，学者关注点包括基本理论方面（如网络舆论的概念、特征、表现、形态、载体、演变、影响等），实务工作方面（如网络舆论的汇集、分析、引导、监测、预警、管控等），技术与系统构建方面（如网络舆论分析技术、指标设计、分析方法、监测模型、监测

---

① 党生翠：《网络舆论中的蝴蝶效应：混沌理论视野的解释》，《内蒙古大学学报》（哲学社会科学版）2011年第3期。

② 李瑞芳：《“邓玉娇事件”网络舆论风暴的生成及其特点分析》，《东南传播》2009年第10期。

③ 任宝凤：《从“躲猫猫”事件看网络舆论引导》，《新闻爱好者》2009年第8期。

④ 钟瑛、余秀才：《1998—2009重大网络舆论事件及其传播特征探析》，《新闻与传播研究》2010年第4期。

⑤ 左光荣：《试论网络舆论与高校思想政治教育》，《新闻知识》2010年第8期。

系统构建等），拓展分析方面（如从教育德育、政治民主、公共政策、群体事件、司法审判、反腐倡廉、企业管理等角度展开分析）。研究类型的分类统计图表明（见图2.3），目前学者研究主要在实务工作方面，表明对策性和工作性研究仍然是主要选题，这也表明现在网络舆论研究偏重于应用性，而在基本理论等基础研究方面仍显薄弱，有很大一部分理论研究最终落脚点也放在如何加强对网络舆论的引导与管控上，实际也偏向了“实务”。

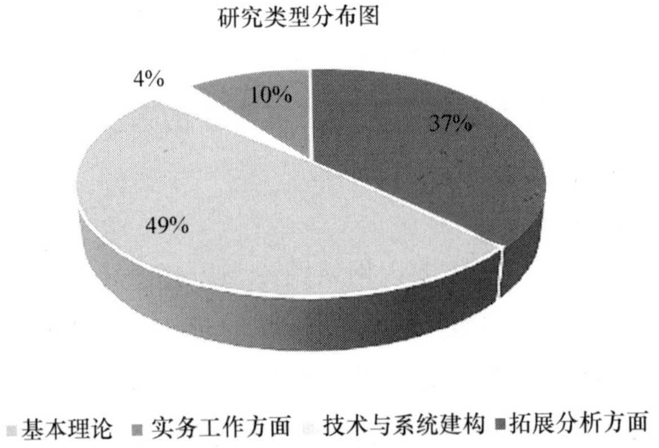

图2.3　2002—2013年CNKI收录网络舆论相关论文研究类型分布图

四　研究领域考察

从网络舆论研究学科领域看，文献分布在新闻—传播、信息—计算技术、政治—法律、教育—德育、管理—治理、图书—情报、医疗—卫生、哲学—伦理、社会—文化等领域，以新闻—传播和政治—法律和管理—治理领域文献为主（见下图2.4）。其中，新闻学专业最早进入网络舆论的研究领域，管理学进入相对较晚但是发展很快。在硕士论文中管理学专业的比例很大，甚至在2012年一度超过了新闻—传播专业的论文数量。而“引导与管控”是他们研究的重点。新闻—传播专业对基本理论进行研究的数量比较多。

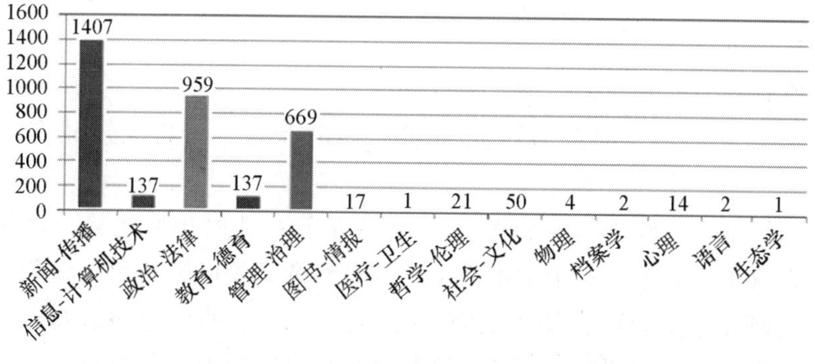

图 2.4　2002—2013 年 CNKI 收录网络舆论相关论文研究领域分布图

五　研究方法考察

研究方法分布图（见图 2.5）表明，目前国内的网络舆论研究中，定性研究占绝大多数，少有定量研究。研究发现，定量研究多集中在学位论文，其中尤以博士论文使用定量研究的比例为最大。而定量研究中，又有很大一部分属于工科专业，文科方面使用定量研究比例非常低。

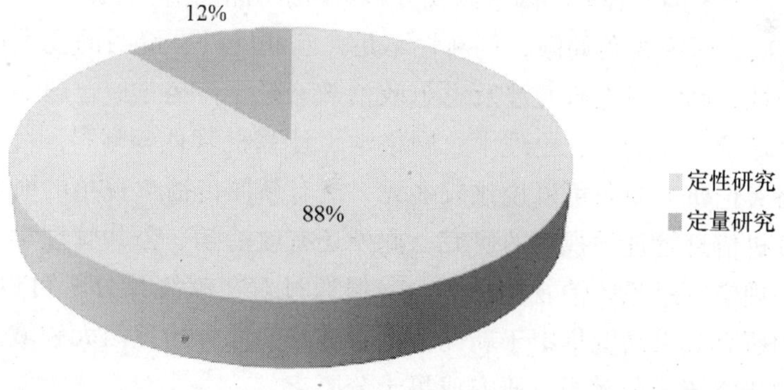

图 2.5　2002—2013 年 CNKI 收录网络舆论相关论文研究方法分布图

六　网络舆论研究总括

网络舆论研究存在两种明显不同的视野。一类研究在传统舆论学框架内展开。此类研究主要包括对网络舆论概念、特征、形成、功能、影响，以及网络舆论主体、客体、载体，网络舆论监督与引导等方面；另一类研究属于文化研究的视角。在传播与社会的视野中拓展分析网络舆论与社会的相互作用。可以看出，近年来网络舆论研究多在传统舆论学的框架内进行。

所有研究大体分为三类：理论型研究、应用型研究和延伸型研究。应用型研究为主，理论型研究为辅，在此基础上向其他领域有少量拓展。

总体来看，网络舆论相关研究成果近年来呈现井喷之势，百花齐放、百家争鸣。繁荣对于学术增量而言当然意义积极，然而，繁荣也会为未来研究寻找新的学术生长点带来困难。因此，我们迫切需要持有一份更加谨慎的乐观态度，密切关注和深入反思发展中存在的问题。

首先，基础理论研究薄弱，研究的“工具理性”取向明显。在以往研究成果中，引导与管理、应用与对策的研究占据大多数。研究停留在实践指导和应用层面，没有上升到理论层面。这就直接导致很多研究沦为战术应用一类的指南，而缺乏理论深度。只注重“要怎么样”而没有反思“为什么要这样”，是否“应该这样”。相对丰富的引导与管理研究，基础理论的研究成果少，虽然很多研究对网络舆论的概念、特征及带来的影响进行探讨，然而，并未从更深的学理层次上揭示网络舆论的本质、网络舆论形成过程中的各种影响因素以及各影响因素的相互作用机理。

其次，研究视角局限，创新性不足。互联网具有鲜明的技术性和意识形态性，网络舆论研究涉及思想政治教育学、传播学、管理学、社会学、心理学、政治学、伦理学、网络学、计算机管理等学科。目前，我国网络舆论研究视角可以说比较多元，既有新闻传播学视角的研究，也有计算机信息管理学视角的研究，此外还有政治学、公共管理学、社会学、心理学、思想政治视角的研究。但通过对文献统计分析可以看出，现有的研究成果高度集中于新闻传播学和社会综合治理两大领域。其他领域的研究还十分薄弱，研究成果十分匮乏。

目前新闻传播学领域的研究也主要在传统的传播学和舆论学理论框架下进行，而国外的网络舆论研究已开始延伸到社会学、人类学、公共行政学等多种研究领域，研究方法也已经克服了传统的研究方法，采用了多学科相结合的方法来研究，其研究的前瞻性与先进性值得学习与借鉴。

经过十余年的发展与探索，我国网络舆论研究已奠定了良好的基础，未来亟待提升研究品质。今后要真正推动网络舆论研究的发展，至少需要在以下方面进一步加强探索，寻求突破和创新。

第一，学理化研究需向纵深推进，哲学根源、转型社会背景的探讨需加强。

纵观近年来的研究成果，关注范围非常广泛。然而，这些论述仅仅停留于现象层面，研究有广度而无深度，绝大多数研究只是探究了网络舆论表面折射出来的问题，而对其背后存在的更深层次的政治、经济和社会原因甚至哲学基础则鲜有论及。

第二，构建研究框架，夯实理论基础。基础理论研究不在于直接解决现实问题，而在于揭示事物的本质和规律。任何实践活动都需要理论指导，基础理论研究可以将大量的感性认识和经验提升为理性认识和规律总结。目前，我国的网络舆论研究的一些基础性理论已经确立，研究框架也有了雏形，但基础理论仍然薄弱。有关网络舆论研究成果，较多的笔墨用在了实践指导方面，相比之下，理论建树不足，直接导致研究沦为战术应用指南。构建网络舆论的理论研究框架，是研究得以承前启后和良性发展的基本条件。今后，围绕网络舆论的形成机制这一主题，要进行系统性研究，特别对于各要素的作用机理和网络舆论的演进机制进行研究。

第三，未来研究需要寻找新的理论支撑作为学术生长点。十余年来，我国网络舆论研究的文章数量增长很快，但大量重复性工作，导致研究层次较低，创新性不足。寻找新的理论作为研究的解释框架，也许可以为网络舆论研究提供新的学术生长点。

第四，拓宽研究领域，鼓励多学科交叉研究。已有研究成果多局限在本学科之内，多学科联合攻关的研究成果缺乏，难免顾此失彼，制约着研究的深入。今后，应拓宽研究领域，扩展研究视角，鼓励开展多学科、多部门联合攻关研究，推动研究深度化。

例如，我们是否可以借鉴社会学领域的社会集群行为理论，物理学领域的博弈论、复杂系统理论、自组织理论，超越目前传播学和舆论学的理论框限，对网络舆论形成与演进的内在机理进行研究。

第三节　国外关于网络舆论的研究状况

从现有文献看，英语话语系统中对公众意见、舆论、大众舆论、公共舆论、民意、民情、舆情等不做严格区分，一般都用“Public Opinion”表述，也有少量文献用“Public Feeling”表述舆论，还有极少量文献用“Public Sentiment”表述舆论。相比成熟的舆论学研究，“网络舆论”则是一个更具中国特色的词汇，在西方，缺乏专门论述“网络舆论”的研究。因此，考察国外网络舆论研究的现状时，我们会发现其更多被纳入舆论学、社会学、政治学乃至自然科学的视野。而关注点也更多从网络空间给现实社会各领域带来的深刻影响角度切入。为此，国外学者从网络空间的社会方法论基础、后现代主义的哲学方法、虚拟现实理论以及网络社会的权力转移、数字民主、社会控制等方面，对网络空间进行了多维度的研究。大体而言，国外网络空间研究基本上从社会学、政治学、传播学与自然科学四个视角出发。

一　社会学视角

此类研究成果众多。主要内容涵盖互联网特性、网络行为尤其是网络社会交往行为的研究。

（一）对互联网本质特性的再认识

早期的互联网研究者对网络美好的一面尤其关注。他们所描述的互联网本质特性，总是与开放、自由、平等和共享等联系在一起。以约翰·佩里·巴洛（JohnPerry Barlow）和托德·拉平（Todd Lapin）为代表的第一代网络理论家对网络本质特性的共识是：“网络空间造就了现实空间绝对不允许的一种社会——自由而不混乱，有管理而无政府，有共识而无特权。”其中，作为代表人物的巴洛在1996年提出了一个十分有名的“网络空间独立宣言”（Declaration of Independence of Cyberspace），宣称：“工业世界的政府们，我要求你们这些过去时代的代表让我们独立吧！我们不欢迎你们。在我们的国度里，你们没有主权，你们没有统治我们的道义权力，你们也不再掌有任何可以对我们实施会使我们畏惧的司法手段。”① 这些网络空间的自由主义者认为，互联网是一个不需要监管而自由生活的空间。

随着互联网本身的发展及其在全世界的推广，人们渐渐看到了它的

---

① A Declaration of the Independence of Cyberspace，转引自高鸿钧《清华法治论衡》第四辑，清华大学出版社2004年版。

另一面，于是对互联网本质特性的认识和探求成了研究者继续关注的一个基础问题。他们从各自的视角，将互联网的本质和特性解释为：网络是一种社会控制工具，网络的本质是信息独裁。这种控制和独裁首先来自于私营企业和国际利益集团通过技术手段对互联网进行的无形控制。现在，绝大部分网络的硬件和软件产权及其核心技术掌握在少数几家美国公司手中，如微软对全球用户的无形控制。微软通过软件许可过程体现了自己的优势地位，此过程迫使制造商使用 Windows，而不是其他与其竞争的操作系统。另外，政府目标的强制性渗透也使互联网的早期文化传统受到挑战。研究者认为，政府更多的积极干预使得网络变成了一种控制工具。斯坦福大学网络与社会研究中心创始人劳伦斯·莱斯格（Lawrence Lessig）教授指出："政府要求因特网服务供应商（ISP）使用一种有利于追踪的软件，以用户提供最低限度的身份证明为准入条件，此可称为'可追踪规制'。"他认为，"没有理由相信网络空间的自由根基会轻易出现……结论恰恰相反。我们有各种理由相信，单凭网络空间本身自由的承诺将无法兑现。单靠它自己，网络空间会变成一个理想的控制工具"。这种"控制革命"的方向并不是导向更广泛的民主化，而是走向互联网所代表的信息独裁。莱斯格认为，这种控制是对美国宪法基本原则的背叛。从这个角度说，互联网已经成为一种社会、经济和政治的整合力量。①

（二）对网络空间网络行为的新理解

埃瑟·戴森（Esther Dyson）把人们在网络空间的活动比作"人们和自己喜欢的人在一个摆脱了时空限制和规则的一个地方聚会"②。美国马里兰大学信息管理中心主任帕特·华莱士（PatWallace）则从心理学角度指出："互联网为我们提供了一个安全地进行宣泄的场地，当我们使用它的时候，会变得心情愉悦、心地善良和精神健康。"③

研究者也发现了另一面，由于网络具有赋权和控制的双重功能，网络行为带有更多的不可测性和对现实社会秩序的威胁和冲击。网络在结

---

① ［美］劳伦斯·莱斯格：《代码：塑造网络空间的法律》，中信出版社 2004 年版。

② ［美］埃瑟·戴森：《2.0 版数字化时代的生活设计》，胡泳、范海燕译，海南出版社 1998 年版，第 20 页。

③ ［美］帕特·华莱士：《互联网心理学》，谢影等译，中国轻工业出版社 2000 年版，第 44 页。

构上的最大影响是分权，分权是民主的必要条件，但并不必然导致民主化，而是有可能导致社会分裂。埃瑟·戴森认为："值得加以强调的是网络既可以用来造福社会，也可以用来危害人间，——事实上，放权是制造不稳定的一股深刻力量。"①

（三）网络社会交往行为研究

霍华德·莱因戈德（Howard Rheingold）是较早把网络交流作为独立对象进行系统观察和研究的学者之一。他认为，网络交流（computer—mediated communication）将从三个相互联系的方面对现实生活产生影响。第一，在媒介饱和的年代，网络交流将重新塑造人们的个性和情感；第二，传统的人际关系是建立在一对一的交流基础上，而网络交流提供的是多对多模式，因而也将对群体观念和人际关系构成挑战；第三，则是网络交流对民主政治的影响，网络交流挑战了权力集团对传播媒介的垄断，并有望使建立在市民参与基础上的民主政治重焕生机。②

曼纽尔·卡斯特（Manuel Castells）曾对有关虚拟社会交往行为的一些观点进行梳理，认为大体上可以划分为三派：一派是乐观主义的观点，强调网络传播产生新的社会交往形式，并将与新的都市生活环境相适应。一派则体现出强烈的批判意识，认为电脑带来社会关系的非人性化，互联网的使用加剧了人的孤独、疏离感，甚至是沮丧的感觉。第三派的观点带有折中主义的色彩，认为虚拟社群独立于现实社群之外，与之互动，但并不对立。第三派代表学者威尔曼（Barry Wellman）的观点总体上还是倾向于乐观，他认为，在这个似乎是日趋个人化和人际关系冷漠化的社会，互联网可能会对增强社会联系有所裨益。③

互联网技术的发展也引发了人们的担心，特别是搜索引擎和信息屏蔽技术，一些学者意识到网络在促进人们的交流和联系时，也存在隔绝交流的潜在危险。阿斯特尼和杰佛逊（Marshall Van Alstyne & Eric Bryn-Jolfsson）认为，互联网使人们之间的沟通可以突破地理的障碍而进行，

① ［美］埃瑟·戴森：《2.0版数字化时代的生活设计》，胡泳、范海燕译，海南出版社1998年版，第20页。

② Howard Rheingold, *The Virtual Community: Finding Conneetion in a Computerized World*, New York: Harper Collins, 1994, pp. 12—83.

③ ［美］曼纽尔·卡斯特：《网络社会的崛起》，夏铸九等译，社会科学文献出版社2001年版，第441—445页。

但由于人的信息处理能力是个有限的常数，而且人们在接触信息和建立联系时会体现出一定的偏好，所以网络传播带来的未必是地球村，而只是人们交流方式的一种转换，从原先地域性交流转变为以共同兴趣和偏好为基础的交流。从政治、法律的角度，网络交流的这种隔绝性所可能产生的后果则更值得关注和忧虑。① 芝加哥大学法学教授桑斯坦在《网络共和国》一书中深入探讨了网络传播所带来的民主困境。他通过对60个政治网站的随机研究发现，大部分网站都不提供与自己意见相左网站的链接，而网络上的圈内传播确实容易造成群体意见极端化倾向。②

也有不少学者发现网络传播促进了公共交流。坦勒（Tanner）对1998年智利人围绕前总统皮诺切特被捕一事的网上讨论进行了个案研究，她发现网上论坛具有与公共领域理论相关的四个特点，即可接近性、自由交流、协商结构和公众理性，因而构成公共空间，论坛参与者的争论不仅形成了一致舆论，而且产生了对过去时代的集体记忆，网上论坛由此而成为智利人重新和解进程中的一个组成部分。③

二　政治学视角

在许多人都视互联网为恢复民主政治的工具时，英国学者杰夫·莫根姆从政治传播的角度对互联网影响的分析却比较悲观。他认为英国的政治竞选已经由政治论战转变为由一组专家运用最老练的劝服技术进行紧密控制的公开展示，在这个过程中，大众是被动的，仅能就一些微不足道的小问题发表意见。他认为那些由分散的公民团体和边缘政党所设立的网站对英国主流政治行为只有一些边缘的和零星的冲击，而如果希望互联网能够改变政治行为，那么首先是需要国家的政治体系结构和文化方面发生根本性的变化。④ 盖瑞（Galley）的一项实证研究则发现，尽管互联网为市民与政治领袖的人际互动提供了可能，但大多数政治竞

① Marshall Van Alstyne & Eric Bryn Jolfsson. "*Electronic Communities: global villageor cyberbalkans?*" (http://web.mit.edu/marshall/www/papersC/yberBalkans.pdf).

② ［美］凯斯·桑斯坦：《网络共和国：网络社会中的民主问题》，黄维明译，上海人民出版社2003年版，第78页。

③ Eliza Tanner, "Chilean Conversations: Internet Forum Participants Debate Augusto Pinochets detention", *Journal of Communication*, Vol. 51, No. 2, June 2001.

④ ［英］杰夫·莫根姆：《互联网的冲击：英国政党对互联网的应用》，载《网络传播与社会发展》，北京广播学院出版社2001年版，第113—118页。

选都不愿意使用互联网的人际互动功能，而更喜欢媒介互动，因为前者可能损害他们对竞选信息的控制，并给竞选传播带来不确定性。[①]

从政治学角度研究网络舆论控制。此类研究认为，大众传播活动是在一定的社会制度条件下进行的，一定的政治制度和经济制度决定了一定的传播制度。传播制度的内容十分复杂，体现了社会制度或制度性因素在各个方面对传播媒介活动的制约和影响。国家和政府可以通过规定传媒组织的形式，对传媒的活动进行法制和行政管理，并对传播事业的发展制定总体规划和实行国家援助，保证媒介活动为国家制度、意识形态以及各种国家目标的实现服务。社会学者威廉还认为，在各种社会形态下，都会存在这样那样的国家以外的政治集团和经济集团，对媒介的活动产生制约和影响，特别是在美国等实行媒介私有制的国家，媒介行为和媒介态度已经被牢牢掌控在少数的超级垄断财团的手里。

三　传播学视角

传播学兴起于20世纪的美国，20世纪90年代至今，学界开始用传播学原理对网络舆论进行研究。1996年，国际传播学会主要的学术刊物《传播学刊》出版了一期互联网研究专辑，标志着主流传播学期刊开始关注新的传播媒体——互联网。随后许多重要的新闻传播期刊，诸如《新闻与大众传播季刊》《传播电子期刊》等，都纷纷推出有关互联网研究的专题或专集。同时，一批以互联网等交互技术为研究重点的学术刊物也应运而生，包括《新媒体与社会》《计算机媒介传播杂志》《计算机传播期刊》等，吸引了大量传播学者的研究兴趣。

很多研究从与传统媒体相关联的角度，探讨网络传播对信息传播活动带来的变化及其特点。

莫瑞斯和奥根（Morris & Ogan）呼吁把互联网作为一种大众媒介来看待，并且放在与其他大众媒介相联系的背景下来理解，如此将会促使我们重新思考大众传播理论假说和范畴，甚至有可能发现观照传统媒介的新视角。[②]

---

① Jennifer sromer—Galley，On—line Interaction and Why Communication Researchers Should Study the Internet *Journal of Communication*，Vol. 50，No. 4，Autumn 2000.

② Merrill Morrisand Christine Ogan，The Internet As Mass Media，*Journal of Communication*，Vol. 1，No . 4，Winter 1996.

麦克奎（McCoy）从“新闻修复”（news repair）的角度对1996年轰动全美的新闻个案“黑色联盟”报道进行了细致的分析，这条由地方报纸发起的报道最初并没有吸引主流媒体的关注，而网络传播使之产生全国性影响，从而挑战了传统的全国性报纸在重大报道上的权威地位。[①]“新闻修复”在这个案例中其实是确认了全国性报纸对地方性报纸的传统优势地位，不过，尽管如此，为“新闻修复”制造需要和机会的是网络传播，所以，麦克奎认为，这个案例标志着网络传播侵蚀传统媒体权威的第一步。

森格（Jane. B. Singer）对2000年大选期间美国15家主流报纸网站的调查却发现，网站编辑们首先强调的是网络可以提供更快更丰富的信息，尽管他们认为网络可以用来促进政治讨论，但是在网站的实际运作中，不管是互动性还是多媒体呈现都没有被编辑们作为主要目标来追求，也不被认为是成功的。不过，森格认为，这是编辑们仍然在延续传统媒体的思维模式，没有充分意识到网络所带来的机会和挑战。[②]

以上关于网络传播的三个视角并不是完全割裂的，他们的研究相互联系。国外网络传播研究的一个基本立场是：网络为促进公众表达、加强市民和政治精英的对话从技术上提供了可能性，但对其在实践层面产生的影响则持谨慎态度。一方面是言论自由的原则有可能在网络传播中被滥用，小群体意见趋同和走向极端化，从而增加社会分裂的风险。另一方面，实证研究也很少有直接证据表明网络传播对现实的政治行为产生明显影响，学者们一个普遍的担心是，网络可能给已经高度专业化的政治选举提供了更为强大的信息控制和意见操纵能力。

不过，国外网络研究的这些结论需要放到一个具体的社会、政治和学术背景上来看待。简单来说，一是代议民主制，二是以美国宪法第一修正案为代表的言论自由原则，这是不少国外网络研究的逻辑起点。而他们对网络传播影响的谨慎态度也与两个因素分不开，一是对历史上多次出现的技术乐观主义的警惕和反思，二是对代议民主制度和大众社会的批判性思考。因此，从我国的实际情况来看，国外的这些研究成果可

① Mary E. McCoyand Dark Alliance：News Repair and Institutional Authority in the Age of the Internet，*Journal of Communication*，Vol. 51，No. 1，March 2001.

② Jane B. Singer，Campaign Contributions：On line NewspaperCoverage of Election2000，*Journalism and Mass Communication Quarterly*，Vol. 80，No. 1，Spring 2003.

以为我们提供有益的参考和理论上的启迪，但并不直接适用于我们的环境和现状。

四　自然科学视角

目前，在自然科学领域，国外舆论演变研究主要集中在建模和仿真上。

研究舆论形成过程的目的，重点是要回答两个问题：观点演化过程如何导致舆论最终形成；一个交互群体中的观点形成过程何时会导致舆论产生、观点两极分化或观点分裂。其中前一个问题试图描述舆论形成过程中的行为方式，是舆论演化趋势的可预测性的基础，而后一个问题主要关心交互过程中起决定性的因素，旨在发现各因素如何影响舆论演化的进程。

在自然科学领域（社会物理学）里，对于前一个问题，人们普遍采用的研究方法之一是使用物理学中的粒子交互作用对舆论演化中的主体（人）以及主体间的关系进行建模，即舆论演化的"粒子交互模型"。这些粒子交互模型有 Sznajd 模型及其修正模型、有限信任模型（Krause—Hegselmarm 模型）及其变形模型以及协商模型（Deffuant 模型）及其变形模型等。[①] 除此之外，传染病模型、复杂网络理论、小世界网络、无标度网络、羊群理论，等等也被用于舆论演变模型的建构。

所有这些模型及其参数的研究，共同特点是采用具有简单和固定形式的交互模型，结合随机化处理和物理学的粒子交互分析方法，来模拟舆论形成过程中的各种微观现象。这些微观实证研究对于舆论传播研究而言是有益补充，能够证实或证伪舆论传播研究中提出的一些设想及结论。此外，自然科学研究为舆论研究提供了新的视角和学术养料。比如，网络拓扑结构、小世界网络、无标度网络以及近年的热点——复杂网络理论、羊群理论等都有诸多启示意义。

然而，微观实证研究的局限也很显明。虽然某些模型能够对社会中某些现象做出解释，但由于个体交互的复杂性及多变性，某种模型在解释力方面都有局限。另外，这些舆论演变研究的微观视角无法提供整个

① 朱国东：《关于网络舆论演进的若干问题研究》，博士学位论文，北京交通大学，2009年，第4—9页。

舆论演变的总体态势，而过于注重于对微观粒子的分析也降低了这些研究在社会中的适用性。此外，自然科学晦涩的语言和明显的技术倾向，也为学术成果在现实世界的转化和应用带来了难度。传播学视角的研究可以采纳多学科交叉视角，一方面吸收其他学科的研究成果，另一方面加以本土化生成，为学术创新注入新的可能性。

第三章　网络舆论相关概念界定

第一节　舆论概念内涵及研究现状

英语世界中，对于“舆论（public opinion）是什么”这一基本命题，学者们众说纷纭。争论主要围绕着此概念的两个部分展开，即“公共的”（public）和“意见”（opinion）。然而，尽管答案各异，学者们却都是基于民主政治基础上探讨二者的内涵。因而，早期的舆论概念，更多具有理想色彩和抽象化倾向。

“public”表示一个特殊的群体——公众。美国社会学家布鲁默（Blumer）将社会群体划分为三种形态，即聚众（crowd）、公众（public）和大众（mass）。这样一来，群体也就消失了。“公众”是指这样一个群体：他们共同面临一个议题；他们对如何处理这个议题有争议；他们就议题之解决展开讨论。这种讨论是相对理性的，是舆论形成的核心，也是民主的核心。① 可见，公众的主体性、积极性和创造性是现代民主社会发展的动力。

只有存在“自主的公众”，才有真正的舆论。潘忠党认为，“自主的公众”的形成需要具备两个宏观条件：一是有独立于政治权力中心的类似“公共空间”的“社会场域”；二是有防止和抵制“多数人暴政”的文化和体制。② 而理想的舆论必定是理性的讨论和双向互动的过程。在布鲁默看来，“讨论”——理性的、包括以语言为载体的信息扩散和意见表达，是民主的核心，也是舆论形成的核心。也就是说，有了“自

---

① 潘忠党：《舆论研究的新起点》，载《新闻与传播评论（2001 卷）》，武汉大学出版社 2002 年版，第 89 页。

② 同上书，第 90 页。

主的公众”和“理性的讨论”，才会产生真正的舆论，也就是理想状态下的舆论。

这种理想状态下的舆论概念不免有抽象化倾向，让人难以捉摸。

法国社会心理学家勒庞（Gustave Le Bon）率先将舆论研究导向为可以触摸的“意见”。勒庞将“群体的意见”视为舆论的确切内涵，将社会舆论的主体确定为社会内部“组织化了的群体”，把社会舆论明确界定为“群体的意见”，并发现了群体舆论的非理性本质。[①] 其后的舆论研究，在微观层面，就是研究人们意见形成的过程；而在宏观层面，则有两种不同的取向：一是研究集合意见，即赞成某一意见者在群体中的百分比之变化及其原因和过程；二是研究舆论形成的过程，其中包括公众议题的建构、社会运动的形成和发展、各种形态的公众讨论以及这些过程与公共话语之形成和制度及政策变迁之间的关系。

在借鉴前人研究的基础上，国内几位主要的研究者都提出了自己的舆论定义。刘建明教授认为，“舆论，是显示社会整体知觉和集合意识，具有权威性的多数人共同意见”。[②] 喻国明教授从社会调查的角度出发，将舆论称为民意，认为“舆论是社会或社会群体中对近期发生的、为人们所普遍关心的某一争议的社会问题的共同意见”[③]，“是社会上大多数成员与其相关的公共事务或现象所持有的大体相近的意见、情感和行为倾向的总称”。[④] 陈力丹教授给舆论下的定义是：“舆论是公众关于现实社会以及社会中的各种现象、问题所表达的信念、态度、意见和情绪表现的总和，具有相对的一致性、强烈程度和持续性，对社会发展及有关事态的进程产生影响。其中混杂着理智和非理智的成分。”[⑤] 甘惜分先生主编的《新闻学大辞典》将舆论界定为：“舆论是社会或社会群体中对近期发生的、为人们所普遍关心的某一争议的社会问题的共同意见”，“是某种公共性的社会心理和社会思潮的公开表露”[⑥]。

王雄教授认为上述定义“似乎分别存在着某种缺陷，使之不能完

① 王雄：《新闻舆论研究》，新华出版社2002年版，第48—49页。

② 刘建明：《基础舆论学》，中国人民大学出版社1988年版，第11页。

③ 喻国明、刘夏阳：《中国民意研究》，中国人民大学出版社1993年版，第227页。

④ 喻国明：《解构民意—— 一个舆论学者的实证研究》，华夏出版社2001年版，第9页。

⑤ 陈力丹：《舆论学——舆论导向研究》，中国广播电视出版社1999年版，第11页。

⑥ 甘惜分等主编：《新闻学大辞典》，河南人民出版社1993年版，第37—38页。

整、准确地表达舆论概念的本质”。他认为舆论有广义与狭义之别：“广义的舆论是人们对于一切感兴趣的社会生活领域尤其是社会公共事务所产生的一切意见、愿望、态度、情绪、期待、评价和想象的公开表达，是持续性与变化性、公共兴趣和个人兴趣的统一；舆论包含着既相互独立、又相互关联的自发的公众舆论和自为的新闻舆论，是多种主导性社会意见的集合体。”①

上述学者的定义大都强调舆论是公开表达的“共同意见”、“主导性社会意见”。然而，正如联合国教科文组织国际传播问题研究委员会在1980年发表的“麦克·布莱德报告”《多种声音，一个世界》中所说，“舆论也不仅仅是各种意见的总和，而是在广泛的知识和经验的基础上不断比较和对比的一些意见的一种持续的过程”。② 舆论在各种意见的此消彼长、相互作用中不断汇集、转向或消散。

从上述各种定义描述中，我们可以得出如下几点认识：

1. 舆论是“公论”而不是“私见”，也不是众多“私见”的简单集合；是社会公众的普遍性意见，不是分散的个人的个别性意见。

2. 舆论的形成和发展虽然与社会的意识形态和政治、道德信仰密切相关，但是舆论毕竟不是清晰的、高度一致的社会意识，而是一团相对模糊的社会意见或观点氛围，充满着矛盾和易于变化。

3. 舆论是一个动态、持续的过程，有自身生成、演进的规律。各种意见的互动促成舆论不断地萌发、汇集和消散。

第二节　网络舆论概念内涵及研究现状

一　网络舆论定义的历时态考察

刘建明、喻国明、陈力丹、孟小平等国内较有影响的学者都曾经对“舆论”现象做过很有价值的研究，给出了自己的分析概念和研究框架，至今对于分析现实舆论乃至网络舆论仍具有很大参考价值。很多学者对网络舆论的概念进行界定的时候，仍然离不开借鉴这些舆论学研究

---

① 朱国东：《关于网络舆论演进的若干问题研究》，博士学位论文，北京交通大学，2009年，第7—8页。

② ［美］麦克·布赖德：《多种声音，一个世界》，中国对外翻译出版公司1981年版，第23页。

先行者的理论成果。

当然，随着网络舆论的发展以及研究的深入，网络舆论研究的范式和思路越来越多样化，也越来越成熟。以对网络舆论概念的研究为例，我们可以看到这些变化和进步。通过检索发现，2000 年前后，在国内学术期刊和大众媒体上相继出现“在线舆论”、“因特网舆论”、“网上舆论”的提法。到 2002 年后，“网络舆论”作为一个固定概念正式进入公众的视野。至今，“网络舆论”概念内涵的界定已走过了十多年的历程，在此过程大体分为三个阶段：

1. 网络舆论研究的初始阶段，研究者多参照舆论定义给出转化定义。此类定义以谭伟为代表，“网络舆论就是在互联网上传播的公众对某一焦点所表现出的一定影响力的、带倾向性的意见或言论”①。他们大多从对舆论的定义探讨入手，参照舆论的定义，再结合网络传播语境而给出网络舆论定义。

2. 网络舆论研究的发展阶段，研究者开始对网络舆论进行类型学分析。突出的表现是界定了网络舆论的广义、狭义之分。蒋乐进较早给出了广狭义之分：“从广义上来讲，网络舆论就是依靠网络作为传播渠道而形成的舆论，或者说公众通过网络传播媒介而形成的舆论。可以这样理解：首先，它是公众在网络中所表现的多数一致的意见。其次，网络舆论不仅是在互联网上形成的一致意见，也包括现实生活中无声意见的表达。即公众不一定要在网络上表达自己的意见。当然，只要点击了某个主题的网页即便没有参与讨论，也在潜意识观念里表示了自己的意见，表明对事件本身的关注。从狭义上来讲，网络舆论是由网络中的媒体言论与论坛（BBS）及新闻跟帖所共同反映与形成的多数一致的意见。”② 邹军给出的广义、狭义之分又有所区别：他认为“广义上的网络舆论，简单地说，就是通过互联网表达的社会舆论。它包含了所有的社会舆论形式，有公众舆论，有媒体舆论，还有各种利益集团制造的舆论假象，也有草根阶层的真实民意。而狭义的网络舆论，则仅仅是指网民作为舆论主体，在网上表达的舆论。而且，广义和狭义的网络舆论并非截然毫不相干，而表现为你

---

① 谭伟：《网络舆论概念及特征》，《湖南社会科学》2003 年第 5 期。

② 蒋乐进：《论网络舆论形成与作用》，《北京理工大学学报》（社会科学版）2006 年第 4 期。

中有我，我中有你互相交织的状态”[①]。在流行的话语中，网络舆论更偏重于其狭义的含义，特指网民在互联网上表达的舆论。

3. 网络舆论研究的成熟阶段，研究者对网络舆论概念的内涵不断深入与延展。方付建对先前学者从舆论子概念入手界定网络舆论，认为网络舆论是舆论的一种主要表现形式；或认为网络舆论是社会舆论在互联网空间的映射，是社会舆论的直接体现等观点保持了清醒的认知。他认为认定网络舆论是舆论的一种表现形式是适宜的，但认定网络舆论是社会舆论在网络中的映射或表现有一定的问题，因为网络舆论与社会舆论有时重合，但有时也会出现错位，网络舆论并不一定能够代表社会舆论，或者社会舆论未能扩散至网络而形成舆论。[②]

杨志军则强调必须着力从生成路径的探讨和类型学的分析对网络舆论的内涵厘析。他认为，网络舆论就是指一群对公共领域的重大问题具有强烈关注度的个人（网中人）或组织，心怀诸如对社会责任感和公平正义的追求等积极目的，或者盲目掺和（不明真相或泄愤性的）、蓄意谋合、炒作出名等消极目的，以互联网这种新兴媒体为载体，利用网络空间的相对自由和独立性，将解读的力度纵深化、讨论的范围扩大化、关注的焦点串联化，最终促使相关焦点问题通过合理合法、公开透明的渠道得到快速高效的解决。网络舆论主要包含三种类型：第一类是网络诱发型公共事件。主要发生于互联网的内部公共领域；第二类是现实触发型公共事件。源起于社会现实，“触网”后被公共论坛放大；第三类是网内外联动型公共事件。公共性事件在互联网与现实社会都存在，交替串联，并且互相渗透、彼此助推。[③]

可以看出，有关网络舆论本体的探讨，是一个从笼统走向精细，从模糊走向清晰的过程。

二　网络舆论概念的界定

通观众多定义，我们可以发现：1. 大部分对网络舆论概念的界定

---

① 邹军：《试论网络舆论的概念澄清和研究取向》，《新闻大学》2008 年第 2 期。

② 方付建：《突发事件网络舆情演变研究》，博士学位论文，华中科技大学，2011 年，第 32 页。

③ 杨志军：《网络舆论研究：背景考察、内涵界定与特质分析》，《厦门特区党校学报》2011 年第 4 期。

都从舆论的概念引申而来，认为网络舆论是一种意见，具有一定的影响力；2. 研究普遍认为网络舆论有广义、狭义之分。但众多研究中所指涉的网络舆论均为狭义上的网络舆论；3. 概念的界定一般包含网络舆论的主体、网络舆论的客体、网络舆论的传播载体及网络舆论自身。

以上对网络舆论概念的探讨为之后的研究工作奠定了基础。不过，网络舆论研究至今已十年有余，网络舆论也经历了更长的历史发展，其主体、客体、载体、形态和形成过程变得复杂而多样化。相较变动不居的现实，前述种种定义显得简单化和模式化。这促使我们思考两个问题：对网络舆论概念的界定，第一，能否跳出舆论概念的限制，从而获得网络舆论概念的主体性地位？第二，能否跳出广义、狭义的静态二分法，从动态生成路径的视角重新认知网络舆论？

综上所述，网络舆论是指，网民以互联网为载体，利用网络空间的相对自由和独立性，就公共问题通过交互讨论，最终形成的普遍性意见。

网民在网络中属于一种符号化存在，它可能是现实中芸芸众生之普通一员，也可能是某利益集团的代表（俗称“枪手”或“水军”），还可以是以不同面目出现的同一个人。因此，网民的舆论并不像乍看上去那么简单，其中混杂着多种舆论成分，甚至官方舆论有时也伪装成网民的“民间身份”来表达。本书着重探讨的是网民自发生成的、真实的网络民意，而非经过精心选择的网络媒体或传统媒体引领的新闻舆论及政府操控的舆论。

第三节　网络舆论与网络舆情概念辨析

一　网络舆论与网络舆情的概念比较

要厘清网络舆情与网络舆论的概念，必须先认识舆论与舆情的区别与联系。现代舆论学认为，舆论是指社会民众参与社会生活过程中所产生的一种社会政治态度，它的本质特征是集合化了的公众意见，是单种意见的集合。舆情和舆论的相同点都是公众的政治态度，两者都表现为公众的意见，但舆论强调“共同意见”，而舆情强调“不同意见的集合”。

网络舆情与网络舆论的区别就更加复杂，因为二者都有各种不同但又相近的表述和定义。也正因为二者高度的相似性和关联性，才非常有必要在理顺前人的研究成果的基础上，从广义和狭义上做个简单界定，搞清楚二者的区别与联系。

对网络舆情从狭义上来界定的主要是王来华教授，“网络舆情主要指网络使用者或者俗称网民的政治态度”①。其他狭义定义：“网络舆情就是民众通过互联网对政府管理以及现实社会中各种现象、问题所表达的政治信念、态度、意见和情绪的总和。”② 网络舆情广义、狭义之分除了主体，主要是在客体上的差别，广义的概念扩展了客体的范围：网络舆情不仅包括“公共社会事务”，“还应该是所有的事件包括个人行为”。网络舆情的本体都是指网民的态度、意见、情绪等。

从上一节对网络舆论定义文献的梳理可见，广义的网络舆论包含了所有网络上的舆论形式，既有公众舆论，也有媒体舆论，既包括各类网民的声音，也包含国家或者政府的声音。狭义的定义则把网民作为舆论主体在网上表达的舆论称为网络舆论。两相比较来看，网络舆论的广义、狭义之分主要是在主体上的不同，即以网民作为主体，还是以所有的人包括国家、媒体作为主体。

通过以上比较分析可见，不管网络舆情和网络舆论如何在主体和客体方面进行广义、狭义界定，但本体却是同一指向，即都是指意见、公众的意见，区别只在“公众共同的意见”和“公众不同意见的集合”。

二　网络舆情向网络舆论的转化

网络舆情向网络舆论的转化其实质是“多种意见的总和”向“有影响力的意见”的转化。这一转化过程非常复杂但时间却又不尽相同：遇到争议大的问题，或者错综复杂的事件，可能需要更长时间；但在“舆情危机”时期，可能在短短的几天时间公众的意见就趋向一致。

这一转化过程中，有两个重要的影响因素：传统媒体（或其网络版）的介入和网络媒体的报道。从网络舆情的客体公共事务来说，正是这两个因素对公共事务的聚焦和放大，才引起主体网民的意见转化。具体到社区论坛来看，没有传统媒体的介入和网络媒体的转载报道，网民

① 王来华：《论网络舆情与舆论的转化及其影响》，《天津社会科学》2008 年第 4 期。

② 刘毅：《网络舆情研究概论》，天津人民出版社 2007 年版，第 53 页。

对某一公共事务的意见总是从各自的角度、立场出发，始终是孤立片面各执一词。虽然专家、教授或者权威性机构如某专业学会，都可以“网民”的身份加入到发表意见中来，但所有这些意见终究只能算是“单个意见”。传统媒体以其特有的客观、真实、准确的态度去报道事实，挖掘事实的真相，凭借其多年累积的权威性，使个人对它更加相信，更容易获得受众的认可，个人的意见才可能趋向一致。而网络媒体的转载，通过对公共事务大规模的传播，才有可能使多样的意见向“有影响力的意见”转化。在一定时期内，当事实披露到一定程度后，都会反映出主流意见，最终形成网络舆论。

有学者认为，网络从公众意见的角度来把握，根据意见的发展程度，把网民意见分为网络舆情期、网络舆论期和相互作用期。网络舆情期是指多种意见得不到整合而形成集合化或者说没有形成影响力的意见，而只是停留在多种意见的简单相加阶段。在这个阶段，个人意见以自发形式出现，并随着更多网民的参与让更多的意见得到增加，但是意见增加到一定程度，不同的意见进行拉锯式冲突，始终没有形成有影响力的意见，就慢慢进入沉寂，并不是所有的网络舆情都能转化成网络舆论。①

第四节　机制的界定

一　机制的本义

“机制”一词最早源于希腊文，原指机器的构造和动作原理。对机制的这一本义可以从以下两方面来解读：一是机器由哪些部分组成和为什么由这些部分组成；二是机器是怎样工作和为什么要这样工作。据《现代汉语词典》的解释，机制泛指一个系统中各元素之间的相互作用的过程和功能。

二　机制的引申义

机制是指各要素之间彼此依存、有机结合和自动调节所形成的内在关联和运行方式。机制指的是程序和过程。理解“机制”这个概念，最主要的是把握两点。一是机制存在的前提是事物各个部分的存在，因

① 李勇：《网络舆情与网络舆论的转化及作用》，《新闻前哨》2012 年第 5 期。

为事物有各个部分的存在，就有一个如何协调各个部分之间关系的问题。二是协调各个部分之间的关系一定是一种具体的运行方式；机制是以一定的运作方式把事物的各个部分联系起来，使它们协调运行而发挥作用的。

本书研究的是网络舆论的生成与演进机制，就是要研究网络舆论形成的各个要素以及在演进的过程中各个要素的具体的运行方式。形成机制是从研究对象的形成过程的角度，透过现象揭示规律。网络舆论的生成与演进机制就是从事物形成发展的视角对舆论形成过程规律的揭示。

关于机制研究，大体主要有以下几种类别：

第一类：从发展过程看，有产生机制研究、形成机制研究、运行机制研究等。如卢德华的《电视媒体广告效应的产生机制研究》[①] 通过全国性的大样本数据调查，分析了电视媒体广告效应的产生机制。段婷婷的《微博影响力的产生机制研究》[②] 从媒介生态的角度分析了微博影响力的产生机制。曾姝的《媒介融合趋势下的舆论形成机制研究》[③] 从媒介融合的角度分析了舆论的形成机制。程慧的《网络舆情的形成机制研究》[④] 从传播学、舆论学、社会心理学的角度分析了网络舆情的形成机制。王佳的《网络舆论系统的构成与运行机制研究》[⑤] 从生态学的视角对网络舆论的运行机制进行了分析。

第二类：从不同领域看，有市场机制研究、价格机制研究、奖励机制研究等。如骆正林的《市场机制对村民选举中的信息传播的影响》[⑥] 从经济学、传播学的角度分析了市场体制对村民选举的影响。

第三类：从应对手段看，有预防机制研究、预警机制研究、评价机制研究等。林小丽的《我国群体性事件的预防机制初探》[⑦] 从社会学的

---

① 卢德华：《电视媒体广告效应的产生机制研究》，《广告大观》（理论版）2012 年第 1 期。

② 段婷婷：《微博影响力的产生机制研究》，硕士学位论文，山东大学，2011 年。

③ 曾姝：《媒介融合趋势下的舆论形成机制研究》，《湘潮》2010 年第 8 期。

④ 程慧：《网络舆情的形成机制研究》，硕士学位论文，江西师范大学，2011 年。

⑤ 王佳：《网络舆论系统的构成与运行机制研究》，《新闻界》2012 年第 5 期。

⑥ 骆正林：《市场机制对村民选举中的信息传播的影响》，《哈尔滨师范大学社会科学学报》2011 年第 6 期。

⑦ 林小丽：《我国群体性事件的预防机制初探》，硕士学位论文，华南理工大学，2010 年。

角度对群体性事件的防范进行了分析。盛沛林、秦超的《印度洋海啸灾难爆发时的信息传播——兼论媒体的新闻舆论预警机制》[①] 以印度洋海啸为分析案例，阐述了灾难信息的传播途径以及新闻舆论的应对措施。

学者关于机制的研究遍布各个领域，既有自然科学，也有对经济、文化、社会学科的研究。从事物的发展过程看，关于机制的研究既有对事物产生根源的生成、产生机制研究，也有对事物发展过程的形成机制研究。

① 盛沛林、秦超：《印度洋海啸灾难爆发时的信息传播——兼论媒体的新闻舆论预警机制》，《军事记者》2005 年第 3 期。

第四章　社会转型视域下的网络舆论生成

社会转型是指社会结构和社会运行机制从一种形式向另一种形式转换的过程，是导致中国政治、经济、文化变迁的主要原因。社会学家郑杭生认为："社会转型"是一个有特定含义的社会学术语，意指社会从传统型向现代型的转变，或者说由传统型社会向现代型社会转型的过程，说得详细一点，就是从农业的、乡村的、封闭的半封闭的传统社会，向工业的、城镇的、开放的现代型社会的转型。当我们说"社会转型"时，着重强调的是社会结构的转型。[①]

1978 年迄今，中国社会结构正处于不断分化组合阶段。改革开放前，中国是一个整体性社会，社会结构整齐划一，按相同的模式建构运行。社会的政治中心、经济中心、文化中心高度重合；改革开放后，中国开始向分化性社会转变，这种转变体现在三个方面：政治上，民主法治不断进步，社会开放程度不断提高；经济上，逐渐从农业社会向工业社会跃进，由计划经济向市场经济转型；文化上，多元文化流行，人们在伦理道德、价值观念上呈现不同的表现和追求。目前，转型过程远未完成，由此造成众多社会利益纠葛和矛盾产生。民众的社会抗争缺乏合法的途径，传统媒体原本可以成为民意表达的渠道，然而由于受到严格控制，使得它们在许多民意表达场合集体失语。汹涌民意撞向体制之墙，网络成为泄洪渠，这也造成了网络舆论的蓬勃发展。

从布尔迪厄的场域理论我们知道，社会场域是由许多不可化约的社会小场域组成的。由于资本的不同，不同的场域在社会空间中的位置不

---

① 转引自章辉美《社会转型与社会问题》，湖南大学出版社 2004 年版，第 4 页。

相等。其中政治场、经济场、文化场占有较多的资本，从而成为社会中的元场，其他任何一个场域说到底都会受到这些元场的影响。① 从网络舆论事件的发生来看，我们可以清晰地看到社会场中政治、经济、文化等元场作用的影子。

第一节 网络舆论背后的政治转型

一个国家的政治系统，主要由意识形态、政治制度以及制度的执行者组成。正是在这三个层面上发生的深刻转型，使得网络舆论成为反映社会现实的一面多棱镜。

一 意识形态：密闭向宽松转变

意识形态空间的宽松、新意识形态的多元与混乱，是网络舆论频发的深层因素。意识形态是社会科学领域一个非常复杂和多义的概念，迄今尚无一个能放之四海而皆准的定义，但这并不影响学界和业界运用这一概念及其相关理论分析政治、经济和社会文化现象与推动社会变革和社会活动。本书倾向于意识形态是关于世界的一套信念，② 体现为个人、组织和阶层的思维方式特征。正如 Karl Manneheim 所认为的那样，意识形态可以分为具体或特别的个人观念与超越个人层面的阶层、组织和社会等全面或整体观念等层次。③ 意识形态与政治关系密切，但并不意味着政治等同于意识形态。一个国家的意识形态，除政治意识形态外，还有社会意识形态。其实，政治意识形态也属于社会意识形态。④ 互动百科在解释政治意识形态时认为，“政治意识形态有鲜明的阶级性”；是“统治者力图通过本阶级的政治意识形态将其政治影响力转换为人们心理上的政治权威，并且使它成为公共舆论衡量人们政治行为的

① 余秀才：《网络舆论传播的行为与动因》，博士学位论文，华中科技大学，2010 年，第 128 页。

② 道格拉斯·诺斯：《制度、制度变迁与经济绩效》，刘守英译，生活·读书·新知三联书店 1994 年版，第 379 页。

③ Franz Schurmann, *Ideology and Organization in Communist China*, Berkeley: University of California Press. , 1966, p. 18.

④ 梁晓声：《当下意识形态素描》，《同舟共进》2011 年 9 月。

价值标准和尺度，从而使它在社会的实际政治活动中，持久地起着政治强制手段所不能起到的作用”。

1949—1978年改革开放前的很长一段时间内，政治意识形态几乎全面占领了社会意识形态空间。“政治挂帅”，一切以“政治斗争为纲”，极“左”意识形态统领政治。特别是“文化大革命”时期，盲目排斥一切西方思想与文化，把许多有价值、值得社会主义借鉴的东西一概当成腐朽的东西加以批判。对中国几千年来的文明成果视为封建主义的糟粕加以拒斥，在政治意识社会化过程中，以运动式替代教化式，采取“自上而下”的灌输方式。整个社会生活唯政治化、泛政治化，意识形态空间密闭而紧严。

1978年改革开放之后，意识形态发生变化，氛围变得宽松，新社会意识形态得以生长。综观当下意识形态，有学者认为是“三态并存”：政治意识形态、知识分子意识形态和“草根阶层”意识形态。[①] 首先，政治意识形态（马克思主义意识形态）仍是最为强势的意识形态。功能特别强大的意识形态载体，依然牢牢操控于政治权力。只不过，目前我国政治意识形态的内涵与外延已发生了显著变化。改革开放后的工作中心转到社会主义经济建设上来，与此对应，对意识形态做了创造性的解释，形成了具有中国特色的社会主义意识形态话语体系。这种调整的结果是：一方面它保持了对以往意识形态的继承与延续，保证了党新时期执政的合法性；另一方面又实现了对新时期政治、路线、方针、政策的辩解、动员与凝聚性。随着改革开放的发展，中国政治意识形态不断把各阶层社会群体的正当利益与正当政治诉求纳入意识形态中，并创造性地提出了“三个代表”和“科学发展观”，成为现阶段指导社会发展的一面旗帜。

其次，知识分子的意识形态渐渐活跃。这是一种在1979年之前的30年中曾被整肃得几乎“荡然无存”的意识形态。改革开放以后，特别是伴随着网络这一新的意识形态载体的发展，开始逐渐复苏。这种社会意识形态，强调社会的公平与正义，强调市场经济与法制作用，并赞成对政府权力的监督与制衡。比如，在孙志刚事件、重庆钉子户事件、

---

① 此处根据梁晓声《当下意识形态素描》一文的观点整理。

河南灵宝王帅事件等事件中，知识分子的发声多与此相关。

最后，“草根意识形态”异军突起。在中国，“草根”阶层仍是人数最为广大的阶层。20 世纪 80 年代前，他们是一个利益诉求“被代表”的阶层，而且按政治意识形态的逻辑，是全权的方方面面“被代表”了的。80 年代后，随着民生问题日益受到各级政府的重视，他们的利益诉求开始逐渐被某些知识分子所代言，比如当人大代表的、当政协委员的以及并不被权力者大加排斥的知识分子。由被“代表”而被“代言”，他们的利益情况是有所改观的。然而终究没有根本性的改变。网络的诞生，给草根阶层的利益诉求表达提供了天然的便利。这一阶层的意识形态，对内强调个人的权利和自由，在强调法治与监督政府方面与知识分子的意识形态生息相通；对外表现为比较强烈的爱国主义和民族主义。许多网络事件，虽说与政府的权力滥用有关，但同这种思想的泛起不无关系。比如，湖北十堰跨省追捕事件、出租车罢运事件、上海钓鱼执法案件，等等。而在一些涉外案例中，基本上都同爱国主义与民族情绪有关。如 1998 年的印尼排华骚乱、1999 年中国驻南斯拉夫大使馆被炸、2001 年赵薇军旗装事件、2003 年日本人珠海买春事件、2004 年民间反日入常事件、2008 年抵制家乐福事件、2008 年莎朗斯通“辱华”事件等，都是这种意识形态的集中体现。

虽然意识形态已发生变化，然而一个不可否认的事实是：传统意识形态中的人治思想、特权思想以及威权保守观念，在我国部分民众特别是一些官员身上仍比较明显地延续。作为后现代与正在转型国家，一个高效廉洁的政党领导尤为关键。但是，我国部分官员在意识形态转型上显然落后于社会转型，改革开放前传统政治意识形态中不好的东西在他们身上遗留较多，这严重损害了执政党的形象与权威。如 2009 年郑州规划局副局长质问中央台记者：“你是准备替党说话，还是准备替老百姓说话？”这些事件的发生绝非偶然，而是传统意识形态中权威主义在官员身上作祟的表现。

多元意识形态的混杂，以及各自使用的话语体系的多样化，构成了网络言论勃发的语态环境。

二　政治制度：人治向法治转变

中国改革开放以来民主法治进步、公民民主意识增强，是网络舆论频发的直接因素。

中国自古强调“君权神授”，君王的指示即是国家的法律。因此，中国具有“人治”的传统。这种传统在1949年后并没有得到很好的扭转。谈到新中国成立后的法治淡薄，邓小平曾这样说过：“旧中国留给我们的，封建专制传统比较多，民主法制传统很少。新中国成立以后，我们也没有自觉地、系统地建立保障人民民主权利的各项制度，法制很不完备，也很不受重视。”[①] 结果是，截至新中国成立30周年即改革开放前，我国还没有一个比较完整的法律体系，“权力崇拜”、“个人崇拜”比较严重。在法律受到蔑视与践踏时，人民无法也不敢表达自己的各项主张与要求，因此，在民众舆论表达上是一个灰暗的时代。

改革开放后，我国民主法治建设逐步走上正轨，并得到党和国家领导人的高度重视。江泽民强调：“依法治国，就是广大人民群众在党的领导下，按照宪法和法律规定，通过各种途径和形式管理国家事务，管理经济文化事务，管理社会事务，保证国家各项工作都依法进行，逐步实现社会主义民主的制度化、法律化，使这种制度和法律不因领导人的改变而改变，不因领导人看法和注意力的改变而改变。”[②] 胡锦涛在纪念党的十一届三中全会召开30周年大会上也提出：“把人民拥护不拥护、赞成不赞成、高兴不高兴、答应不答应作为制定各项方针政策的出发点和落脚点”，要“问政于民、问需于民、问计于民”。习近平在中国共产党第十八届中央纪律检查委员会第二次全体会议上指出，“要加强对权力运行的制约和监督，把权力关进制度的笼子里”，“各级领导干部都要牢记，任何人都没有法律之外的绝对权力，任何人行使权力都必须为人民服务、对人民负责并自觉接受人民监督”。由于党和国家重视，我国民主法治建设逐步发展完善，人民的政治参与意识、民主法治意识、权利义务意识、公平公正意识普遍增强，对法治的期待越来越强烈，这种状况在网络舆论上得到充分展示。如2003年，湖北大学生孙志刚在广州收容站被殴打致死，在网络上引起巨大反响，网民纷纷发表评论，批评现行的收容遣送制度。在强大民意关注之下，国务院废止了

① 《邓小平文选》第2卷，人民出版社1991年版，第332页。

② 《江泽民论有中国特色社会主义（专题摘编）》，中央文献出版社2002年版，第326—327页。

1982 年颁布的《城市流浪人员乞讨收容遣送办法》。通过此次事件，可以看出民众维权意识在网络上的集体觉醒。2007 年的厦门 PX 事件、2008 年上海部分市民反对磁悬浮工程事件、2009 年广东番禺垃圾焚烧事件等所引发的网络舆论关注，也都是民众集体维权引发的结果。虽然说网络舆论兴起有多种因素，但是民主法治的进步、民众法律维权意识的增强，无疑是重要的直接原因。

三 制度执行者：官本位向民本位转变、经济建设型向公共服务型转变

制度的执行者包括政府和官员。为更好地适应社会转型，政府和官员都需在观念上率先完成转型。然而，观念的转变往往是最困难的。观念上无法转变，行为的转型更无从谈起。执行者们的转型往往落后于社会转型。这容易带来新的社会矛盾，引发新的社会舆论。因此，执行者的转变不到位，也是网络舆论形成兴起的辅助原因。

在世界各国政治平民化的大趋势下，整个社会“民本位”思潮萌动。顺应潮流，政府执政理念需要从传统延续下来的“官本位”向“民本位”转变。增加政府工作的透明度，真正体现出“情为民所系，利为民所谋，权为民所用”的思想指导原则。同时，政府职能也需完成由经济建设型政府向公共服务型政府的转变，这是政府改革的基本目标，也是现代市场经济条件下政府改革的新路。然而，千里之堤非一日之功。漫长的封建专制王朝的统治历史，逐渐形成的“官本位”思想仍然潜在地发挥着影响，对于政府和官员而言，想要连根拔除恐怕尚需走很长的路。

随着社会利益的分化和利益关系的重组，公民民主意识逐渐增强，公民进行利益表达的愿望和要求逐渐增强。民众增强的民主意识和成长的民意，遭遇尚未完全转型的“官本位”思想，必然带来更多冲突和矛盾。舆论成为在传统国家权力之外博弈的力量。在这种背景之下，网络舆论闪亮登场，试图影响政府对公共事务的处理。

在 2009—2013 年 100 件网络舆论热点事件中，由政治转型引发的热点事件有 57 件，占 57%，见表 4.1：

表 4.1 **政治转型引发热点舆论统计表①**

政治转型类别	舆论热点事件	舆论热点数量
意识形态转变	湖北巴东邓玉娇案（2009） 云南“躲猫猫”（2009） 绿坝之争（2009） 河南灵宝王帅案（2009） 湖北石首市骚乱（2009） 罗彩霞事件（2009） 唐骏“学历门”（2010） 张悟本涉嫌虚假宣传（2010） 袁腾飞言论惹争议（2010） 方舟子遇袭（2010） 上海世博会（2010） 日本 9.0 级地震（2011） 乔布斯去世（2011） 深圳大运会（2011） 李娜法网夺冠（2011） 神舟八号发射升空（2011） 利比亚政局（2011） 钓鱼岛与反日游行（2012） 黄岩岛与南海局势（2012） 神舟九号与天宫一号对接（2012） 《舌尖上的中国》（2012） 莫言获诺贝尔文学奖（2012） 甘肃初中生发帖被刑拘事件（2013） 《南方周末》事件（2013） 斯诺登“棱镜门”事件（2013）	25
政治制度	重庆打黑风暴（2009） 上海“钓鱼执法”（2009） 云南“躲猫猫”案（2009） 习水县嫖宿幼女案（2009） 访民“精神病”说（2009） 宜黄强拆自焚事件（2010） 商丘赵作海冤案（2010） 7·23 动车追尾（2011） 免费午餐计划（2011） 微博打拐（2011） 广东乌坎事件（2012） 周克华案（2012） 王立军、薄熙来事件（2012） 北京特大暴雨灾害（2012）	20

① 由于意识形态、政治制度和制度执行者三者紧密联系，并不能截然分开。因此，此处的分类只是相对的划分。有些事件可能是多种因素共同作用的结果，此处仅按影响力较大的一方归类。表 4.2、表 4.3 同此处理。

续表

政治转型类别	舆论热点事件	舆论热点数量
政治制度	四川什邡事件（2012） 薄熙来案（2013） 罗昌平实名举报刘铁男事件（2013） 芦山地震（2013） 夏俊峰被执行死刑事件（2013） 曾成杰被执行死刑（2013）	
制度执行者	逯军“替谁说话”（2009） “小学生卖淫”案（2009） 李刚之子校园撞人致死（2010） 北京查封天上人间（2010） 上海地铁追尾（2011） 刘志军贪腐案（2011） 微笑局长成“表哥”（2012） 陕西孕妇引产事件（2012） 哈尔滨塌桥事件（2012） 沈阳大量商铺关门（2012） 陕西神木“房姐”事件（2013）	11

第二节　网络舆论背后的经济转型

本书所用的“社会转型”一词，采用比较广泛的含义，意指由于社会诸要素及其联系发生根本变化而导致的新旧社会发展模式的更迭过程。它同时也涵盖了经济转型和政治转型。事实上，我国的社会转型，其根本动力一直是来自经济改革的推动。在新中国成立以后，无论是政治形态还是社会形态，都是对应于高度集中的计划经济体制，是随着计划经济体制的确立而形成和发展的。因而，社会主义市场经济体制的确立，改变了当代中国政治形态和社会形态存在的经济基础，将不可避免地导致当代中国的政治形态和社会形态产生变化。

经济体制改革的木质就是人们彼此之间各种利益的变动与调整，因此，经济转型带来的直接后果主要有两个：一是社会利益结构的分化；二是利益主体和利益表达诉求的增长。

一　社会利益结构的分化

随着经济体制改革、市场经济的发育和健全以及政府行为的变化，中国的社会利益结构也开始发生重大的变动，利益分化更趋明显，在政府与社会之间、多种经济成分之间、城乡和地区之间，不同的利益群体正在兴起，新的利益结构正在形成，新时期人民内部矛盾更为错综复杂。

从纵、横两个方面来剖析目前中国的利益结构格局的话，不难发现：纵向主要是地方性利益格局分化的发展。在改革开放后，由于经济、政治和民族关系等多种复杂因素的作用，地方利益结构的分化总的来说呈现出不断加剧的趋势。这种趋势，表现在地方与中央的关系上，就是地方加强了与中央政府的“讨价还价”行为，中央政府在制定政策时需要更多地倾听地方政府的利益要求，并且经常在政策执行过程中出现“地方保护主义”的倾向；横向则主要是社会分层和新的利益群体不断出现。在改革开放以前，我国的社会分层基本上被“工农兵学商”这种粗略的职业划分所概括。而在改革开放以后，收入差距的拉大、职业分化的加快、资源占有量的不平等在中国造就了新的阶层分化情况。据陆学艺主编的《当代中国社会阶层研究报告》[①]，我国当代的社会阶层分为十类，即国家与社会管理者阶层、经理人员阶层、私营企业主阶层、专业技术人员阶层、办事人员阶层、个体工商户阶层、商业服务业人员阶层、产业工人阶层、农业劳动者阶层、城乡无业失业半失业阶层。阶层不同，各阶层的社会利益也必然出现分化。

在横向利益分化中，最突出的表现就是贫富分化和特殊利益集团的形成。基尼系数是测定收入分配差异程度的一项重要指标。根据世界银行公布的数据显示，中国居民收入的基尼系数已由改革开放前的0.16上升到2008年的0.474，不仅超过了国际上0.40的警戒线，也超过了世界所有发达国家的水平。比如，2009年，阿根廷基尼系数是0.46、巴西是0.55、俄罗斯是0.40；墨西哥2008年的基尼系数是0.48；印度2005年的基尼系数是0.33。即便按照中国国家统计局公布的数据显示，近些年基本在0.47左右。由于部分群体隐性福利的存在，有专家认为中国实际收入差距还要更高。西南财经大学测算的2010年的基尼系数就高达0.61。（见图4.1）世界银行报告同时显示，最高收入的20%人口的平均收入和最低收入的20%人口的平均收入，这两个数字的比在

① 陆学艺主编：《当代中国社会阶层研究报告》，社会科学文献出版社2002年版，第9页。

中国是10.7倍，而美国是8.4倍，俄罗斯是4.5倍，印度是4.9倍，最低的是日本，只有3.4倍。

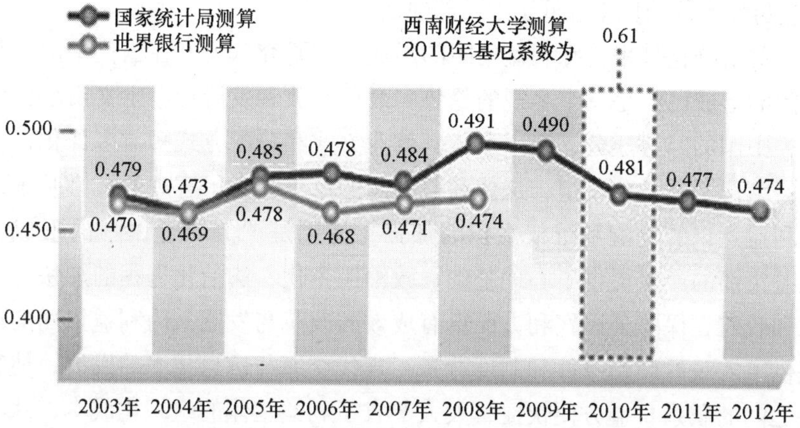

图4.1　国家统计局、世界银行公布的中国基尼系数变化图①

我国的贫富差距表现在不同群体、行业部门之间。由于我国现行的改革过程远没完成，分配制度也不完善，因此不同行业部门之间出现巨大的收入差距。许多国有企业凭借国家权力资源形成垄断，攫取高额利润。垄断企业员工收入与社会普通人员通常相差数倍。为改变这一差距，我国由发改委具体负责自2004年启动收入分配体制改革总体方案的起草工作，试图“提低控高”更重公平，然而却遭遇重重阻力，长达八年才得以出台。方案难以出台的主要原因在于既得利益集团的阻挠。因此，行业之间的收入差距问题短时间仍然难以解决。

中国贫富差距也表现在不同区域之间。经济体制改革之后，由于中央给予各地的政策不同，加上各地地区条件与历史遗产的差别，不同区域之间的发展差别逐渐拉大，形成梯度发展格局。广东、上海、浙江、江苏等东部地区成为经济发展的领头羊，成为较发达地区，中部省份成为相对发达地区，而西部省份则成为不发达地区。改革开放30年来，大量统计资料显示，这种区域差距有继续扩大的趋势。西部地区民众收入普遍低于中东

① 《各版本引发热议哪个基尼系数更靠谱?》，中工网（http：//news.workercn.cn/c/2013/02/05/130205051647079770492.html）。

部地区，因此贫富差距感更加强烈，在2009—2013年的100件舆论热点事件中很多都是发生在那些贫困落后地区，如贵州瓮安事件、云南孟连事件、甘肃陇南事件等。而东部地区，由于经济相对发达，民众收入较高，民众发生群体事件的比率远低于中西部地区。

贫富分化带来特殊利益集团的形成。有研究认为，在当代中国，利益集团的形成已经是一个客观的趋势：改革开放和发展社会主义市场经济以来，中国的经济成分、组织形式、就业方式和分配方式日益多样化，社会利益结构不断分化重组，这使利益集团的产生具有了客观的社会基础；公民利益意识的觉醒和维权意识的加强，特别是“集团意识”的形成，为利益集团的产生提供了心理基础；政治民主化、法治化进程的加快，以及党和政府在保障公民权利方面卓有成效的改革与发展，为利益集团的产生提供了宏观的政治条件和制度背景；现代交通与信息技术的发展，使得人们之间的联系日益方便快捷，大大节省了利益主体的组织化成本，从而为利益集团的产生提供了技术条件。这些条件的聚合，使得中国社会利益集团的产生，成为一种不以人的意志为转移的客观趋势。

贫富分化以及特殊利益集团的形成直接导致“M形社会”逐渐成形。所谓“M形社会”，是指全球化趋势下，富者越富，穷者越穷。随着资源的重新分配，中产阶级因竞争力的丧失渐渐沦落为中下阶层，整个社会在财富分配上，中间忽然形成巨大缺口，呈“M”状，整个社会分成了三部分，左边的穷人越来越多，右边的富人也越来越多，唯独中间的中产阶级却逐渐塌陷，最后消失不见。中国迄今为止并未形成真正的中产阶级，因此是典型的“M形社会”。

中产阶层具有社会缓冲带的作用。康豪瑟（Kornhauser）在1959年发表的《大众社会政治》一书中，提出一个正常的社会结构应该是三层的：政治精英—中层组织—民众。他认为，中层组织的主要功能在于：保护民众免受政治精英的操纵和控制；防止政治精英的决策直接为大众压力所左右；对精英政治进行组织化和民主化控制；提供交往和讨论的平台从而使民众对现实的感知更为真切；中层组织的多样性导致利益和认同感的多样化，从而降低民众被大量动员到一个运动中去的可能。① 中层组织薄弱的社会，社会结构容易失衡，社会失范现象易发。

① 赵鼎新：《社会与政治运动讲义》，社会科学文献出版社2006年版，第30—31页。

值得庆幸的是，在中国，M形两极社会形成的矛盾会通过网络舆论的形式反映出来，而网民也通过网络舆论的形式与政治精英实现对话，从而部分降低了社会运动的可能。这就使得网络在沟通渠道上部分地实现了中产阶级的调节作用。由于他们同农民和城市贫民联系密切，通常能代表农民及自己在网上发声，对当局者形成舆论压力，从而使网络舆论成为社会底层民众同高层“讨价还价”的最便捷通道。这样，既避免了民众受政治精英的愚弄控制，也防止了政治精英的决策直接为大众压力所左右，自然也降低了民众被大量动员到一个运动中去的可能。比如，表4.2中所列的各地房产限购、多地曝集资事件等就在一定程度上疏导了由于利益分化带来的矛盾。

总之，中产阶级的缺失、社会结构的失衡，必然会产生很多问题。而网络舆论则会对这些社会问题产生反应，并通过舆论压力促进问题解决，对社会紧张情绪起到一定缓解作用。

二　利益主体的多元化与利益表达诉求的增长

在市场经济体制确立以后，多种所有制经济成分蓬勃发展。1996年统计表明：城镇从业人员的就业取向出现了高度多元化。就业的类型有国有经济单位、城镇集体经济单位、联营经济单位、股份经济单位、外商投资经济单位、港澳台投资经济单位。并且，在这种多元化的趋势中，在国有经济单位和城镇集体经济单位中的就业人员从1992年一直呈下降趋势，相反，在这两类单位之外就业的人员则在整体上呈现出逐年上升趋势。2010年在党的十五大报告中，非公有制经济进一步取得了合法地位：“公有制为主体，多种所有制经济共同发展，是我国社会主义初级阶段的一项基本经济制度。”随着市场经济的逐步推进，国家的力量正在逐步退出市场，利益集团多元化格局已经基本形成。

多种所有制经济的发展带来最剧烈的利益关系调整。现实生活中，相较社会阶层而言，利益群体是更现实的行动主体。根据改革开放以来人们利益获得和利益受损的状况，有学者将中国人分为四个利益群体或利益集团，即民营企业家、明星、外企管理层等特殊获益者群体，知识分子、干部等普通获益者群体，城镇中的失业、下岗人员等利益相对受损群体和贫困地区的农民等社会底层群体。[①] 当然，利益关系并不是一成不变的，各个利益群体也需要不断分化、解组、重新整合，因此利益群体的划分也只能是一种相对的区分，很难精确命名。如中国社科院2008年发布的《中国社会和谐稳定研究报告》显示，民众认为的获益群体的划分和上述四个利益群体的划分有一定的出入，在调查各社会阶层对近十年来获益最多的群体的排序中，69.84%的人认为国家干部是近年来收益最多的群体，其次是演艺人员（53.71%）、私营业主（52.13%）、国有/集体企业经营管理者（47.98%）、专业技术人员（44.11%）。[②]

随着改革的不断深入，在产业结构不断变动、社会阶层分化不断加剧、多种经济成分和分配方式并存的情况下，不同的利益群体呈现出多元化、变动性的利益诉求。这种利益分化形成了不同的利益现状，不同的利益现状必然导致不同的阶层所要表达的重点和关注的中心不同。不同的利益诉求之间蕴藏着越来越多的盲目、无序、非理性的摩擦、矛盾、抗争和冲突。

从所占有的社会资源、掌握话语权、利益表达渠道、组织化程度、社会影响力等方面来看，利益群体在城乡、不同地区、不同社会阶层之间发展非常不平衡，强势和弱势利益群体的力量对比明显失衡。强势利益群体在各利益群体的博弈中明显占有主导地位，组织化程度高，成熟度高，谋求共同利益的认知度高，群体意识强，社会影响力大。相比而言，弱势利益群体缺乏利益代言人，利益表达的主动性和自觉性不够，参与意识不强，社会关联度低，甚至有大量的利益群体尚处于“虚拟状态”或“草根状态”。而且，各利益群体之间的分化差距仍在逐渐加大。这很容易引发一些群体的不满、不公感。

在现实生活中，如果民众长期受不公感影响，在遇到群体性事件发生时就很容易被不满、怨恨等负面情绪支配和左右，其产生的舆论行为也会因此发酵形成强大的破坏力量。而这些由于现实社会中的利益关系调整而引发的矛盾与冲突映射到网上，则是不同阶层人群会因为特定的

① 康新进：《当代中国社会四个阶层划分与阶层矛盾》，人民论坛网（http：//www.mil. com. cn/Nefts/201009/201009090918421277I. html）。

② 滕兴才：《我国社会和谐面临两大问题》，《中国青年报》2008年9月12日第4版。

利益而通过互联网这个无时无界的大平台迅速集结，并通过发表言论、甚至是制造言论等方式表达利益诉求，从而形成网上喷涌的舆论。

在2009—2013年100件网络舆论热点事件中，由经济转型引发的热点事件有24件，占24%，见下表：

表4.2　**经济转型引发热点舆论统计表**

经济转型表现	热点舆论事件	舆论热点数量
利益结构分化	吉林通钢暴力事件（2009） 腾讯与360相互攻击（2009） 王家岭矿难救援（2009） 杭州飙车案（2009） 谷歌退出中国（2010） 郭美美事件（2011） 各地房产限购（2011） 多地曝集资案（2012）	8
利益诉求多元化	“开胸验肺”（2009） 成都公交车燃烧事件（2009） 富士康员工跳楼（2010） 各地校园袭童案（2010） 唐福珍自焚（2010） 部分地区罢工（2010） 抢盐风波（2011） 钱云会案（2011） 故宫失窃系列事件（2011） 电商价格战（2012） 广东乌坎事件（2012） 四川什邡事件（2012） 厦门公交大火事件（2013） 农夫山泉“质量门”事件（2013） 黄浦江死猪漂浮事件（2013） 香港“限奶令”事件（2013）	16

第三节　网络舆论背后的文化转型

文化转型对于人类社会的发展绝不是简单的附属现象，而是其本质内涵之一。在很多情况下，经济发展往往不是纯粹的经济问题，政治发展也不是纯粹的政治问题，社会各个层面的发展都受到深层的文化模式和文化精神的影响和制约，文化成为隐藏在政治、经济转型背后“那只看不见的手”。

司怀特认为：“文化就是社会礼仪、符号、故事和世界观的集合，它是人们指导其建构自己行为策略的工具包。”① 也有许多学者把文化看作文本，认为人的行为是由文本的内容决定的，这和把文化视为工具包的理论实质相同，都认为人类行为背后深具文化背景。诚如马克斯·韦伯所言：“人类是一种悬挂在由他自己编织的意义之网上的动物。我们把文化看作这些意义之网，因此，对文化的分析不是寻找规律的实验科学，而是寻求意义的一种阐释性科学。我追求的是阐释、阐释表面神秘莫测的社会表达。”② 我们研究文化场对我国网络舆论行为的影响，就是在文化这个网或工具包中，追求其对网络舆论行为的阐释，具体包括传统伦理文化的失落、后现代网络文化的崛起。

一 传统伦理文化的失落

中华文化博大精深，包括儒、释、道三家，三家合而为一，基本精神都是相通的。最核心部分包括“仁”的原理、“礼”的原则，以及“天下为公”、“为政以德”、“天人合一”、“善”、修身、齐家、治国、平天下等思想。“仁”是儒家的基本思想，从“仁”开始，孔子提出“君子喻于义、小人喻于利”，取义舍利便成为几千年来规范中国人行为的基本道德观。“仁”的内涵还包括“忠恕”、“孝悌”等行为，形成了一整套“仁、义、礼、智、信”的价值体系。

这些人类“编织的意义之网”历经几千年的沉淀，已经内化于每个炎黄子孙的血脉之中，成为共同的价值观与信念，时时影响着每个人的行动。国人共同的价值观和信念类似荣格所说的“集体无意识”。瑞士心理学家荣格认为，集体无意识是由遗传保留的无数同类经验在心理最深层积淀的人类最普遍的精神。集体无意识的内容是原始的，包括本能和原型。它自身存在又不依赖于个体的经历，以一种不明确的记忆形式积淀在人的大脑组织结构中，在一定条件下能被唤起、被激活。这些相似的价值观念成为连接人们的纽带，人们借此获得他人与自己存在相同“情感、观点、态度”的认同，从而在接下来的网络舆论行为中产生一致的意见与行动。

---

① 转引自赵鼎新《社会与政治运动讲义》，社会科学文献出版社 2006 年版，第 210 页。

② 转引自郭建斌《理解与表达：对凯利传播仪式观的解读》，《2006 年中国传播学论坛论文集》，深圳，2006 年 8 月，第 102 页。

一方面是传统文化的内化，另一方面却是传统文化的失落、多元文化的混杂。我国经历“文化大革命”的文化浩劫之后，许多优秀传统伦理文化遭到抛弃与打倒，人与人之间钩心斗角、尔虞我诈，缺乏最起码的道德与诚信。再加上改革开放后，受市场竞争影响，物质利益又渐成社会新的坐标，拜金主义盛行，传统道德沦丧，导致现实社会中炫富现象、婚外情现象、见死不救现象、玩忽职守现象屡见不鲜。社会转型期中国现实的文化景观呈现出前所未有的、深刻的、全方位的文化冲突。某种意义上说，在中国社会的转型中，出现了人文精神的“空场”。“空场”并不表明我们没有任何文化精神，恰恰相反，现实情况是，我们拥有太多的文化精神，前现代的、现代的和后现代的文化精神同时包围和挤压着我们，它们相互冲突、碰撞、拒斥，却没有哪一种能成为主导性的文化精神。① 文化冲突成为网络舆论多样性的重要原因。

比如网络舆论中的“仇官”现象。我国传统文化教化中“天下为公”、“为政以德”的思想深入人心。孟子说：“尧舜之道，不以仁政，不能平治天下。”又说：“善政民畏之，善教民爱之。善政得民财，善教得民心。”然而，现实的另一面却是，许多地方政府出台的政策经常与民争利、许多官员官僚腐败，使得“善教”与“善政”之间存在巨大鸿沟与落差。这种矛盾和冲突使得网民常常“逢官必反”，在涉官事件上，网民往往会一边倒地站在官方的对立面，反对官方的声音。表 4. 3 中所列李刚之子校园撞人事件、药家鑫案等，如果不是因为这些事件背后都有相关“官员”的影子，当时恐怕舆论不会空前高涨。

再比如网络舆论中的“仇富”现象。我国改革开放后，物质与利益逐渐得到重视，社会上也逐步形成一股“拜金主义”。国外很多企业家会把大批个人财产以捐赠的方式回馈社会，而国内很多企业家却经常忘本，把大批财富留赠子女，产生大批所谓的“富二代”。很多富人“为富不仁”、奸商形象不改，很多“富二代”奢靡炫富、飞扬跋扈，这很容易激起民众“社会不公”的判断，从而招致舆论谴责和追讨。很多被誉为“仇富”的网络舆论现象即是此情形的反映。如宝马撞人案、杭州飙车事件等，只要牵扯富人，就会拨动网民的情感神经。

---

① 衣俊卿：《文化哲学十五讲》，北京大学出版社 2004 年版，第 299 页。

二　网络文化的崛起

后现代文化，又称后工业社会文化、信息社会文化或后资本主义文化等。[①] 后现代文化特征多样，主要包括反权威主义、多元化、非理性、平面化及思维的否定性与权力话语的消解性等。在文化文本内容里，后现代文化也成为影响网民网络舆论行为的重要文化来源。

从科技方面看，后现代文化与网络媒体具有天然之缘。正如尼葛洛庞帝所言，我们所处的时代正处于“沙皇退位，个人抬头”以及“消解中心主义”的时代。网络媒体天生的后现代主义品格，使中国网民的网络舆论行为明显具有后现代倾向。反权威主义、反中心主义，在网络舆论行为上随处可见。这些权威包括经典作品或艺术权威、政治权威与知识权威。

对经典作品或艺术权威的否定，主要体现在网络舆论恶搞事件上，这些事件表面以搞笑娱乐面孔出现，但在娱乐搞笑的幌子下，潜藏的是对权威主义的嘲讽与蔑视。如胡戈的《一个馒头引发的血案》就是通过拼凑、剪贴、移植等手法，体现了草根阶层对电影《无极》的嘲讽与不满。随后诞生的《红星闪闪》《铁道游击队参赛记》等一批恶搞传统经典影视剧的短片，则体现了网民对人类终极价值信仰的游移和后现代主义的虚无。

对政治权威的否定，则主要体现在网民对政府与官员的质疑上，如绿坝事件，网民质疑政府干涉信息自由与侵权；躲猫猫事件，网民质疑躲猫猫的可信性；七十码事件，网民质疑官方的数据结果；“出国考察门”事件，网民质疑官员背后的腐败……虽然这些针对政府与官员的网络舆论事件，背后有政治、经济、传统文化等原因，但改革开放以来，受后现代文化影响，网民通过网络对政治权威的消解，无疑也是其中因素之一。

对知识权威的否定，集中在教育与知识上。尊师重教、尊重知识是中国的优良传统，1949 年新中国成立后，知识分子曾遭到几次冲击，特别是“文化大革命”期间，许多专家被关押在牛棚；改革开放后，拜物教盛行，“脑体倒挂”现象让大多数知识分子不断向社会中下层移

---

① 张桥英、杨劲松：《论后现代文化特征及其影响》，《牡丹江教育学院学报》2009 年第 4 期。

动，经济社会地位不高，让一般民众对知识分子多了一份轻侮与蔑视。“叫兽”、“砖家”成为网友对这些群体的轻蔑称号。网络恶搞也好，对政府、官员抑或对专家、学者的质疑也罢，实质上反映出网络时代大众的成长与能动性的发挥。文化研究学者约翰·费斯克在以电视为例分析文化商品时认为，在流行文化消费过程中，除了媒介机构通过媒介文本实现商业利益的进程之外，还存在着大众生产意义，获取快感的进程。大众对媒介文本的解读，并不是对于媒介文本意识形态的屈从（如法兰克福学派所论述的），而是能够逃避文本的控制，生产出自己的意义，从而获得愉悦。这种大众生产意义的过程，恐怕会是网络舆论行为中越来越值得关注的一股力量。

网络文化的后现代性还有一个值得关注的表现，即网络的“虚无”及“审丑”现象。2009 年 7 月 16 日，网友在百度贴吧魔兽世界吧发表的一个名为“贾君鹏你妈妈喊你回家吃饭”的帖子，在短短的 5 个小时便引来了超过 20 万名网友的点击浏览，完全虚拟的人物，没有任何实质内容的帖子却一再创造帖子奇迹，更有不少网友加入恶搞大军，网上流传关于贾君鹏的各种传说和故事。

网友恶搞之——史记贾君鹏列传①

贾君鹏者，字饭否，生年不详，盖束冠之年，虽长于乡间，然早识文物，彬彬不异于市民。有母尚在，于家务农。《论语》有云：“父母在，不远游。”鹏谨记之。出行未曾距家十里之遥，常于门前田间游荡。

鹏体弱，家虽贫，其母亦未尝少济之粮草。嗟乎，母子同食，但食一口，皆遗之子者，母也。风卷残云，只一口留于母者，子也。人谓岳母刺字，勉也；孟母三迁，教也；贾母遗食，叹也！

鹏于舞勺之年初识电脑，称奇之声不绝于口。所谓初年能开机，次年识游戏，一朝入魔兽，从此沉溺斯。

初，其母尚能觅其踪影，劝其用膳；久之，鹏不胜其烦，遂离家愈远，归家愈疏。其母茕茕孑立，终日只知以泪洗面。世之谓古

① 《史记贾君鹏列传》，百度贴吧（http://tieba.baidu.com/p/2261664618? pid = 31344820741&cid = 0#31344820741.）。

来慈母皆寂寞。

天朝六十年七月十六日晨，鹏已三日未曾归家，其母甚忧，惶恐难食，遂遣一亲友于鹏之常驻贴吧发帖，言简意赅，情深意浓，见者无不潸然泪下，万人同寻之。

嗟乎，所谓树欲静而风不止，子欲养而亲不待。吾拮取如下，以醒后人。

太史公曰：贾母求君鹏用膳之辞，四海之内者，无人能比也，余每与人论之，人皆惊而涕，贾母之举，乃母之不易者也。君鹏不食邪？其迷游戏者已久矣。只其母独问曰："君鹏游矣，尚能饭否？"此意切之辞也。若君鹏烦之，岂不谬哉！

"贾君鹏"的走红也许至今都令人觉得"丈二和尚摸不着头脑"。然而，网友的一个跟帖成为此次事件的最好注解——"我们跟的不是帖，是寂寞"。网络舆论的"虚无"与"狂欢"在此次事件中表露无遗。而"凤姐"①、"芙蓉姐姐"② 等人的走红则与"审丑"文化密不可分。

在决定网民网络舆论行为的文本内容中，后现代文化更多具有舶来特征，具有时代压力；中国传统文化则更具有绵厚性及时空穿透力。相较于后现代文化，传统文化对网络舆论行为的影响更为潜在与深远。

在2009—2013年100件网络舆论热点事件中，由文化转型引发的热点事件有27件，占27%，见下表：

表4.3　**文化转型引发热点舆论统计表**

	舆论热点事件	舆论热点量
传统文化失落	杭州飙车事件（2009） 习水县嫖宿幼女案（2009） 湖北石首市骚乱（2009） 湖北大学生舍身救人（2009） 李刚之子校园撞人事件（2010） 郭德纲弟子打人事件（2010） 安阳曹操墓真伪之辩（2010）	20

① 即罗玉凤，重庆綦江人，因一系列雷人言论在网络上走红，被人称为"凤姐"。

② 原名史恒侠（笔名林可），又名火冰可儿、清水芙蓉、水媚妖姬、黑桃皇后，陕西咸阳人，陕西工学院机械系毕业，曾是考清华大学研究生大军中的一员，由于网络拍客将其照片上传到水木清华、北大未名和MOP网站上，成为网络上人气火爆的红人，被称呼为"芙蓉姐姐"。

续表

	舆论热点事件	舆论热点量
传统文化失落	山西问题疫苗（2010） 佛山小悦悦事件（2011） 药家鑫案（2011） 上海染色馒头事件（2011） 双汇瘦肉精（2011） “毒胶囊”与皮鞋很忙（2012） 最美女教师张丽莉（2012） 薛蛮子涉嫌嫖娼被拘事件（2013） 李××案（2013） 上海法官集体嫖娼事件（2013） 海南万宁校长开房事件（2013） 长春盗车杀婴案（2013） 光盘行动（2013）	
网络文化崛起	网瘾标准与治疗（2009） “绿坝”之争（2009） 央视曝光谷歌涉黄（2009） 贾君鹏红遍网络（2009） 网络红人“凤姐”（2010） 方韩论战（2012） 新快报记者陈永洲被批捕事件（2013）	7

第四节　网络舆论背后的媒介环境

如果说，政治场、经济场、文化场是作用于网络舆论行为的外在场域的话，那么媒介场则是网络舆论的内在场域。媒介生态环境的内部作用，构成了网络舆论兴起的直接原因。

一　传统媒体公共话语平台功能的弱化

我国的新闻媒体通常被定位为党的喉舌和思想文化宣传工具，成为一种与政治相连的意识形态。随着社会经济的发展、政治文明的进步，社会和公众对传媒的角色期待也发生了改变，社会需要传媒承担起社会环境守望者和公共话语平台提供者的双重角色功能，可面对一些重大突发事件，作为公共话语平台的传统媒体有时却处于“失语”状态。①

因此，在社会现实中缺乏一个能充分容纳民意表达的平台，民意很

① 商伟：《“集体失语”与“集体发作”》，《青年记者》2004 年第 8 期。

难通过正式的制度渠道，进入公共政策和公共事务的决策和裁判中去；同时在正式的制度渠道之外，也缺乏一个拥有充分言论自由和新闻自由的传统舆论空间，对正式制度的决策和裁判进行来自“第四权力”的有效监督和民意的释放。所以，“主流媒体的失语带来的舆论真空，必然被新兴的媒体占领。它可能是网络，可能是人际传播，也可能是其他任何方式。在当今社会，如果那些最敏感的话题不是直接从新闻媒体上获得，而是从网络中获得，那么网络的力量来自何方，已经很清楚。当前，不少精英在惊呼网络暴力的兴起。处于各类困境中的‘思想暴民’，他们没有选择街头政治。而是悄悄地躲在电脑前，相互交流各类信息，关注着各种社会动态，敲击键盘表达他们的思考，在传统媒体的传播之门封闭的同时，网络为他们提供了这样一个宣泄渠道”①。网络舆论的出现和形成，为相关决策者提供了另一个更为全面，更为集中的民意反映信道，同时也造成了网络媒体上的“舆论监督”比传统媒体的“舆论监督”来得更猛烈、更尖锐的局面。

但这并不等于说，网络舆论与传统媒体处于对立状态。在面对一些重大突发事件时，传统媒体从集体失语到集体发作的过渡正是通过网络舆论的影响，且网络舆论要从虚拟走向现实，离不开传统媒体的支持，两者是相辅相成的关系，只有网络媒体与传统媒体的合作，才能发挥网络舆论的最大价值。

二　媒介“话语霸权”的消解

改革开放前，大众媒介作为党的“喉舌”，它的主要功能是作为党和国家的舆论工具而存在。正如舒尔曼所指出的，官方控制传播的“封闭”效应不仅是保守秘密或书报检查制度，而且要求传播以官方意识形态的语言进行。具有特殊意识形态意义的概念和用语成为大众传播的一个独立的语言系统；它为“讲”这些话的人提供了一种统一的联系机制，而同时把不讲这些话的人或在其中没有地位的概念排除在外。正如所有语言一样，使用这种语言不仅要运用某些词，而且要赋予这些词以明确的意义。其结果是，通过了这一传播系统的许多东西首先是给这些意识形态精英和亚精英看的，他们能够理解这些东西，并有责任通过恰

① 周翼虎：《社会转型期与网络舆论的兴起》，《青年记者》2009 年第 8 期。

当的解释并参照本地的情况来向一般民众传播它们。在媒介为政治精英所掌握的情况下，其展现的是精英的话语霸权，而民众所能做的只能是对上级决策的正面回应。

然而，公民合法权利的行使和保障需要合理的“话语权”以表达自己的意见和建议。对媒介内容而言，应当按照市场经济公平、平等的原则，建立不同利益群体的表达机制。“现在我们已经开始进入一个社会结构已明显分化的社会。在这样的社会中，不同社会群体的利益往往是不一致的，甚至有时会存在不同程度的利益矛盾和利益冲突。而在这样的一个社会中，各种利益诉求的表达将会成为一种常规性的社会现象。由此提出的对社会的挑战是社会的制度和结构能不能容纳这种利益表达，以及如何为这种利益表达设立相应的制度安排。”①

经济学家卢周来说：“这个世界上从来不缺少强者的声音，但是弱者的声音总是稀缺。一个完全平等的社会是不可能存在的，然而，不平等、不公正之不完全性却不能构成我们拒绝追求平等和公正的理由。假如我们舍弃了对平等和公正的追求，那么，人类社会将向不平等与不公正的方向越走越远。”在一些公共事件发生时，网络媒体正是在主流媒体的失语或垄断话语权的媒介环境下，为公民和弱势群体提供了一个表达利益需求的平台和空间。一方面，网络独有的交互性特点，使得网络舆论不仅有精英阶层的言论，更多的是表达来自底层的声音，为打破话语权的垄断提供了一条新的道路。正如麦奎尔所说：“传播既然是基本的权力，那么权力的拥有与实践就必须建立在平等与多元的基础上，特别是既有结构的弱势者，其权力更应该受到尊重，让人民得以参与媒介的运作。”② 另一方面，网络媒体的开放性也部分消解了传统政治精英的话语霸权，带动了传统媒体信息把关的松动，从而形成传统媒介与网络媒介之间舆论互动与对流的局面。有学者对 1998 年到 2009 年 160 件重大网络舆论案例考察中，就发现 48% 的网络舆论事件首先由传统媒体报道，由传统媒体同网络媒体互

---

① 孙立平：《告别 2004》，新浪博客（http：//blog. sina. com. cn/s/blog_ 48b91372010003dn. html）。

② 段京肃：《社会的阶层分化与媒介的控制权和使用权》，《厦门大学学报》（哲学社会科学版）2004 年第 1 期。

动共同产生舆论作用的案例占到50%。①

综上所述，回顾社会转型这一宏大背景给中国社会带来的剧烈变化，我们发现无论政治转型、经济转型、文化转型，还是传媒转型，在根本上带来的是“国家—社会”、“政府—公民”关系的转变。

在传统的计划经济体制下，国家权力全面渗透进社会生活中，对社会形成“全能政治型”的强大控制，在这种渗透和控制中，国家和社会结成一体。在这样的国家和社会关系下，社会直接地具有政治性质，社会生活的各个要素，如财产、家庭、劳动方式等在单位组织的制约下都同时成为国家生活的要素。与此相应，社会中的个人由于完全隶属于具有强大政治和社会功能的单位组织，也毫无选择地被整合进国家生活。因此，与计划经济相适应的政治形态，是以社会和个人基本消失于国家生活中为其存在的现实基础，以政治权力的高度集中和政治权力的无所不在为基本特征的。市场经济体制的确立，使多元利益主体的存在有了依据。在此基础上，社会自身开始发育并形成相对独立的活动领域；并且在某些时候，社会开始向国家表达其要求或施加其影响。国家与社会的关系，将由以往的国家主导逐渐向国家与社会相互作用而转化。

这一根本性的变革力量深深地影响着传媒生态。在此背景下，网络舆论的闪亮登场并影响到政府对公共事务的处理，表明在传统的国家权力之外，一些相对独立的集体力量，正在中国社会逐渐出现。虽然较之于行政力量，社会力量还没有形成均势平衡，但博弈毕竟已经开始，集体力量有了摆脱行政权力单一控制、干预社会的可能。

---

① 钟瑛、余秀才：《1998—2009重大网络舆论事件及其传播特征探析》，《新闻与传播研究》2010年第10期。

第五章　网络舆论形成的哲学分析

近年来，理论界从政治学、社会学、社会心理学以及舆论学等角度对网络舆论进行了探讨和研究，但笔者认为对网络舆论的研究也应纳入哲学的视野和界域。从哲学的角度对网络舆论的形成和演进过程作进一步的探讨，使之具有理论和实践上的双重意义。马克思主义哲学认为，任何事物的形成和发展，都有主、客观两个方面的因素，都涉及历史观和认识论的有关问题，从这些角度研究网络舆论的形成机制，使我们能更好地把握和引导网络舆论，使之更好地发挥监督作用，推动社会进步。为此，本章拟从马克思主义哲学的角度，在历史观和认识论的统一中对网络舆论的形成和演进作另一层面的探讨和研究。

从哲学上看，网络舆论的形成具有一定的历史依据，这些依据包括网络舆论形成的客观根源、主体依据和认识论基础三个方面。

第一节　网络舆论形成的客观根源

一　网络本质及特征

信息社会中，“网络”这个新时代的名词，实际上早在几千年前我国就已有这个网络哲学，这就是《易经》。易经八卦就是一个网络巨系统。“太极生二仪、二仪生四象、四象生八卦”，即宇宙事物都有正、反两个面，而生成四种表象，构成一个时空矩阵，这个时空矩阵有八个角，上下前后左右六个面，这八个角即八个卦，六个面即六合，现在发行的六合彩票的六合之称就由此而来。这八个卦即八个子系统相互交叉成64卦，64卦又相互交叉演变构成了一个庞大的网络结构系统，我们只要抓住这个网络宇宙中的任一时空点就可以全息事物的整个信息，此即事物的全息律。①

早在 1755 年，塞缪尔·约翰森编的《英语词典》就把“网络”解释为“任何等距离交织在一起的物体都可称之为网络”②。经济学家汪丁丁认为：“网络”（互联网）概念有三重意义：计算机科学概念；生物学概念：“简单元件的复杂连接可以凸显出更高一级的事物，高级事物之间的复杂连接又可以凸显出更高级的事物，直到生命和思维过程的突现。”语言学概念：“当系统达到‘临界质量’（critical mass）时，突变就发生了：每一项信息在原则上都与其他任何一项信息互联（hyper—text），相互定义、相互参与、相互作用和演变，这构成一套典型的‘语言体系’，思维以这样的方式展开自身，话语以互联的方式获得意义。”③ 曼纽尔·卡斯特的网络定义非常简单：“网络是一组相互连接的节点（nodes）。节点是曲线与己身相交之处。…… 由光速操作信息技术所设定的网络之包含—排斥，以及网络间关系的架构形成了我们社会中的支配性过程与功能。”④

简言之，网络不过是事物之间、信息之间、人与人之间联系的基本形式。从最简单的物体（“网络”一词的词源）到自然界乃至宇宙的天体，从人的大脑结构到人类社会的生存和发展，从计算机信息网络到各种文化形态之间的互相联系，无不体现为网络的形态。

当然，哲学不仅满足于知道事物是普遍联系的，还必须具体分析和解释事物之间是如何联系的。网络概念大体包含三个层次：（1）技术层面，是信息的普遍联系与交流，具有作为技术工具的意义。（2）社会文化层面，是人的普遍联系与交往，人的关系通过网的关系来体现，具有本体论和人学的意义。（3）核心理念是开放、多元、自由、创造等，具有精神价值的意义。由此，我们可以一句话定义网络：就是物质信息和人的普遍联系的基本形式，是存在于一切相互联系、相互作用的事物或系统中的关系的实质，体现了开放、多元、自由、共享的精神价

① 黄鉴：《当代易学“发展才是硬道理”倒退是没有出路的》（http：//asp. 5135. com. cn/yihun/ddyxfzcsydldtsmycld. htm）。

② 转引自［美］诺顿《互联网从神话到现实》，朱萍译，江苏人民出版社 2001 年版，第 146 页。

③ 汪丁丁：《自由人的自由联合》，鹭江出版社 2000 年版，第 10 页。

④ ［美］帕特·华莱士：《互联网心理学》，谢影等译，中国轻工业出版社 2000 年版，第 570 页。

值。因此，我们似乎可以接续《易经》的一句话：形而上者谓之道，形而下者谓之器。① 形而中者谓之网，网络是连接道（精神）与器（物质）、人与世界的中介。从“网络作为关系、中介”的视角出发审视网络，可以得出网络有如下基本特征：

1. 开放性与共享性

与传统媒介相比，开放性是互联网最核心的特点。这种开放性包括时间维度上对历史和未来开放，空间维度上对现实和世界开放。理论上而言，网络平台上一切信息的生产、流通、交换、经营、消费对任何人、任何组织都是开放的，任何人为的障碍都不应该也没有必要存在。在现实中，出于种种需要对网络的控制和监督是有必要的，但这并不能从根本上改变网络的开放性特征。正如曼纽尔·卡斯特所说：“网络是开放的结构，能够无限扩展，只要能够在网络中沟通，亦即只要能够分享相同的沟通符码（例如价值或执行的目标），就能整合入新的节点，一个以网络为基础的社会结构是具有高度活力的开放系统，能够创新而不至于威胁其平衡。”②

互联网的开放性是由互联网的技术特点决定的。互联网设计之初，美国军方为了军事目的，直接将互联网的雏形建成分布式的网络体系，而不是采用传统的中央控制式系统。并且采用了全新的包切技术，同时放弃了传统的线路交换式信息传递方式。包切技术可以使网络上的信息传递畅通无阻，除非摧毁整个系统，否则没有办法阻止网络上各计算机之间信息的相互传递。而分布式结构则可以让网络上各计算机之间互为平等关系，每个计算机都只是一个终端、一个节点，没有中心，也没有从属。

在开放性的基础上任何人、任何组织只要具备一定条件，都可以共享网络中的一切信息。这正是网络的根本价值所在。“之所以互联网有用，就是因为它是一种公共的平台，让全人类都可以在上面来发表自己的东西，开展自己的活动，提出自己的想法，互联网因此才更加有意义。”③

---

① 《易传》之《系辞传》上篇第十二章。

② ［美］帕特·华莱士：《互联网心理学》，谢影等译，中国轻工业出版社2000年版，第570页。

③ 江堤编选：《跨越三百年的自卑——张朝阳谈网络·网络文化与生活》，湖南大学出版社2000年版，第8页。

2. 多元性

多元性不仅指在网络平台上的主体（人）、客体（软硬件）及中介（信息）是多种多样、丰富多彩的，更重要的在于，与传统媒体不同，多元化的主体、信息的创造、交流、消费的模式是多对多的，也就是说，网络的运行模式是多元互联的。

李普纳克（Lipnack）和斯坦普斯（Stamps）在《网络形成》一书开头写道："网络就是连接我们共同活动、希望和理想的连环。网络形成（networking）是形成人们相互联系的过程。"① 有学者指出，谈到网络，你不能停留在二维的平面思维乃至三维的球面思维上，必须认识到，有多少节点连接就有多少维度。这在理解现代社会时极为有用，因为我们所处的社会是纤维构成的、线织的、丝制的、弦状的，毛细血管遍布，其特性永远无法靠层面、角度、边界、领域、类别、结构、系统等概念来把握。②

3. 交互性

作为一种新型交往平台，网络与传统交往平台的最大区别就在于它的交互性。传统交往平台或媒体的运行模式大多是单向的、异步的。而网络交往、网络运行则是交互的、同步的。它大大模糊了主体—客体、传播者—受众之间的界限，激发了所有人的主动性和创造性。"所有空间的传统隐喻——远/近、上/下、大/小、内/外——在网络这里都必须重写，也就是被联系和结合的概念所取代。力量不是来自集中、纯粹和同一性，而是来自发散性、多样化和编织各种微妙的联系。"③ "各种媒体可以把万维网打扮成一个精彩纷呈的交互活动场所。在那里我们有无限的选择。但我们的交互定义不仅包括选择的能力，也包括创造的能力。我们应当不仅能在万维网上找到任何类型的文档，而且能很容易地创造任何类型的文档。我们应当不仅能跟踪链接，而且能创造链接。在各种媒体之间，我们应当不仅能与其他人相互交流，而且能与其他人一起创造。交互创造就是一起创造事物和解决问题的过程。"④

---

① ［日］正村公宏：《网络形成与信息化社会的课题》，《现代外国哲学社会科学文摘》，1987年第7期。

② 胡泳：《另类空间——网络胡话之一》，海洋出版社1999年版，第54页。

③ 同上书，第56页。

④ ［美］蒂姆·伯纳斯·李、［美］马克·菲谢蒂：《编织万维网》，张宇宏、萧风译，上海译文出版社1999年版，第165页。

一般情况下，交互分为两种：第一种是人把媒介工具视为交流的对象，即人机交互；第二种是仅仅把媒介工具作为信息交流的手段与工具，这种交互可称为人与人的交互。

4. 创新性

在一定程度上可以说，创新性是网络的生命线。若只有模仿，而没有创新，网络绝不会有今天的成果，今天的网络也绝不会有任何新发展。网络因为其开放性、共享性、多元性和交互性等特征极大地激发了所有人的主动性和创造性，并且能够及时、有效地把人们的创新成果连接起来，转化为现实的生产力推动社会进步。正是这一点，保证了网络从产生到发展所表现出来的旺盛的生命力。

5. 虚拟性

虚拟性是指网络上的信息的存在形式都是数字化、虚拟化的，即是以比特（bit）形式存在的。尼葛洛庞帝在《数字化生存》一书中认为：比特作为信息的“DNA”，正迅速取代原子而成为人类社会的基本要素。比特与原子遵循着完全不同的法则，比特没有重量，易于复制，可以以光速传播，在它传播时时空障碍完全消失。原子只能由有限的人使用，使用的人越多，其价值越低。比特可以由无限的人使用，使用的人越多，其价值越高。网络的这一特征不但使信息传播的成本降低，速度加快，形式丰富，更重要的是使包括文字、声音、图像、动画、视频等在内的多媒体在网络上实现了质的统一。

6. 复杂性

世间万物，大到宇宙天体和人类社会，小到人体细胞，都是高度复杂的巨系统。而正是因为我们今天所处的社会是一个高度复杂的巨系统，其中人与人之间、组织与组织之间、企业与企业之间存在着千丝万缕的联系。合作与协同成为社会的主要工作模式，而作为人类辅助工具的计算机必须适应这种模式，网络才应运而生。

简单系统是线性的、稳定的、平衡的，复杂系统是非线性的、不稳定的、非平衡的。线性系统倾向于消除变化，非线性系统则倾向于放大变化，系统的特性由系统各要素及环境之间的相互作用决定，不存在中央控制。个体间的相互作用产生非线性，非线性过程可增加不规则性。这就是普里高津所说的“耗散结构”。耗散结构理论从“熵”的深化入手，建立了一套处理非平衡、非线性系统演化过程的具体方法，证明了“开放”是系统保持有序的必要条件，信息流是系统发展的必要前提，竞争是系统发展的基本形式。网络就是一个典型的非线性复杂系统。“复杂系统的重要参数是联系，即事物间彼此交流的方式。近年来理论上最为有趣也最为有力的是这么一个发现：问题的关键是事物间彼此的存在与联系的隔绝而不是它们的强度或动力。”①

7. 去中心性

从技术结构上看，互联网不同于其他集中式和分散式网络，它的基本结构是分布式的。

互联网中找不到一个垄断性的信息发布中心，它不是传统意识形态的组成部分。由于网络的多元性和开放性，它存在无数个中心。而“多中心”即“无中心”。打个比方，传统的控制系统像中国象棋，网络则体现了围棋的原则。网络属于多面体球形结构（geodesic），每一个人与其他人直接相连，不是分层负责的结构。在层级式的结构中，成长和刻度所带来的问题，不会出现在网络这种多面体球形结构中。② 因此，对网络的集中控制非但没有必要，而且根本不可能。这种状况也使网络产生了诸多矛盾和冲突。

二　网络舆论客体

网络舆论是人类社会所特有的现象，其形成和发展由社会存在所决定。和其他社会现象一样，网络舆论的形成是社会矛盾的产物。矛盾普遍存在于社会生活的各个领域。社会矛盾及其运行构成社会生活发展变化的内在根据，也就成为网络舆论形成的客观根源。

我们知道，网络舆论客体——公共事务，不过是迫切需要解决的、突出的社会矛盾而已。社会是一个矛盾的综合体，由生产力与生产关系、经济基础与上层建筑这对基本矛盾所引发的形态各异、大小有别、层次有序的社会矛盾，构成了复杂有机的矛盾体系或矛盾网络。社会矛盾的出现、激化或平息，社会矛盾双方力量的失衡、调整或转化等，都有可能作为公共事务引发社会舆论。当然，并非所有的社会

① ［澳］特瑞·波索马特尔、［澳］大卫·格林：《沙地上的图案——计算机、复杂和生命》，陈禹等译，江西教育出版社1999年版，第66页。

② 转引自［美］约翰·布洛克曼《未来英雄》，汪仲等译，海南出版社1998年版，第19页。

矛盾都能引发社会舆论，在矛盾各方相互平衡和协调发展的阶段上，社会生活按照常规惯例规范地进行，一般不会引起大的争议。只有经过较长时间的生克消长，矛盾双方的均衡态势被打破，矛盾的对立面超过了同一面并发生了激烈的斗争和对抗，社会生活和社会节奏受到某种冲击或震动，社会舆论的发生往往就不可避免了。社会事件是社会矛盾运动的产物，两者之间具有内在的必然性。当社会矛盾集聚到一定程度，社会舆论的潜在能量和张力充分积累，人们对这一社会矛盾早有同感，只是在未找到时机和渠道明确表达的情况下，一个偶然的社会事件就会诱发网络舆论的产生，同时也为解决社会矛盾提供了契机。比如，人类用自己所掌握的先进物质技术对大自然进行疯狂的掠夺，人与自然的关系逐步恶化，矛盾越来越激烈。厦门市政府不顾市民反对，准备上马极具争议的 PX 化工项目，激发了市民的强烈反对。他们通过网络尤其是 QQ 群组织起来，就环境问题展开讨论甚至组织线下活动，引发了全民有关环境保护的网络舆论。可见，社会矛盾是网络舆论形成的客观根源。

社会现实是网络舆论的客体。然而，各种社会问题和矛盾中，只有部分问题会引起网络舆论。这就表明引起网络舆论的客体本身应该具有一定的特点。在总结前人研究的基础上，笔者通过对众多案例的分析，归纳出舆论客体都具备如下一些特性：

1. 公共性

本质上，公共性所指的不是对象本身的存在性状或事实关系，而是对象对人的价值关系。① 而作为网络舆论客体特征的公共性，则要求对象与众人相关。社会生活中的问题，“从问题所涉及的社会成员的数量性质的角度来分，可以把问题分为三类，第一类是私人问题，第二类是专业问题，第三类是公共问题”②。在这所有的问题中，只有公共性的问题才能引起网络舆论。网络舆论需要人数众多的网民参与，只有问题跟众人相关时，网民们才会知晓、关注和参与该问题。网络舆论客体的公共性更是舆论本身的内在要求。“舆论存在的功能表现是能够用自在的方式，直接地或间接地、明显地或隐蔽地影响着

---

① 邹军：《虚拟世界的民间表达》，博士学位论文，复旦大学，2008 年，第 7 页。

② 张正军：《公共管理论域中的公共性问题》，《江海学刊》2009 年第 3 期。

舆论客体。”①在这一点上，有的学者对舆论的功能定位更为直接。“舆论在社会生活中的角色就是设定社会目标和反馈社会效果。”②这就直接表明舆论的客体应该是社会中的公共事务。网络舆论作为舆论的一种，自当遵循上述规律。当然，并非私人问题和专业问题就一定不能引起网络舆论，它们在一定的条件下也可以转化为公共问题。当它们与社会规则发生冲突时就会变成一个公共性的问题。例如，在“周老虎”事件中，农民拍到了华南虎的照片，只是野生动物保护领域的事情。但有人指出照片造假，也就是当地政府利用假照片来糊弄人民，显然违反了政府应该诚信对待百姓这个“游戏规则”。事件也就演变为一个公共性事件。再如“周久耕”事件，本来抽什么烟应该是一个人的私事，但烟的价格与他作为房管局副局长的公开收入形成巨大反差，与人们心中设定的作为公务员的他应该有的消费水平悬殊，进而演变为一个公共问题。

2. 重要性

所谓重要性是指，客体对于主体利益影响的程度。如果与主体的利益关系越大也就意味着越重要。对于一些无关紧要的事件，网民可以保持沉默。但是对于那些关系自己切身利益的事情，他们很难沉默。客体的重要性还表现在网民意见的持续性和强烈度。这也正是有些网络舆论在很短时间内就销声匿迹，而有些网络舆论却能长期保持强劲的生命力的原因。比如，前段时间火爆一时的“文姚恋”成为网上最热的舆论事件，然而网民的关注更多仅仅出于八卦、娱乐心理，实际上事件本身与网民的利益相隔较远。相反，虽然“文姚恋”曾短暂冲击网民对“马航事件”的关注，但仍无法改变网民对“马航事件”的持续关注，因为毕竟后者更关系网民的切身利益。

3. 冲突与反常性

离奇、反常、怪异的人与事非常容易引起人们的兴趣和关注，成为舆论的焦点。社会实践与社会意识相适应，一切问题都成为理所当然，社会关系就得以和谐。但社会实践与社会意识发生冲突，形成张力，就

---

① 韩运荣、喻国明：《舆论学原理、方法与应用》，中国传媒大学出版社2005年版，第6页。

② 陈力丹：《舆论学——舆论学导向研究》，中国广播电视出版社1999年版，第21页。

会出现问题。两者要想达到新的和谐，有两种办法：一是社会实践按照原来的社会意识行事；二是社会实践塑造出新的社会意识。舆论就在这个过程中发挥作用。因此，作为舆论对象的客体都往往具有冲突性和反常性。从瓮安事件的“俯卧撑”到“躲猫猫”，无不是迥异于一般常识和规则，让人不可思议、难以置信它们的合理性。类似事件引发大规模网络舆论也就不足为奇。

具备上述三个特性的问题或现象很多，但并非所有这类问题都能成为网络舆论客体。它们还需要一定的催化剂作用才能为网民所关注，引发其意见。主要体现在：

1. 社会契合度。任何客体都处在一个特定的社会环境当中，必将受到社会环境的影响。特定的社会环境必将孕育出特定的社会议题。当客体属于这些议题当中时，就能很容易地引起人们的关注。反之，就很难分配到社会的注意力资源。例如“重庆钉子户事件”，当时之所以引起国内外的广泛关注，就是因为我国新的《物权法》即将颁布实施。在网络传播语境下，网络舆论的形成尤其需要客体与广大网民心境的契合。

2. 社会敏感度。特定社会环境在特定时期会形成一些敏感话题，一旦触动这些敏感话题，就犹如扣动了舆论扳机，舆论随时待发。中国人民大学舆论研究所所长喻国明在接受《瞭望》新闻周刊采访时，将这些敏感话题归纳为八个方面：“一是政府官员违法乱纪行为；二是涉及代表强制国家机器的政法系统、城管队伍；三是涉及代表特权和垄断的政府部门、央企；四是衣、食、住、行等全国性的民生问题；五是社会分配不合理、贫富分化；六是涉及国家利益、民族自豪感；七是重要或敏感国家、地区的突发性事件；八是影响力较大的热点明星的火爆事件。”① 例如，“夏俊峰事件”就牵涉城管与小贩这个敏感话题。

三　网络舆论的民众评价论本质

如前所述，本书将舆论界定为社会公众的普遍性意见。舆论通过诸多个体的评价意见，在表达人们不同的见解、偏好与要求的同时，也表

---

① 杨琳：《网络舆情飙升：贪腐等 8 方面事件最刺激公众神经》，《瞭望》（新闻周刊）2009 年第 7 期。

达了共同的倾向、愿望与心声，反映了一定社会群体的共同需要与利益。因此，舆论的本质就是一定社会群体关于某一现象的整体性的评价意见。[①] 也就是说，舆论是一种群众性的社会评价活动。网络舆论就是网民针对共同关心的话题进行评价，并通过传播中双向或多向互动显现出社会群体主体作用的社会评价活动。

（一）评价与社会评价

评价的对象是主体与客体之间的价值关系。评价是人类的一种认识活动。它与认识世界“是什么”的认知活动不同，它是一种以把握世界的意义或价值为目的的认识活动，即它所要揭示的不是世界是什么，而是世界对于人意味着什么，对人有何意义。

人与世界的关系具有三种基本类型，即认识与被认识、改造与被改造和利用与被利用。世界是人赖以生存的环境，又是人认识和改造的对象。在这三重关系中，认识是改造的前提，改造是认识的归宿；而认识与改造都是利用的手段，利用是认识与改造的目的。人类合规律、合目的地改造客观世界来满足自己的需要。正因如此，人对世界的认识就不仅仅要认识世界是什么和规律如何，而且要掌握世界对人的意义，掌握哪些是对人有利的哪些是对人有害的、应该规避的，哪些是经过改造后可加以利用的。

在认识活动中，评价的定位是：一种以揭示客观世界的价值，观念地建构价值世界的认识活动。在人类活动序列中，评价的定位是：一种较之认知更接近实践活动的认识活动。

社会评价是指从一定社会角度来考察和评定现象的社会价值，判明现象对社会作用之善恶、美丑、功过及其程度。[②] 简单说来，社会评价活动有两种实现方式，即普通民众的社会评价和国家公权力机关的社会评价。

社会评价因其突出的实践性而深刻地影响着社会历史的发展，在整个人类发展长河中不断张扬着社会正义，并对违背社会正义的事件或评价进行监督和抨击，在现实社会环境中对理顺价值观念冲突、消解价值危机、解决全球问题都有巨大的推动作用。

---

① 陈新汉：《民众评价论》，上海人民出版社 2004 年版，第 7 页。

② 聂德民：《网络舆论与社会引导》，博士学位论文，上海大学，2009 年，第 42 页。

（二）网络舆论是一种社会评价形式

舆论评价是借大众传播媒介而体现社会成员对一定事件、人物的社会价值的混合性评价，是许多个人评价中的共同倾向性观点。舆论的最初形式是街谈巷议，在现代社会则主要是通过报纸、电台、电视、网络等大众传播媒介而体现。社会舆论品评事件、褒贬人物，是社会公众情绪、态度的重要反映形式。网络舆论就是在互联网上传播的公众对某一焦点所表现出的有一定影响力的、带倾向性的意见或言论，是通过网络所体现出来的社会舆论。因此，网络舆论是一种群体性的社会评价活动。

第二节 网络舆论形成的主观依据

一 网络舆论主体界定

主体和客体是哲学的基本范畴。每个时代的哲学都要关注该时代的主体状况。主体是指从事着实践和认识活动的人，客体是实践和认识活动的对象和载体。主体不只是一个称谓问题，它反映主体与外部事物间的一种特定关系。这个特定关系就是"为我关系"。"为我关系"中的"我"就是主体。

舆论主体——公众是舆论构成的重要因素，也是舆论学研究中的热点之一。在现实生活中，由于舆论的主体具有分散性、不固定性的特点，对它的把握就变得模糊而困难。网络的出现，给人们提供了一个发表意见的舆论平台，新的技术促生了新型的舆论主体——网民。

美国曼纽尔·卡斯特在其著作中谈道："虚拟社群终算是真实的社群吗？答案既是肯定，又是否定。虚拟社群确实是社群，但不是实质的社群，它不会遵循实质社群的那种沟通和互动模式。但虚拟社群并非'不真实'，而是在不一样的现实层面上运作。"① 虚拟社群作为产生于网络社会的社群形式，与实质社群相比，这是一种新型的社群，其新颖性主要体现在特殊的互动法则和动态。

从形式上看，网络所营造的群体环境确实带有"虚拟性"。在虚拟社群里，网民之间交流主要依靠电脑中介实现互动，表现为"人—机—

① ［美］帕特·华莱士：《互联网心理学》，谢影等译，中国轻工业出版社2000年版，第590页。

人”的互动关系，但实质上仍然是“人—人”的互动关系。因此，虚拟社群在本质上是一种“真实的社群存在方式”。

因此，网民是一个“虚拟”的社群又是一个“实体”的社群。那么，究竟如何来界定这一复杂内涵的社群呢？有学者认为：“网络群体是根源于网络的虚拟空间而产生的与传统意义的群体相对应的一个概念。它是指以网络为中介、网络空间为基础、网际交往和虚拟生活为主要内容的一种全新的社会群体。网络群体的特征包括：具有更强的开放性；个体身份虚拟化、符号化；交往以间接交流为主；缺乏相应的群体规范。”① 这种分析明显与社会群体相区隔，更加接近网络群体特征。

综合以上分析，我们认为，网络舆论群体是指以网络媒体为中介，通过网上互动交流发表对现实或虚拟社会事件看法的群体。

二　网络舆论的主体依据

网络舆论的主体是网民，尽管网民具有随机性和非组织化的特点，但网民始终有共同的社会生活。共同的社会生活包括共同的政治、经济、文化环境，共同的信息源，共同的交际圈和共同的社会利益等。正是这些共同的因素构成了网络舆论形成的主体依据。

人的本质是社会关系的总和。共同的政治环境为网民自由、民主的发表言论提供了政治上的保障。人们不必“三缄其口”或“道路以目”，对于跟自己有关联或者感兴趣的公共事务都可以畅所欲言。共同的经济条件使网民具有了比较平等的经济地位。至少在我国，生产资料公有制使人民当家做了主人，享有了经济上的平等地位，这为网民从事社会舆论活动提供了物质上的保障。共同的文化氛围则使网民在很大程度上具有了相同的文化背景。共同的历史文化条件则使网民容易形成比较一致的社会舆论。如关于伦理道德的网络舆论的一致性就能很好地说明这一点。共同的信息源为网民形成一致的看法和见解提供了素材。在信息化时代的今天，人们可以足不出户便能利用网络知晓天下大事。社会上发生的任何事情，只要是新颖的、具有社会意义的，就会在短时间内为大家所共知，就有可能成为公众所关注的焦点、所讨论的话题，网络舆论也就由此而产生。当然，共同的社会生活也使网络舆论主体具有

① 赵坤：《大力促进网络群体的发展》，《新西部》（下半月）2009 年第 1 期。

了共同的社会利益。追求利益是人类一切社会活动的动机，人们奋斗所争取的一切，都同他们的利益有关。正是因为有共同的社会利益才使网民共同关注公共事务，并就此发表与自身利益或公共利益有关的言论和看法。

三　网络主体性

在实践和认识活动中，主体将本质力量对象化于客体，认识并改造客体，同时也把客体的属性、规律内化为自己的本质，充实和发展自己的本质力量。主体性指主体自身的状况、特性和主客体发生关系的方式。网络主体性是指，网络舆论主体在其舆论活动与行为中所表现出来的一般特性。网络时代下，信息网络技术的广泛应用将使人的实践和认识活动的工具、手段和客体网络化，甚至使实践和认识活动的主体也以网络化的形式存在。德国学者巴巴拉·贝克尔（Barbarra Becker）在《虚拟身份——想象的自我》一书中谈道：计算机屏幕已经成为把自己作为一个多维分布的主体，把自己想象成一个多重角色的社会主体，并能创造新的全能自我的有力工具。

在网络时代，实践、交往、认知等活动中的人表现出更多的主体性。

（一）实践主体性

通过各式各样的网络化生产工具，大多数人能够从繁重的体力劳动实践中解放出来，劳动者的主体地位得到进一步确证，劳动者的积极性和创造性进一步发挥，劳动者的综合素质进一步提高。

（二）交往主体性

网络作为人的最新交往工具，极大地拓展了人的交往范围，加深了人的交往程度，改善了人的交往条件，使人的交往的主体性在质和量上都有了显著提高。

（三）认知主体性

网络作为人的认知工具，带来的不仅仅是知识和思想数量的增加，还使个体零散的知识和思想集中化成为可能，并使个体的思想间的快速传播成为可能，而且由于多媒体、超文本等技术的应用，使人的认知活动更加个性化、互动化，真正做到了将科学性、思想性、趣味性、娱乐性融为一体。

（四）价值主体性

网络也塑造了全新的价值主体，网络时代开放、创造、民主、自由、理性、科学等价值观念日益深入人心，使价值主体的自主性和能力得到显著提高，一种全新的网络时代的价值观正在形成。

四　文化哲学视野下的网络舆论主体身份考察

在新网络环境和网络实践中，对于“我是谁”、“我能做什么”、“我应该做什么（我应该成为什么样的人）”等涉及网络舆论主体身份的根本性问题，的确是每一个面临网络时代的人都应当思考的问题，本书尝试从文化哲学的视野加以解答。

（一）本我的自由释放

弗洛伊德认为，人的意识结构可以大致分为意识、潜意识和无意识三层结构，而决定人类行为的基础主要是人的无意识结构。因而人格也大致可以分为超我、自我和本我三重性格。超我是由社会道德原则和规范形成的人的行为方式和个性人格特征。自我处于人格层次的中间，它调节着超我现实原则与本我快乐原则之间的冲突。本我是最原始的、与生俱来的人格部分，它总是按照快乐原则行事。它是人的最基础，因而也是最真实的人格。只是在人类文明发展中，它的许多欲望和要求被视为不道德，受到了压抑。只要有机会，它就会通过幻想和梦等方式表露出来。在网络虚拟和匿名的环境中，社会禁忌在某种程度上大大减少，过去受压抑的东西便可以自由自在地表现出来。因此，网络中的主体更容易表现出本我的自由释放。当我们活跃在新媒体和传统媒体这两个世界的时候，我们有时显现出来的人格是分裂的。互联网的虚拟性、隐蔽性、匿名性，带来意见表达的便捷性、随意性，使得个体网民不再满足于“沉默的大多数”而可以充分表达自己真实的看法，甚至宣泄自己的不正常的心态，或表达偏颇见解，制造、传播不实信息，以致出现网络暴力。这一切，在网络的语境下变得正常和普遍，非理性个体的出现几乎成了必然。

（二）主体的解构性

贝克尔认为，网络身份表明主体实际上是一种可以自主界定的客体。网络是一种绝对的多样性、差异性、灵活性和分裂性的象征。当虚拟自我被描述为一种多分布系统，和相应具有不止一种的在屏幕出现的窗口可能性时，它是一种引喻，一种随计算机科学的技术术语而出现的古怪的关系，被解释为分裂人格的一种象征。它不仅仅与后结构主义的现代主体感觉的解构有朦胧的关联，除此之外，它也是一种努力，试图解释一种强烈的、明确定义的自我概念。① 后现代主义者认为网络主体身份的新特征，表达了个体要求创造性、解构现有文化结构和统治权的愿望。主体身份的多样性实际是对传统身份观念的单一性、确定性和僵化性的挑战。人在想象和创造中，既可以"是他原来所是"，更可以"是他原来所不是"。更能体验出网络主体优越性的是他可以按照他的理解来创造一个新人，让这种新人根据虚拟的环境在网络生活中存在和经历自己无法亲自体验的过程。很多时候网民在网络上表现出的性格、才能等与现实世界有别，甚至差异巨大。有的现实生活中沉默寡言、内向木讷的人，在网上有可能摇身一变而为活泼健谈、能言善辩的舆论领袖。网络成为这些人的"隐身衣"，因为没有人知道那一个个虚拟的ID背后的真实面目，躲在"隐身衣"背后的那个"我"才能尽情释放，以另一个主体身份而存在。

（三）主体的反抗性

社会批判理论认为，对想象、幻想的事物和境界的需要，实际表达的是对现实事物和环境的失望。一个人正是在现实生活中无能为力，想改变社会却最终被社会所"同化"和"改变"。在这种情况下，或者通过逃到幻想的世界中满足自己那还没有完全泯灭的希望，或者可以通过创造现实社会中不存在的"完美的形象"来唤起大众对解放前景的感觉。因为人们在现实社会中过于注重于眼前的实际利益，对未来已经没有了感觉和冲突。那么，在虚拟和构造性的自我环境中，人们可以打破现实社会的限制而体验一种自由的意境。从这个意义上讲，网络主体身份是对人的现实环境和人的现状的反抗。

第三节　网络舆论形成的认识论基础

认识论是探讨人类认识的本质、结构，认识与客观实在的关系，认识的前提和基础，认识发生、发展的过程及其规律，认识的真理标准等

① 陆俊：《重建巴比塔——文化视野中的网络》，北京出版社1999年版，第139页。

问题的哲学学说，又称知识论。唯物主义认识论坚持从物质到意识的认识路线，认为物质世界是客观实在，强调认识是人对客观实在的反映，申明世界是可以认识的。辩证唯物主义的认识论则进一步把实践作为认识的基础，把辩证法运用于认识论。网络舆论是民众对客观现实的评价活动，其本质也属于认识。因此，辩证唯物主义认识论可以帮助我们科学地认识网络舆论的发生、发展及目的。

辩证唯物主义认识论认为，认识不是由离开人的某种纯粹的自我意识或无人身的理性来实现。认识的主体是人，但不是生物学意义上的抽象的人，而是生活、实践于具体的历史的社会关系中的人，是利用社会地、历史地形成的认识活动的各种手段和形式、各种思想资料的人。人作为认识的主体，首先在于人是社会实践的主体。只有通过社会实践，人才能形成和发展自己作为主体的本质力量，从而确定自己的主体地位。辩证唯物主义认识论还认为，作为认识客体的事物、现实，应该从主体的感性的实践活动去理解，从主体的主观能动方面去理解。事物、现实能够成为认识的客体，首先在于它们是主体能动的实践活动的客体。认识是主体对客体的一种观念的或理论的关系，它虽然是通过主体的意识、思维的活动实现和表现出来的，但它发生的基础则是主体和客体之间的物质的相互作用即实践。实践是认识的直接来源，认识只有在实践的基础上才能发生，也只有依赖于实践的推动才能发展。实践的需要和发展既不断地向人们提出认识课题，又不断为解决这些课题提供必要的经验材料和必要的工具、手段。实践还在改造客观世界的过程中不断推动人们主观世界的改造，锻炼和提高主体的认识能力。随着主体认识能力的发展，认识客体的广度和深度也会因之扩大和加深，从而推动认识更加全面、更加深入地发展。实践是主观和客观、主体和客体一致的基础，只有坚持实践的观点，才能对认识的发生、发展，认识的目的和作用以及认识的真理性的标准等一系列认识论问题作出科学的解释。

由此可见，主体、客体及实践构成了辩证唯物主义认识论的三个基石。从认识论来看，网络舆论的主体是既“虚拟”又“实在”的社会群体。具有实践主体性、交往主体性、认知主体性和价值主体性。同时，借由网络作为媒介发表对社会事务的看法，因此，网络舆论主体更容易释放“本我”，在网上表现出更多的反抗性和解构性。网络舆论的客体就是迫切需要解决的、突出的社会矛盾。这种社会矛盾往往带有公共性、重要性、冲突性和反常性，同时契合当时网民的心境或社会敏感问题。网络舆论发生的深刻基础在于网络舆论主体对客体的认识，即主体的实践活动。这种实践的本质是社会民众对社会现实的主体评价。由此可知，网民群体、社会矛盾与社会评价三位一体，共同构成网络舆论。

此外，网络舆论的形成也是认识发展的过程。如前文对客观根源的分析，社会矛盾的普遍存在决定了人们关于社会矛盾的社会意识。当社会矛盾处于潜伏状态的时候，一些社会问题初露端倪，人们对这些社会问题的态度尚不明朗，或者还未形成意见；当社会矛盾继续积累与发展，就会形成一些社会事件，人们的情绪、态度和意见变得清晰和活跃，对于公共事务的意识也由“潜意识”逐渐转向“显意识”；当社会矛盾进一步升级，社会冲突的发生在所难免，这个时候就可能形成“群情激奋”的状况，公众对公共事务的意识得到进一步强化，有具体指向的情绪、态度和意见等就会更加明确。

第六章　网络舆论生成过程研究

第一节　网络舆论的发生要素

从表象上看，网络舆论似乎零散而非系统化，实际上它有其内在的发生模式和发展规律。网络舆论的发生是不同社会个体生活经验、心理感受、不同社会阶层、利益群体的生活境遇、思想观念，以及不同的社会思潮、意识形态互构的结果。它既受到社会政治、经济、文化等宏观背景的影响，又是中观层面上网络舆论主体与客体相互作用的结果，同时也和个人、群体或阶层生活状态的微观感受与体验息息相关。第四章已从宏观层面进行了考察，本章主要从后两者，即中观和微观层面考察网络舆论的主要生成要素。

一　网络舆论主体的公众性

美国社会学家布鲁默（Blumer）从社会互动论的理论出发，将社会群体划分为三种形态：聚众（crowd）、公众（public）、大众（mass）。他认为，这三种群体形态是可以区别的。“聚众”是很多个体受某一共同事物（如街边斗殴）吸引而形成的临时群体，个体间互不认识，相互没有理性的传播只有情绪的感染。群体内没有任何组织，吸引他们的临时性事物一消失这个群体也就消失了。“公众”是指这样一个群体：（1）他们共同面临一个议题；（2）他们对如何处理这个议题有争议；（3）他们就议题之解决展开讨论。这种讨论是相对理性的，是舆论形成的核心。“大众”则又不同，它是由很多差异很大、相互匿名、很少交往，分散在一个比较广大的地域内的个体的集合，它内部没有什么组织纽带，也不具备采取集体行动的能力。①

在哈贝马斯公共领域理论中，“公众”被理解为，一是拥有共同关注的普遍利益，这种普遍利益超出私人或集团利益；二是自愿，即组成公众的每一个体应是“自愿地”、“自由地集合和组合”，可以自由地表达和公开他们的意见；三是拥有一定的规模。在他看来，“公众”成员没有身份或阶层、阶级的限制，只要某一个体自愿、自由地关注某些“普遍利益”，就有可能成为“公众”的一分子②。

通过上一章的研究我们得知，网络舆论主体是指以网络媒体为中介，通过网上互动交流发表对现实或虚拟生活事件看法的群体。③显然，网络舆论主体难以用布鲁默的三分法套用。因为网络既有布鲁默眼中聚众的特征，也有公众与大众的特征，网络舆论群体有时理性有时粗暴，具有易受感染、匿名等特征，它们之间虽差异很大，但却交往频繁，有时甚至形成组织，采取网下行动。不过，如果我们从网络舆论的形成过程来看，网络舆论主体具有从“大众—聚众—公众”的动态结构。

网民在现实生活中的存在形态，充其量只能算是布鲁默所说的“大众”。他们之间互不相识、很少交往、分散在一个广大的地域内，他们之间没有什么中间纽带，也不具备采取集体行动的能力。有了网络平台，他们之间的交往形态就发生了变化。某一共同事物的出现，吸引网民的注意，会形成临时性的“聚众”。当事件持续发酵，网民对事件的关注逐渐增大，争议和讨论由此展开时，显然，网络舆论的主体具有了明显的“公众性”。由此，这些在现实生活中不可能成为舆论主体的大众，在网上竟轻而易举地成了舆论主体。

网络舆论主体的“公众性”，成为网络舆论生发的内部性因素。

二 网络舆论客体的双重转向——公共领域私人化、私人领域公共化

一般认为，网络舆论的客体是社会公共事务。不过，近年来从网络舆论事件的发生情况来看，网络舆论客体的范围在不断拓展，关注的内

---

① 潘忠党：《舆论研究的新起点》，载《新闻与传播评论（2001卷）》，武汉大学出版社2002年版，第9页。

② 陈勤奋：《哈贝马斯的“公共领域”理论及其特点》，《厦门大学学报》（哲学社会科学版）2009年第1期。

③ 参见本书第四章第二节。

容也不断延伸：从物价房价、收入分配、食品药品安全等与人民群众息息相关的民生问题，到对道德诚信、贪污腐败等社会问题的关注，再到国家大政方针等；从个人日常生活世界到公共领域。公共事务与私人事务相互交叉，公共领域与私人领域彼此渗透。网络舆论客体的内涵和外延都在发生着改变。见下表：

表6.1　　2009—2013 年 100 个舆论热点事件双重转向统计表①

	2009	2010	2011	2012	2013
公共领域的私人化	重庆打黑风暴 央视曝光谷歌涉黄	腾讯与 360 相互攻击 北京查封天上人间 山西问题疫苗 王家岭矿难救援 安阳曹操墓真伪之辩 上海世博会	7·23 动车追尾 日本 9.0 级地震 上海地铁追尾 免费午餐计划 神舟八号发射升空 上海染色馒头事件 双汇瘦肉精 微博打拐 深圳大运会	钓鱼岛与反日游行 神舟九号与天宫一号对接 黄岩岛与南海局势 舌尖上的中国 北京暴雨灾害 电商价格战 四川什邡事件 哈尔滨塌桥事件 多地曝集资案 广东乌坎事件	斯诺登“棱镜门”事件 芦山地震 农夫山泉“质量门”事件 《南方周末》事件 厦门公交大火事件
私人领域的公共化	湖北巴东邓玉娇案 云南“躲猫猫”案 上海“钓鱼执法” 杭州市飙车案 湖北大学生舍身救人 “开胸验肺” “小学生卖淫”案 河南灵宝王帅案 罗彩霞事件 湖北石首市骚乱 逯军“替谁说话” 访民“精神病”说 习水县嫖宿幼女案	宜黄强拆自焚事件 网络红人“凤姐” 李刚之子校园撞人致死 富士康员工跳楼 袁腾飞言论惹争议 郭德纲弟子打人事件 唐骏“学历门” 方舟子遇袭 张悟本涉嫌虚假宣传 商丘赵作海冤案 唐福珍自焚	佛山小悦悦事件 郭美美事件 药家鑫案 乔布斯去世 抢盐风波 李娜法网夺冠 钱云会案 故宫失窃系列事件 刘志军贪腐案	莫言获诺贝尔文学奖 周克华案 方韩论战 王立军、薄熙来事件 微笑局长成“表哥” 陕西孕妇引产事件 最美女教师张丽莉 毒胶囊与“皮鞋很忙”	薛蛮子嫖娼被拘事件 李××案 薄熙来案 上海法官集体嫖娼事件 曾成杰被执行死刑 夏俊峰被执行死刑事件 陕西神木“房姐”事件 海南万宁校长开房事件 长春盗车杀婴事件 甘肃初中生发帖被刑拘事件 罗昌平实名举报刘铁男事件 新快报记者陈永洲被批捕事件

① 公共领域与私人领域实际并不能截然二分，只是网络时代，公共领域会更多地将私人领域卷入；而私人领域也会更容易进入公共领域。此处就是按照这一思路做了一个相对的划分。

续表

	2009	2010	2011	2012	2013
纯公共领域	网瘾标准与治疗 "绿坝"之争 成都公交车燃烧事件	部分地区罢工各地校园袭童案 谷歌退出中国	利比亚政局 各地房产限购	伦敦奥运 沈阳大量商铺关门	"光盘行动" 香港"限奶令"事件 黄浦江死猪漂浮事件

社会公共事务又称公众事务，一般涉及社会公众整体的共同利益，或引起公众共同兴趣的政治、经济和其他社会事项，具有公共性特征。在社会生活中，有大量公共事务引起群众的议论，把许多人吸引到公共舆论中来，产生一定的态度和意见。然而，随着网络舆论的兴起，一些私人事务也逐渐进入公共领域，出现"被公共化"的倾向，舆论客体不再单纯地局限在公共领域的事务，私人领域和公共领域的界限逐渐被打破，出现了公共领域私人化、私人领域公共化的趋向。

网络舆论的作用范围也是公共与私人两个领域话题的共存。网络空间刺激了网民空前热情，其讨论关注的话题已远远超出了哈贝马斯所界定的社会公共事务及国家、政治等公共领域，大大拓展到了房价物价、贪污腐败、道德诚信、娱乐八卦等社会、民生、文化等各个层面。不仅如此，在网络的超强聚光灯下，越来越多的私人事务也无所遁形，不断地"被公共化"进入网民关注的视野，如本研究几个案例中的网络舆论均是由个人行为引发，如郭美美的微博炫富和杨达才的现场微笑。这也印证了范·迪克指出的，20世纪的公共领域的三个条件在新媒体环境下消失不见了：公共领域不再与特定场所或地域相联系；原先假定的公共领域的单一性变成了多个公共领域并存的混杂性；公域与私域的区分模糊了。①

所谓公共领域私人化，是指具有公共意义的事件随着公众的关注，不断将事件相关的个体卷入，从而将关注焦点从公共领域延伸至私人领域，从而获得更多的舆论关注，形成舆论"雪球效应"。比如7·23动车事件中，虽是涉及公众利益的重大事件，然而因为事件牵涉人员众多，在开放网络平台中，私人领域也伴随着公共事件展现在众人面前。

① Van Dijk, J. *The Network Society*: *Social Aspects of New Media*. 2nd ed. London: Sage, 2006, p. 173.

再比如铁道部发言人王勇平因为发表不当言论而被公众人肉搜索。因此，在网络时代，有人发出这简直就是“聚光灯”时代，隐私尤其是公众人物的隐私几乎无处遁形。

私人事务公共化是指私人生活领域的、属于个人或私密的话题进入公共领域，成为公共讨论的话题。比如，郭美美的网络炫富，如果她仅仅是一个普通公民也就罢了，然而其“红十字商会总经理”的身份使得这一私人领域的炫富演变成了对“红会”公信力的拷问，一场舆论风暴从私人领域延烧至公共领域。除此之外，“表叔”事件、“周久耕天价烟事件”，等等，无不是此类舆论的代表。原本个人戴什么表，吸什么烟完全是个人隐私的事，个人也有这个自由，然而戴表、吸烟者的身份如果是官员——人民公仆，那么自然而然就与公众联系在了一起，他们需要接受公众监督，因此，私人领域的事件自然转化成了公共领域的事件。

公共领域和私人领域的融合，成了网络舆论生发的外部性因素。

三 网络舆论主体的利益、价值观、情感

网络舆论的产生除了主体和客体之外，还取决于舆论主体对某事件的态度和情感。态度是一种心理反应倾向，对个人所有的反应过程起动力性或指示性的作用。但态度的发生受着很多内在驱动力的影响和制约。心理学认为，一个人表现什么样的态度，首先跟他的动机有关，动机导致态度，态度表现动机。作为个体的人，其行为动机产生的具体原因虽各不相同，但从哲学层面上归纳，则不外乎以下三种维度：利益维度、价值维度和情感维度。这也是包括网络舆论在内的一切舆论活动产生的社会学与心理学原因。

（一）利益维度

所谓利益，是人们通过社会关系表现出来的不同需要。利益在本质上属于社会关系范畴。由于人的需要是多方面的，因此有多种多样的利益。基于生产关系体系中的地位而形成的对物质产品的占有关系，是物质利益，也称为经济利益。除此之外，还有政治利益和精神生活方面的利益。在舆论活动中，利益的驱动力贯穿于舆论活动的始终。人们之所以在网络上发表言论，最为重要的原因是作为舆论客体的事件与他们的利益相关：或直接相关，或间接相关，或潜在相关。当利益的相关者不

仅涉及某些个人，而是涉及人数众多的社会群体时，则意味着利益关系需要顺应这种变化做出调整。改革开放使中国经济蓬勃发展，人们的物质文化生活水平得到了极大提高，但市场经济的竞争性、自发性使得利益主体呈现多元化的状态。公共事件发生后，舆论主体往往以自己的利益为出发点，当然，这种利益不仅仅是物质利益，也可能是精神利益或政治利益，来决定自身参与舆论活动的态度与行为。

在舆论活动中，当公共事件的发生、发展与舆论主体的利益一致时，舆论主体就会形成共同的利益诉求，对舆论客体作出肯定性评价，以实现自身利益最大化。比如，房价降下来是公众的共同期盼，因此当2008 年房地产市场因受金融危机影响而出现短暂降温局面时，“房地产市场降温”在当年人民网年度网络舆情排行榜中位列第一。在舆论活动中，当公共事件的发生、发展会侵害舆论主体的利益时，舆论主体会迅速形成相同或相似的舆论意识，共同对舆论客体提出质疑、批评，以维护自身利益。比如 2008 年雪灾造成春运的极大困难。广大网民对相关政府部门，特别是铁道部门提出了强烈的批评和质疑，“雪灾中春运”成为当年人民网网络舆情排行榜的第十一位。

当公共事件出现时，人们还会以事件与自身利益相关的程度来决定自己参与舆论活动的程度。

首先，事件的亲历者及其直系家属这种“直接利益相关者”，会发表并形成各自立场的舆论，他们的舆论和行为往往会成为点燃舆论的导火线。如哈尔滨警察打死大学生事件中的警察和大学生、温州动车事故中要求彻查责任人的死者家属、杭州七十码事件中的富家子弟胡斌及其身边朋友等。当时胡斌及其朋友在悲剧发生后狂妄的表情，都大大激怒了网民，一石激起千层浪，网络开始爆发海量舆论指责他们的作为。

其次，在网络舆论事件中，与直接当事人身份和所处背景极为相似的群体，我们称之为“间接利益相关者”，他们的利益与事件的进展间接相关。如全国食用其他含三聚氰胺奶粉的婴儿及其家属；与重庆出租车司机有着类似遭遇的全国其他地方的出租车司机等。“间接利益相关者”虽然没有亲历网络舆论所指向的事件，但他们与“直接利益相关者”有着相同或相似的处境和遭遇，舆论事件的进展，在很大程度上会影响他们的利益。所以，“间接利益相关者”在舆论活动中的活跃度也较高。

最后，在公共事件中，还有称之为“潜在利益相关者”的群体，看起来他们与事件没有直接利益瓜葛。然而，他们与事件的进展潜在相关，或者他们会基于公平、正义等精神利益的考虑挺身而出，抨击权贵阶层，声援弱势群体。“潜在利益相关者”人数众多，是网络舆论的中坚力量。这往往是目前“非直接利益相关群体性事件”发生的根本原因。如层出不穷的食品安全问题引起公众对食品行业的集体恐慌和质疑；杭州七十码事件引发全社会对飙车族尤其是富家子弟飙车对人生命的蔑视与践踏的批评与质疑；一系列替考事件引起公众对教育公平问题的普遍讨论；类似贵州瓮安事件的群体性事件，一个普通公民的非正常死亡，会引发万人参与并最终酿成严重打砸抢烧突发事件……面对这些事件，网民往往会产生“角色代入”机制，即假设类似事件也发生在自己身上，从而产生潜在利益受损的心理。在此情况下，他们往往会发表舆论显示出强烈的意见和态度，以维护自身的利益。

（二）价值维度

哲学范畴的“价值”是指客体的存在、作用以及它们的变化对于一定的主体需要及其发展的某种适合、接近或一致。[①]“价值观”则是主体对于客体的存在、作用以及它们的变化对于一定的主体需要及其发展的某种适合、接近或一致的根本看法。人是存在决定意识、思想支配行动的社会主体，人的行动受其价值观的支配。

当公共事件出现时，人既有的价值观就像一个筛子，会自动筛出与之相符或不相符的信息，指导主体对外界的信息刺激作出反应。在舆论活动中，当公共事件所呈现出的价值取向与舆论主体既有的价值观一致时，舆论主体就会对舆论客体产生肯定性的态度。如四川汶川5·12特大地震发生后，“王老吉”以捐款1亿元创造了民营企业单笔捐款的最高纪录，广大网民对此充分肯定，并在网上正话反说发起“封杀王老吉”的倡议，号召大家“买光超市的王老吉，上一罐买一罐”，“让它从大家面前彻底消失！”这种肯定性的舆论生成后，作为一种巨大的社会认同又会进一步强化人们既有的价值观。

相反，在舆论活动中，当公共事件所呈现出的价值取向与舆论主体既有的价值观相冲突时，舆论主体会对舆论客体产生否定性的态度。例

---

① 韩震主编：《社会主义核心价值体系研究》，人民出版社2007年版，第12页。

如，同样是汶川地震后，作为商业巨头的王石在回应网友对其捐款200万元过少的指责时，表示“万科捐出200万元是合适的”，并规定“普通员工限捐10元，不要让慈善成为负担”。这种商人的吝啬、薄情寡义与普通人在面对巨灾时的慷慨解囊、“一方有难、八方支援”等传统价值观念强烈冲突，顿时网民的质疑、不满、嘲讽、谩骂遍布各大网络论坛，引爆对王石及其企业的批判舆论。

不过，一个显在的事实是，处于社会转型加速期的中国，经济蓬勃发展，政治氛围日益民主，公众价值观日益多元与开放。不同身份、民族、性格、性别、年龄、教育背景、收入水平的舆论主体往往具有不同的价值观。面对同一公共事件，不同舆论主体因为价值观的不同，其舆论往往会相互排斥甚至相互冲突，而互联网自身特殊的传播机制，也进一步滋长了网络舆论的复杂性和差异性。如“范跑跑”事件中，作为教师的范美忠在四川汶川5·12特大地震发生后，没有组织学生撤离，而是自己先跑出了教室，且在博客上发表《那一刻，地动山摇——5·12汶川地震亲历记》，表示那一时刻“连母亲都不顾”。此言一出，立即引发网民广泛争议，据人民网网络舆情频道案例库的调查，38%的网民对“范跑跑”的行为持批评态度；35%的网民对其行为表示理解；还有27%的网民对其行为表示认同。这种评价的三分天下，表现出当下公众价值观的多元与混杂性。

马克思指出：“‘价值’，这个普遍的概念，是从人们对待满足他们需要的外界物的关系中产生的”①，这就科学地指出了“价值”所反映的对象，是客体和主体之间的关系。在《德意志意识形态》中，马克思、恩格斯指出：“凡是有某种关系存在的地方，这种关系都是为我而存在的。”因此，价值本质是由客体对主体需要及其发展的适合、接近或一致，即是主体利益的实现。所以，无论是价值还是价值观，它们的出发点与归宿都指向主体的利益。

（三）情感维度

情感是人类主体对于客观事物的价值关系的一种主观反映。情感表达既是人类与生俱来的一种需要，又是人的自我认知结构达到平衡必要的调节器。“因为人都具有一种使自己已有的认知关系结构保持

---

①《马克思恩格斯全集》（第19卷），人民出版社1956年版，第406页。

相对平衡不变的倾向性，当这种倾向性受到干扰破坏时，人就会产生否定性的评价及其相应的情感态度（如，不安、紧张、恐惧、不快等），并努力排除干扰维持认知结构关系的平衡稳定性，在达到目的以后便会产生肯定性评价及其相应的情感态度（如，安定、轻松、愉快等）。"①

达伦多夫认为，冲突的过程一般与情感的介入相关，冲突越激烈，情感卷入程度越高。达伦多夫把情感的卷入看作冲突激烈的结果。而科赛则更强调情感的卷入是冲突实现的主要根源。他认为，利益冲突只是在合法性被撤销时才是可能的。但合法性被撤销只是冲突发生的必要条件，只有当卷入冲突的人的情感被唤起时，冲突才能变为现实行动；而缺乏情感卷入的革命行动是难以发动和持久的。② 可见，情感才是冲突或行动的最终驱动力。

情感分正向情感和负向情感。正向情感是人因正向价值的增加或负向价值的减少所产生的情感，如愉快、信任、感激、轻松等；负向情感是人因正向价值的减少或负向价值的增加所产生的情感，比如烦躁、紧张、焦虑等。在舆论活动中，公共事件的出现如果破坏舆论主体原有的认知结构，这种冲突会带来负向情感的介入，乃至采取行动来对公共事件施加影响，从而推动舆论活动的生成与进展。反之，公共事件如果强化舆论主体原有的认知结构，则会产生正向情感以及对公共事件的正向介入，从而推动舆论活动的产生。

在社会转型加速期，由于收入分配差距加大，群众看病、上学、求职困难，房价居高不下，社会公正缺失等原因，使相当多的公众陷于焦躁不安之中，负面情绪极易被点燃。很多时候网民接触到公共事件时，事件本身的发展并非他们的主要关心对象，抒发和宣泄自我本身的负面情绪才是他们的主要目的。比如，"杨佳袭警案"发生以后，各大论坛讨论最多的不是杨佳袭警的是非对错，而是把焦点对准事件背后的警民冲突问题，不少跟帖赞扬杨佳是"杨大侠"，充满破坏性言论：

---

① 全国 13 所高等院校"社会心理学"编写组：《社会心理学》，南开大学出版社 2008 年版，第 140 页。

② ［美］塔尔科特·帕森斯：《社会行动的结构》，张明德等译，译林出版社 2008 年版，第 172—179 页。

5 楼楚雨

行刑的当天很多人在街头点蜡烛送他。他偏激，他伤及无辜，可是他代表了 P 民的爆发。他动刀之后，起码江苏这儿的暴力机关在一段时间执法的时候文明多了，当然事情过去几年了，天朝的一切又上“正轨”了。

24 楼新新哥

一年多以后仍然让人记住的“人渣”，每到清明都有人去看望的“人渣”！做“人渣”做到如此，也算有意义了！

121 楼狼心如铁

颂杨佳：

上联：

为民除害，孤胆英雄勇闯匪穴，死五伤五

下联：

斩杀匪警，好汉不敌群狼入狱，以一当十

横批：

现代南侠

125 楼方兴

网上报道这一事件标题是“现代孤胆英雄独闯狼穴手刃四狼一狗”。①

……

正如小贩夏俊峰在被执行死刑后，城管申凯的父亲申向党在接受《新京报》采访时所言：“这个事情被网络炒起来之后，死去的两个孩子成了靶子，大家说他们活该被杀，我真的想问问那么多的网友，他们的心是不是肉长的？后来我明白了，很多人是借这个事件发泄心中的情绪，表达对社会的不满，我儿子和张旭东也好，夏俊峰和他老婆孩子也好，都是人们表达情绪的靶子，没有人真正关心事实是怎么样的。”②

弗洛伊德认为：“人有一种把内心的积蓄力量外发的倾向，这种愿

① 以上言论引自铁血论坛的网友讨论曾经轰动一时的杨佳袭警案（http://bbs.tiexue.net/post2_5857339_1.html）。

② 《夏俊峰下葬：三个悲剧家庭纠葛终结》，《新京报》2013 年 10 月 2 日第 A12 版。

望得到适当的满足，便会有一种快感，否则会感到压抑。”[①] 这种积蓄力量的外发就是情感的表达。人不仅是理性的，同时还是感性的，一些看似与人们利益无关的事件同样能导致网络舆论的生成。更何况现实生活中，更多的情况是情感与利益、情感与价值，或者情感与利益、价值交织在一起，从而使舆论如“熊熊的火焰”，喷射而出。

价值本质是由客体对主体需要及其发展的适合、接近或一致，即主体利益的实现。所以，无论是价值还是价值观，它们的出发点与归宿都指向主体的利益。而情感是人类主体对于客观事物的价值关系的一种主观反映。由此可见，在网络舆论的生成过程中，利益因素是起点，价值观是核心，情感是驱动力。公共事件与舆论主体利益相关，促使舆论主体对公共事件做出相应的价值判断，公共事件与主体价值观的冲突或一致，使得主体产生正向或负向的情感，情感驱动行动，促使网络舆论的生成与进展。这是网络舆论生成逻辑的社会学和心理学解释。

第二节　网络舆论的生成逻辑

网络舆论是一个不断发展变化的动态过程，对这样一个动态过程，需要以一种动态理论视角去加以认识与描述。吉登斯的结构化理论打破了“行动”与“结构”二元对立的理论图示，认为“以社会行动的生成和再生产为根基的规则和资源，同时也是系统再生产的媒介（即结构二重性）”[②]。

吉登斯对结构的描述为：“结构”指的是使社会系统中的时空束集（binding）在一起的那些结构化特性。正是这些特性，使得千差万别的时空跨度中存在相当类似的社会实践，并赋予它们以“系统性”的形式。结构式转换关系的某种“虚拟秩序”，是作为再生产处理的社会系统并不具有什么结构，只不过体现着结构性特征。同时，作为时空在场的结构，只是以具体的方式出现在这种实践活动中，并作为记忆痕迹，导引着具有认知能力的行动者的行为。[③]

---

① 转引自陈力丹《舆论学》，中国广播电视出版社 1999 年版，第 34 页。

② ［英］安东尼·吉登斯：《社会的构成》，李康、李猛译，生活·读书·新知三联书店 1998 年版，第 81—82 页。

③ 同上书，第 79—80 页。

在吉登斯看来，结构化过程具有双重性：一方面社会结构规定着人们的社会活动；另一方面人们的社会活动也产生和再生出新的社会结构。社会结构的构成是一个过程，这个社会化的过程具有行动和结构的双重性特征，社会系统的结构特征对于它们反复组织起来的实践来说，是后者的中介，亦是后者的结果。

网络的技术性与社会性的共存，将网络舆论的传播模式，从传统的线性传播转变为一种结构性传播模式。因此，网络舆论研究在结构功能分析的模式下进行。用结构功能分析，网络舆论应该被看作一个整合的系统，不仅具有一定的结构特征，而且还有组织化手段，其中的各组成部分以有序的方式相互关联，并对社会整体发挥必要的功能。网络社会与现实社会之间，网络舆论与社会舆论之间因此也具有双重结构特征。

网络舆论场，是网络社会所独有的一个时空环境，是现实社会场的一个延伸部分，与现实社会场不同且与现实社会场相互作用。网络舆论场既是现实社会场的一个释放场，也是现实社会场的一个控制场。与现实社会场的受控性较强不同，网络舆论场有自己的一套运作逻辑，是一个人人可入的场所，是一个方便快捷的场所，是一个畅所欲言的场所，是一个关系互动的场所，是一个话语争夺的场所，也是一个权力斗争的场域。

舆论与社会息息相关，构成了一种互为表里的“无形”与“有形”关系。“有形”或“实在”的社会构筑了“看不见、摸不着”的舆论活动的湖泊。

一　网络舆论是社会安全阀

“安全阀”这一词来自工程领域。在使用中存在高温高压的容器，常常带有安全阀，比如电厂的蒸汽锅炉、家用的高压锅等。当系统的压力过大时，安全阀就会启动，排解压力，使系统不至于发生损坏或者爆炸等，造成损失，对保证压力系统安全具有重要作用。

社会学引入安全阀提出“社会安全阀”概念。将社会看作一个大的压力锅。社会经济政治的物质运动，不可避免地产生积累各种矛盾和冲突。特别是在我国的改革开放已经经过了三十余年，社会变革持续深入的时候，社会矛盾与摩擦所产生的压力存在于各阶层之间，成为一种不可避免的现象。随着社会矛盾的增加，各阶层可能产生对社会不满、对现实失望、对其他阶层与社会成员敌对的现象。所有这些社会压力，构成了舆论的湖泊。社会压力如果无法得到很好地疏泄，很有可能形成一个个舆论的“堰塞湖”。堰塞湖蓄水量达到上限，决堤就会变得不可避免，社会的稳定也就不复存在。因此，矛盾的积累导致社会压力增加，客观上需要一个社会压力的释放场所。网络因其自身特性，成为当今释放社会压力的最好平台。

首先，网络舆论场是社会利益表达场。改革开放以来，尤其是社会转型的不断深化，社会分层呈现经济、政治、文化等多元标准并存的格局，出现了复杂多样的利益群体。各个利益群体都有自己的利益诉求，为了协调各利益群体的利益，首先就必须要保证不同利益群体的利益表达渠道畅通无阻。政府需要及时地、客观地了解社会上存在的矛盾和不满情绪，从而能及时、有效地制定矛盾应对和缓冲的对策。如果政府对社会上存在的矛盾采取漠视态度，矛盾就会越积越多，社会不满情绪也会不断增长，最终会导致社会的动荡，甚至爆发一场社会政治危机。各个利益群体之间也需要在思想、信息、感情等方面进行交流，这样有助于避免或减少彼此的误会，增加各个利益阶层相互间的信任感，进而可以实现社会的稳定。在传统媒介中，一些利益群体，尤其是弱势群体经常受到某种强力的干涉，话语的表达处于明显弱势。网络舆论场的平民化特征，使得社会各个阶层都有平等的机会在公共领域里表达自己的利益与诉求。这样，许多新问题、新矛盾通过网络舆论场就能及时反映出来，容易在它们处于萌芽状态时给予化解、疏导。同时，网络舆论场的开放性和互动性可以使不同利益群体看到其他利益群体的需要，也可以在互动中实现相互间的理解。

其次，网络舆论场是社会个体求助场。在社会生活中，一个人的力量往往过于弱小，在个人遇到单凭自己的力量难以克服的困难时，可以通过网络舆论场来发出社会求助信息。网络舆论场具有传播性和开放性，一个人在场内尽情表达时，他的言论就将在全球互联网网络范围内传播。个人的遭遇可能在民众的帮助下，或者在社会舆论的支援下得到比较顺利的解决，这样个人就不至于发生求助无门而对社会采取比较极端的手段，这对于在现实生活中缺乏话语权的弱势群体得到更公正的对待起到促进的作用。

二　网络舆论是社会晴雨表

网络舆论的发生、发展已不再局限于网络场域之中。网络舆论涉及的议题都与现实社会问题紧密联系，不仅是对现实社会的一种回应，更是现实世界中经济、社会、文化的一种映射。从近几年的网络热点事件来看，其涉及领域、关注问题机会都是社会热点的再现，甚至可以说，网络舆论建构和放大了社会舆论的范围和关注，并带动了社会舆论的走势。网络舆论成为社会晴雨表。

三　网络舆论的生成逻辑

对于舆论形成的研究，有早期的理性主义，也有现代的心理学、社会学、社会心理学等学科视角以及综合性的研究视角。塔尔德认为，舆论是一种评论，是短暂的、或多或少合乎逻辑的成串判断。换句话说，对当前问题做出回应，在同一时期里被同一国家、同一社会里的人多次重复的判断，就是舆论。他特别强调，提供信息的报纸仅仅是舆论的一个源头，而且是刚刚露面的源头。①

塔尔德对交谈给予了高度关注。塔尔德指出，在一切时代，交谈是将一个人开始的观点转化为社会的观点、然后又转化为舆论的动因之一，另一动因则是作为信息来源的报纸。塔尔德的本意是想强调公共信息和讨论是引发舆论的必要条件，这在现实的舆论生成过程中得到了印证。②

陈力丹认为，考察舆论的一般形成过程，需要考虑以下因素：社会变动、较大事件的发生刺激意见的出现；意见在社会群体的互动中趋同；权力组织及其领导人、大众传播媒介促成所希望的舆论；文化与道德传统对舆论形成的制约。③ 不同舆论在形成过程中不一定都要走上面的几步，但确实有相当的舆论大体经过以上的几步才形成人们能够感觉到的舆论。

网络舆论作为舆论的一种，其生成过程也大致按照上述逻辑展开。

---

① ［法］加布里埃尔·塔尔德：《传播与社会影响》，何道宽译，中国人民大学出版社2005年版，第78页。

② 同上书，第201页。

③ 陈力丹：《关于舆论的基本理念》，《新闻大学》2012年第10期。

即公共议题—关注—交谈或互动—普遍性意见—网络舆论生成。

触发网络舆论的首先是有了被网民普遍关心的议题。由于网络传播的开放性，这些话题可以是被传统媒体报道过的，也可以是网民自己在网上传播的。

有了“导火线”，接下来就看是否有“引爆”的条件，那就是交谈或互动的发生。理想的舆论形成必定是理性的讨论和双向互动的过程，但这只是理想的状态，实际上，网络舆论主体之间充斥着利益的冲突和博弈。这里有转型期社会各阶层之间、普通民众与特殊利益集团之间的矛盾，还有各类势力及其代言人利用互联网进行的利益渗透。

实证研究显示，网络讨论的结果是使网民更趋向于原先的立场，而很少因讨论而改变。部分相对理性的讨论也主要是语言和观点在理性的框架之内，并非因为讨论而达成了某种理性的一致意见。因此，网络讨论的意义并不在于讨论的结果，更多地表现为讨论的过程：成千上万的人同时热议某一事件，本身就是具有影响力的社会运动。在这里，表达的过程比结果更重要。

网络舆论的生成有两个标志：一是统计手段显示有相当数量的网民关注某一话题，并展开了讨论。这可以通过对论坛帖文、新闻跟帖、博客内容等进行抽样统计获得。二是网络讨论被传统媒体报道。由网络意见升华为自觉的新闻舆论，是职业传播机构对网络意见进行综合、提炼、平衡处理的结果，其本身就是网络意见的聚合，是网络舆论形成的重要标志。

四　网络舆论的生成路径

在舆论形成过程中，信息来源和讨论过程缺一不可。从信息的来源和流动情况看，网络舆论的生成可以归纳为以下三种情况：

（一）共鸣——传统媒体报道引发网络舆论

这类网络舆论生成的特点是：传统媒体充当了信息的主要来源，成为引发舆论的源头。这是诺埃尔·纽曼等人提出的媒介的“共鸣效果”。1968 年，他们在对伦敦反越南战争示威报道的研究中发现，媒体之间也有意见领袖的存在，总是一些主流的媒体最先报道相关新闻后，其他报纸才跟进。就是说，在信息的传播过程中，这些主流媒体充当了意见领袖的角色，是其他新闻工作者的信息来源和参考架构，具有设定其他媒体内容、解释新议题的功能。这种由主流媒体引起而在媒介系统中产生一连串报道的连锁反应，就是“媒介共鸣”（resonance of media）效应。

我们可以将“共鸣效果”解释为议程从主流媒体流向边缘媒体而产生的舆论传播效应。这种情况往往是报纸、电视等传统的主流媒体率先报道某个焦点性新闻事件或事态，读者、观众接收到信息之后初步形成社会舆论；网友随即在 BBS 、微博或微信上转帖原新闻，并以该新闻为由头展开进一步讨论，形成网络舆论，加强社会舆论的影响，最终形成传统媒体舆论与网络舆论的共振，网络意见高度趋同。

值得注意的是，传统媒体的报道进入网络后，由于网民传播的主动性，经常会使原有报道偏离预设的轨道。网民不再是被动的受者，而是以传播者的身份，或发表意见，或补充信息，使传统媒体的议题建构和报道意图被消解，从而产生新的议题与舆论，影响舆论的走向。

以“孙志刚事件”为例，《南方都市报》的文章《被收容者孙志刚之死》和评论《谁为一个公民的非正常死亡负责?》当天被各大网站转载，立即引起网民强烈反响，点击率仅次于 SARS 报道，网民还建立了一个名为“孙志刚，你被黑暗吞没了”（后更名为“天堂里不需要暂住证”）的纪念网站。网络言论的火爆，结合主要媒体的报道，形成了声势浩大的舆论浪潮，推动了对案件的侦查和对相关人员的处理，并引发了民间对已经走样的收容遣送制度的批评。

由此可见，传统媒体中，只要是大众期望浏览到的独家新闻或者能引起民众共鸣的事件，都有可能成为一段时间内点击量最大、评论最多、影响最深的新闻，引起互联网用户的热烈讨论，并进一步引起传统媒体的关注，在很短的时间内营造出强大的社会舆论。

另一种情况则有所不同，社会舆论和网络舆论的产生在时间上没有先后之分。近年来，随着网络舆论对社会的影响越来越广泛深入，对其进行引导的需要也越来越迫切，主流媒体往往在进行传统形式报道的同时，在网上发起另一条舆论宣传线，社会舆论和网络舆论同步进行。比较典型的例子是“两会网络直播”、“两会代表议案”等。

（二）溢散——源自网络、经传统媒体报道后又回到网络

沸沸扬扬的网络事件，如果没有传统媒体的介入很难引起大众的广泛关注。事实上，网络已经成为传统媒体重要的新闻源，网民关注的热

点问题很容易成为传统媒体追逐的话题。当持续不断的网络讨论和跟帖到了一定数量后，传统媒体必然会介入其中，本来只限于网络空间的议论随即扩散到现实社会，而这又进一步刺激网络讨论的热情，网络媒体、传统媒体和网络讨论的交互作用随即形成，网络舆论很快出现。

这种网络舆论的产生路径即是 Mathes 和 Pfetsh 提出的“溢散效果”。他们发现媒介议题同样可以从边缘媒体流向主流媒体（意见领袖媒介），即产生媒介议题的“溢散效果”。Mathes 和 Pfetsh 的研究内容，是反公娼、抑制国民 IC 卡等“反对性议题”（counter—issue）从成为公众议题到进入媒介议题，再进而变成政策议题的全过程。他们发现，反对性议题的生命周期可分为潜伏与预备期、上升期、高峰期和衰退期四个周期；当媒介议题由潜伏与预备期转变成上升期时，主流媒体便开始加入关于这些反对性议题的报道。

根据“溢散效果”理论，这种情况通常指议程从网络流向传统媒体，即网络上主要是 BBS 上所发表的、已经形成一定网络舆论的观点、意见、建议被某些媒体所转载或重新包装后进行报道，而传统媒体的报道又重新引起网友对议题的热烈讨论，并最终形成舆论的合力。网络舆论、媒体舆论与社会舆论相互作用，形成更强力的网络舆论。引起“溢散”的议程往往是主流意识形态认为“敏感”并且谨慎对待的问题。

比如“清华铊中毒——朱令案件”，虽然已过去了十多年，但网上的讨论仍未绝迹。2013 年伴随“复旦投毒案”的发生，网上的相关讨论又开始复兴，网络焦点集中在重启朱令案的调查上。网上言论最终引起相关部门的关注，使得当年的调查机关和派出所在传统媒体上发表相关信息。传统媒体的介入，又进一步刺激了网络讨论，新一轮网络舆论的动态过程又开始了。

（三）内爆——源于网络，限于网络

这里有两种情况：一是网上讨论引发的舆论；二是因为所涉议题的缘故传统媒体未做报道，相关信息只能在网上流通。后者属于人为干预导致的结果。因此此处不做重点讨论，着重看前者。

网上讨论引发的舆论主要在网络自媒体与新闻网站之间发生。一种路径是从网络自媒体到新闻网站。另一种路径是从新闻网站到网络自媒体。作为自我发声的平台，网民会积极、主动地利用网络自媒体空间发布某些信息。因此，网络自媒体很可能成为某个事件网络舆论的诱发地。而新闻网站的记者、编辑也会定期、不定期地关注本网站或其他网站开设的各种自媒体空间，会积极在网络自媒体平台上寻找事件的线索、信息，并积极将这些自媒体空间中的元素编辑成新闻稿件或时评材料，发布到新闻网站，从而形成了网民与记者、编辑的互动机制。新闻网站通过排行、搜索、过滤、筛选等技术手段对新闻信息进行议程设置，网民也会通过自媒体渠道来对新闻网站设置的议题进行关注或热议。

不过现实的情况是，除了人为干预的情况，很少有舆论仅仅限于网络而不向传统媒体乃至现实扩散。在2009—2013年热点舆论事件中，除了“贾君鹏红遍网络”这一特例外，其他事件舆论都是在网络与传统媒体之间流动形成（见表6.2）。要么舆论因为传统媒体的新闻报道而在网络空间引爆，比如“躲猫猫”事件，最初由《云南信息报》报道，后来被云南网、凤凰网转载后，进入天涯等各大论坛，后被许多个人博客转载评论，网民加入讨论热潮，从而引发了网上强大的质疑和批判。要么舆论在网络形成后会被传统媒体注意到，或者会引发现实社会的社会行动。同样是“躲猫猫”事件，后来云南省委宣传部广邀网民调查“躲猫猫”事件真相，事件从网上延伸到网下。

表6.2　　2009—2013年100个舆论热点事件传播路径统计表①

	2009	2010	2011	2012	2013
共鸣	湖北巴东邓玉娇案 重庆打黑风暴 云南“躲猫猫”案 网瘾标准与治疗 “绿坝”之争 湖北大学生舍身救人 “开胸验肺” 逯军“替谁说话” 央视曝光谷歌涉黄 “小学生卖淫”案 成都公交车燃烧事件 访民“精神病”说 罗彩霞事件 习水县嫖宿幼女案	上海世博会袁腾飞言论惹争议 北京查封天上人间 安阳曹操墓真伪之辨 张悟本涉嫌虚假宣传 山西问题疫苗 商丘赵作海冤案 王家岭矿难救援 部分地区罢工	深圳大运会 利比亚政局 各地房产限购 神舟八号发射升空 故宫失窃系列事件 上海染色馒头事件 刘志军贪腐案 双汇瘦肉精	伦敦奥运 神舟九号与天宫一号对接 《舌尖上的中国》	斯诺登“棱镜门”事件 海南万宁校长开房事件 甘肃初中生发帖被刑拘事件 香港“限奶令”事件

① 表格中因一些事件过去时间较长，查找事件最初的源头变得十分困难。此处的分类，是按照笔者能力所及范围确证的源头划分出传播的路径。也许当时实际传播路径并非如此。

续表

	2009	2010	2011	2012	2013
溢散	上海“钓鱼执法” 杭州市飙车案 吉林通钢事件 河南灵宝王帅案 湖北石首市骚乱	腾讯与360相互攻击 网络红人“凤姐” 李刚之子校园撞人致死 富士康员工跳楼 郭德纲弟子打人事件 唐骏“学历门” 宜黄强拆自焚事件 方舟子遇袭 各地校园袭童案 谷歌退出中国 唐福珍自焚	7·23动车追尾 佛山小悦悦事件 日本9.0级地震 郭美美事件 药家鑫案 乔布斯去世 上海地铁追尾 抢盐风波 免费午餐计划 李娜法网夺冠 钱云会案 微博打拐	钓鱼岛与反日游行 黄岩岛与南海局势 莫言获诺贝尔文学奖 周克华案 方韩论战 王立军、薄熙来事件 北京特大暴雨灾害 毒胶囊与“皮鞋很忙” 电商价格战 微笑局长成“表哥” 广东乌坎事件 四川什邡事件 陕西孕妇引产事件 多地曝集资案 哈尔滨塌桥事件 沈阳大量商铺关门 最美女教师张丽莉	薛蛮子涉嫌嫖娼被拘事件 李××案 薄熙来案 芦山地震 厦门公交大火事件 上海法官集体嫖娼事件 农夫山泉“质量门”事件 曾成杰被执行死刑 新快报记者陈永洲被批捕事件 “光盘行动” 黄浦江死猪漂浮事件 夏俊峰被执行死刑事件 陕西神木“房姐”事件 《南方周末》事件 长春盗车杀婴事件 罗昌平实名举报刘铁男事件
内爆	贾君鹏红遍网络				

在近五年的舆论热点事件中，我们发现溢散的路径逐步增长，而共鸣的路径逐年减少（见图6.1），两者恰呈此消彼长的态势。这从另一侧面也反映了网络对传统媒体的议题设置作用逐渐增强。

综上所述，因为议题性质不同，网络舆论可以由传统媒体报道引起，也可以由网上的信息引发；网络舆论既可能与新闻舆论形成共振，也可能只囿于网络空间。决定这一切的是所涉及的议题，它体现的是传统媒体与网络媒体的相互作用和张力，也反映了媒介体制、传播控制等更多的政治和社会现实。

最后，如果对网络舆论事件的生成逻辑与传播路径进行整体考察，发现其扩散过程呈现出“二级传播模型”。最先，某媒体发布信源，然后，各媒体分头传播。此为舆论的“一级传播”。之后，多媒体共鸣，

最后，网络舆论形成。此为舆论的“二级传播”。(见图 6.2)

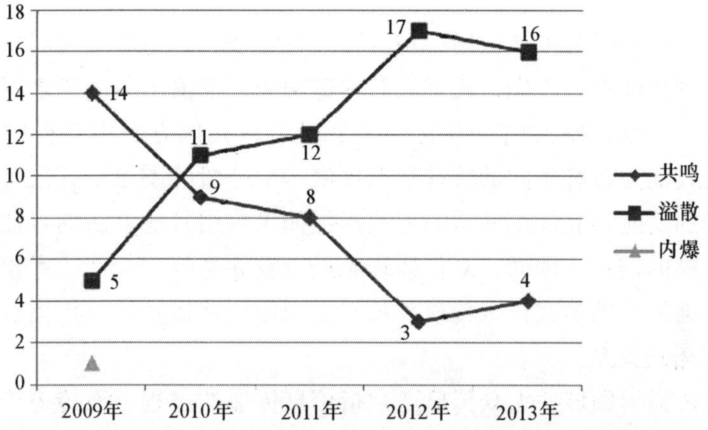

图 6.1　2009—2013 年 100 个舆论热点事件传播路径折线图

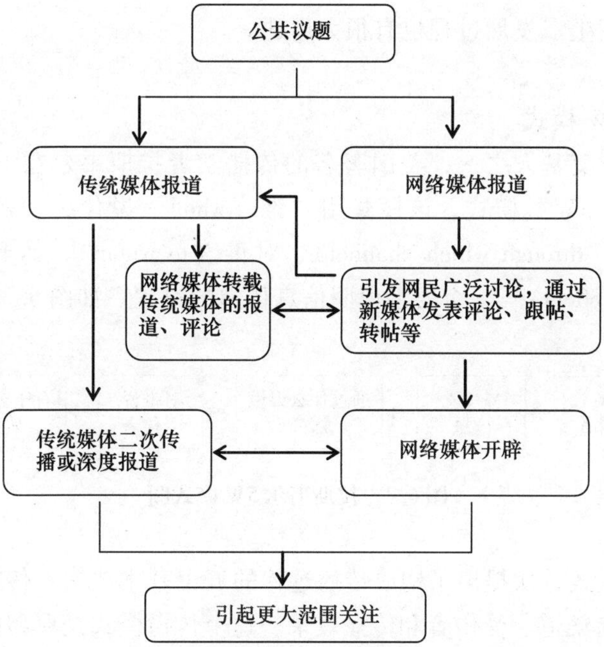

图 6.2　网络舆论二级传播模型图

第三节　网络舆论传播模式

卡尔·多伊奇在《政府的神经》一书中曾论述过在社会科学中模式运用的主要优点。首先，模式具有构造功能，能揭示各系统之间的次序及其相互关系，使人们对事物有一个很难从其他方法中获得的整体形象。模式能为各种不同的特殊状态提供一个一般的图景。其次，模式具有解释的功能，它能用间接的方式提供如果改用其他方法则可能相当复杂或含糊的信息。因而，对传播现象进行较为系统、全面的考察，我们需要借助简化的形式再现传播现象，进而探讨传播效果、传播过程各要素及其相互关系。

在传播学领域，大众传播通常指信息传递的过程，而传播模式则是指研究传播过程、性质、效果的公式。在不同历史时期，不同学者提出了不同的传播模式，为观察和分析复杂传播现象和过程提供了高度概括和抽象的框架，让人们对传播有了更清晰的了解和认识，对深入研究网络舆论的发生、发展过程也有很大启迪。

一　5W 模式

传播学奠基人之一，美国著名的传播学者拉斯韦尔在 1948 年提出了经典的“5W”模式，该模式用“谁（who）、说什么（what）、通过什么渠道（through which channel）、对谁（to whom）、达到什么效果（with what effect）”五个要素说明信息传递的过程。如图 6.3 所示。

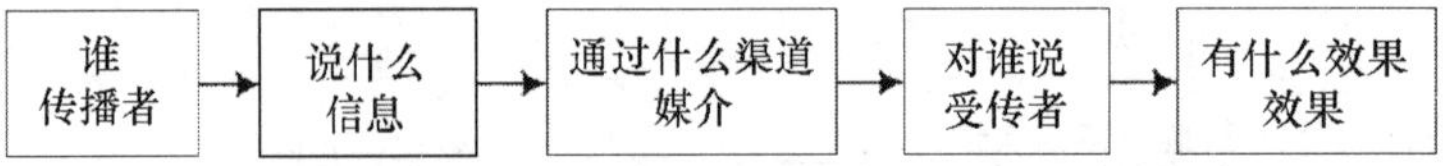

图 6.3　拉斯韦尔 5W 模式图

这个模式首次提出了构成传播过程的五个基本要素：传播者、传播内容、传播渠道、受传者和传播效果。这个传播模式是典型的直线型传播模式，传播方向从传者到受者，是单向的、无干扰的。此传播模式侧重“效果”，但忽视了反馈因素，没有看到社会过程对传播过程的影响。不过，如果从用它来认识网络舆论的发生背景来看，这一理论的优势在于，它意识到了网络舆论主体性问题，把发声群体、发声位置及其发声的互动情景置于重要位置。而这时特性正是构成认识舆论发生、发展的关键。这个模式也为在网络舆论研究中关注控制分析、内容分析、媒介分析、受众分析、效果分析提出了重要的思考维度。

二　香农—韦弗模式

Shannon 和 Weaver 提出了网络传播的通信模式，该模式导入了噪音的概念，并用熵和冗余来说明有效传播。Shannon 和 Weaver 的网络传播通信模式，如图 6.4 所示。

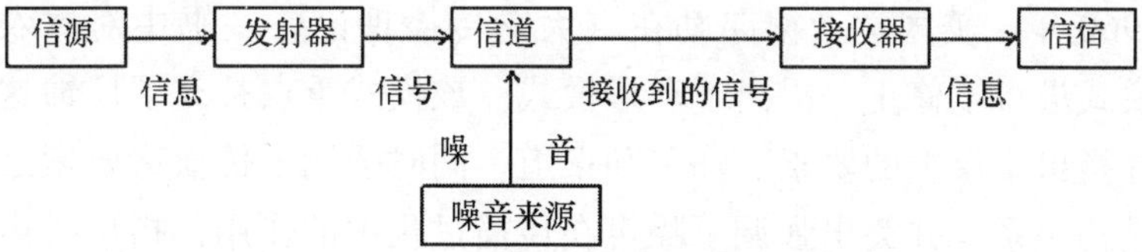

图 6.4　香农—韦弗模式图

该模式虽然仍是一个简单线性过程，但是它考虑到了人类传播的互动因素。他们提出了传播研究三个层面的问题：技术问题、语义问题和效果问题。在网络舆论聚合或离散过程中，议题的设置、话语符号的运用，以及在互动中形成更大的互反馈效果和氛围，往往对网络舆论的走势起到至关重要的作用。

三　钮科姆模式

钮科姆认为，传播的作用就在于保持社会体系的平衡。1953 年他提出了钮科姆模式，改变了以往认识传播的线性模式传统，出现了三角形模式结构。该模式如图 6.5 所示。

A 和 B 是传播者和接受者，它们可以是个人、管理者联盟、政府或人民。X 是其社会环境部分。ABX 是一个系统，三者之间相互依赖。这个模式从社会生态系统的视角认识传播的过程和功能，为认识网络舆论的形成和发展提供了新的社会系统观。

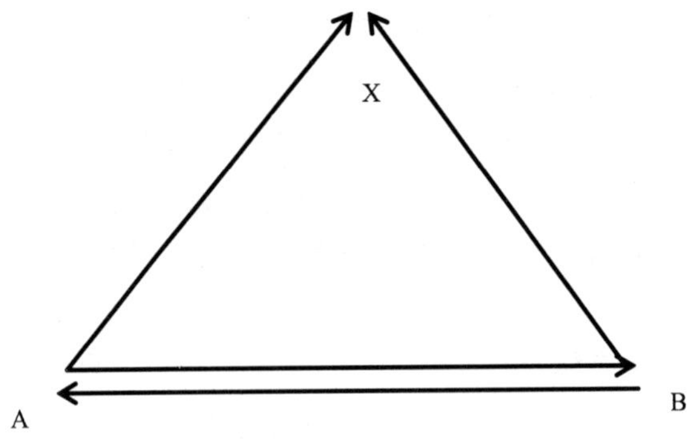

图 6.5　钮科姆模式图

四　德弗勒模式（双向反馈模式）

1960 年，美国学者德弗勒在《大众传播理论》一书中对香农、韦弗的模式进行了修正，提出了环形模式。该模式重点补充了反馈这个因素，并指出了反馈的要素、环节和渠道，同时强调了传播诸要素之间复杂的结构关系，并突出强调了噪声在传播过程中的作用，指出噪声不仅对信息而且对传达和反馈过程中的任何一个环节或要素都会发生影响。这一模式更符合人类传播互动的特点，因此被认为是描绘大众传播过程的一个比较完整的模式，如图 6.6 所示。

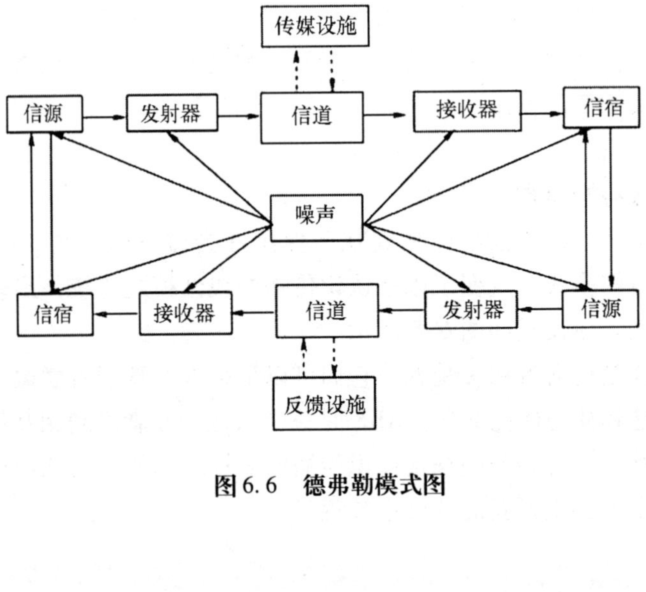

图 6.6　德弗勒模式图

不过，有研究者指出，该模式没有考虑到外部因素的影响，噪音并不能说明外部条件和环境因素的全部复杂性。

综上所述，以往的传播模式在不同程度上强调了传播过程性，也从不同角度试图解释传播过程。尽管没有一个被普遍接受的模式，但它们对于研究网络舆论传播模式有重要的启发意义。我们知道，由于技术原因改变了以往的传播要素和互动方式，使得网络信息传播呈现与传统信息传播截然不同的特征，表现出交互性和复杂性和双重结构特点。此外，网络舆论过程本身也是一个社会系统，要在社会环境中考察网络舆论客体的形成，同时还要从人的利益、价值、情感去分析网络舆论。为此，我们还需要研究和探讨这样一种模式，它是一种结构性的模式，可以揭示网络舆论发生和发展过程中的一系列结构性的变化，以及关键性因素的关系模型。

五　网络舆论生成的双向互构模式

综合前文对网络舆论主客体哲学分析，以及网络舆论发生要素、传播路径的探讨，我们可以得出如下几点认识：

1. 网络舆论沿着公共议题—关注—交谈或互动—普遍性意见—网络舆论生成这样的逻辑生成。

2. 公共议题作为网络舆论客体，属社会子系统，受到转型社会的政治、经济、文化、社会场域的交互作用。

3. 网民作为网络舆论主体，其行为动机来自利益维度、价值维度和情感维度三个维度的控制。

4. 网络舆论的发生、发展过程又是公共议题、网民与网络媒介和传统媒体四个社会子系统彼此之间双向互构、动态建构性的过程。

根据上述认识，描绘出网络舆论生成的双向互动结构模式图如下：

如图 6.7 所示，公共议题的源头通常既包括传统媒体又包括网络媒体，传统媒体对公共事件的报道为网民进一步地深挖提供了基础性前提；同样，通过网络率先发起的公共议题，公民意见可以通过各种网络渠道得到迅速宣泄。公共议题不是无源之水，它是转型社会的产物，与政治转型、经济转型、文化转型乃至媒介转型密切关联。因此，公共议题与其所处社会共同构成一个社会系统。同样，网民也不是孤立个体，他们的行为会受到利益、价值、情感的影响，在网上会更容易释放本我，作为主体具有解构性与反抗性。网民是生长于社会之网上的群体，他们也构成一个系统。

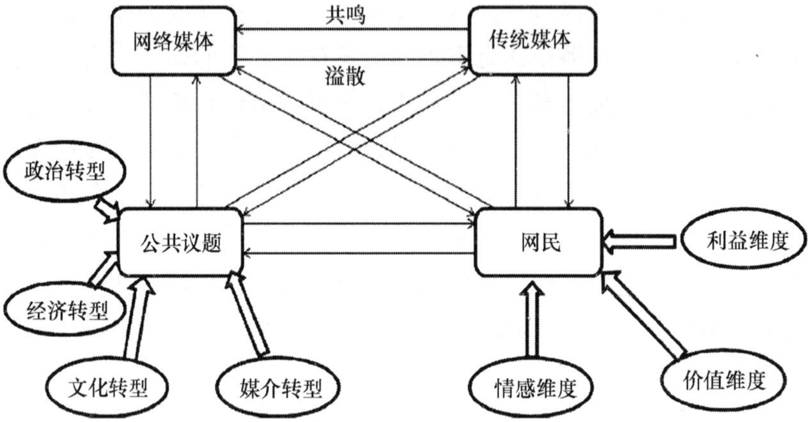

图 6.7　网络舆论形成双向互动结构模式图

第七章　网络舆论的演进过程研究

第一节　网络舆论演进模型构建

考察以往研究所做的网络舆论演进模型的建构，多采用两种路径：一种在文献收集、整理基础上提出自己的模型；另一种采用个案分析方法探讨网络舆论演进过程。两种路径均为定性。这使得以往的模型缺乏实证检验。本节选取五个代表性事件进行定量统计，在此基础上结合以往研究文献的梳理，以定量、定性相结合的方法探讨网络舆论演变图、网络舆论演进周期，最终构建网络舆论演进模型。

一　五个热点事件网络舆论演变统计

（一）研究对象

本书选择华南虎照事件、三鹿奶粉事件、杭州飙车事件、动车事故以及马航 MH370 事件五个事件作为研究对象。选择这些事件的原因：

首先，考虑事件的代表性。这五个事件能代表过去几年内我国舆论热点事件的类型。它们大多涉及民主法治、公平正义、贫富分化、道德伦理等重要社会议题。

其次，这些事件的网络关注度高，影响巨大。

在人民网舆情监测室发布的历年舆情报告中，四个事件（马航事件今年发生，2014 年报告还未出台，不过事件影响力之大也毋庸置疑）在当年主要论坛与微博发帖量均位居热点舆论事件的前 10 名。

最后，触及网民心理敏感区，直接或间接导致法律、制度、政策等的修改、制定，甚至会带来对相关部门、相关责任人的整肃。同时可能引发公众的自发维权行动。比如，迄今为止，华南虎照事件都是彰显网络舆论力量的标志性事件。整个事件真相的揭露基本都是网民自发行动的结果。三鹿奶粉事件对于国产奶粉的震动不言而喻。杭州飙车事件则掀起了民众对“富二代”的广泛关注。动车事故则对中国超高速发展的动车项目起到了理性降温的作用。马航MH370虽发生在国外，但微博的表现对于推动真相的揭示起到了至关重要的作用。

（二）研究方法

1. 采样对象

本研究舆论的采集主要集中在天涯杂谈、新浪微博上，有条件的同时辅以百度指数做参考。

天涯杂谈的采样主要统计前四个事件发生过程中的发帖数量，据此制作发帖量变化图。选择天涯论坛作为此次研究对象的范围，基于以下几点原因。

首先，网络社区是中国网络话语的重要平台，并在此形成网络舆论场。近年来网络社区与传统媒体的结合越来越紧密，不少传统媒介的话题是出自网络论坛的热门草根新闻。网络社区的影响力逐渐扩展到了其他网络渠道与传统渠道。此外，网民数量的增加及其对网络社区的钟爱，也使网络论坛成为网民话语表达的重要平台，而各类网络社区亦成为具有倾向性的网络舆论场。艾瑞咨询2009年6月的统计表明，社区服务日均覆盖人数达到了4380.6万人，相比2008年同期增长63.8%；其中13.8%的用户日均花费在网络社区上的时间超过8小时，近六成的用户日均花费时间在4小时以上。[①] 这反映了社交网站用户的高忠诚度，对社区服务的依赖性增强。

其次，天涯论坛的网民对公共事件的关注度与参与度较高。天涯社区用户对公共事件的关注度与参与度较其他综合类社区更高，这致使很多具有代表性的公共事件首发于天涯论坛，或者在天涯论坛的相关版面中被深层披露，例如2007年的华南虎照、2008年干部出国旅游清单事件、2009年的邓玉娇案、“躲猫猫”案等。根据艾瑞市场咨询数据，单

① 2009年中国网络社区调研数据发布——网民篇［EB/OL］. http://news.iresearch.cn/viewpoints/101762.shtml。

日统计天涯社区的人均有效浏览时间超过 11 分钟，[①] 其中参与浏览的用户中有 68.2% 的人会参与发帖，74.5% 的人会积极跟帖。[②] 这不仅真实反映了用户对网站的访问黏性和使用习惯，更体现了天涯社区网民的高关注度与高参与度的优势。

天涯杂谈是天涯社区中最有影响力的板块，因此本书选取天涯杂谈作为研究对象收集范围。

除此，马航 MH370 事件舆论采集自新浪微博。微博已成为网络舆论生成的最重要载体。而新浪微博当之无愧是国内微博“龙头”。因此本书选取新浪微博作为此事件的收集范围。

2. 采样时间

某一事件网络舆论从出现到完全消失会经历很长时间，根据克里斯·安德森的长尾理论，一个事件的网络舆论不可能完全消弭，但是媒介的议程设置会主动将人们关注的重点从任何一个突发事件上移开，转换到下一个事件上。我们在这里只能选取最具有代表性的一段时间进行研究，表现网络舆论最重要时期的走向。故本书将针对不同事件设置相应的采样时间区间，尽可能保证反映事件的舆论走向概貌。

3. 采样关键词

针对本书中所涉及的五个事件设定对应采样关键词，可以提高获得数据的准确性。五个事件的采样关键词分别为：华南虎照、三鹿奶粉、杭州飙车、动车事故、马航 MH370。

4. 采样途径

百度指数 http：//index. baidu. com。

百度是全球最大中文搜索引擎，百度指数是其所开发的数据统计工具。百度指数是用以反映关键词的网络曝光率及用户关注度，它能形象地反映该关键词每天的变化趋势。百度指数是以百度网页搜索和百度新闻搜索为基础的免费海量数据分析服务，用以反映不同关键词在过去一段时间里的“用户关注度”和“媒体关注度”。

---

① 天涯、西陆和网易社区人均日浏览时间有优势［EB/OL］. http：//news. iresearch. cn/charts/62330. shtml。

② 陈力丹：《关于舆论的基本理念》，《新闻大学》2012 年第 10 期。

本书采用百度指数与论坛（或微博）上搜索到的发帖量对照，能更准确地展示热点事件舆论的走势。

（三）五个事件的数据统计

1. 华南虎照事件

2007 年 10 月 12 日陕西林业厅宣布陕西发现华南虎，并公布村民周正龙拍摄的华南虎照片，这一轰动性消息随即引来广大网友质疑。天涯论坛网民首先发问，发表了《陕西华南虎又是假新闻?》的帖子。网络声讨之声络绎不绝，打虎派与挺虎派相持不下，老虎年画的出现以及后续的调查最终以打虎派的胜利告终，周正龙及陕西林业厅的相关工作人员进行了相应处理。

由于华南虎照事件持续时间非常长（2007 年 10 月至 2008 年 7 月），发帖量庞大。因此本书以月为单位采集帖子，发帖数据统计图如下：

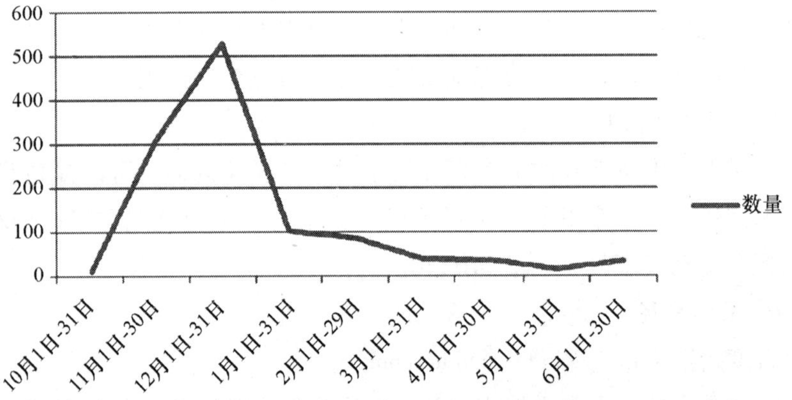

图 7.1　华南虎照事件发帖量走势图

从上图可以看出此事件的网上舆论大致经过了孕育期、发展期、高峰期以及衰减期四个阶段。各阶段发帖分布见下表：

表 7.1　　**华南虎照事件发帖各期分布表①**

舆论分期	各期发帖量	时间段	发帖量
孕育期	9	2007.10.1—2007.10.31	9
发展期	308	2007.11.1—2007.11.30	308
高峰期	631	2007.12.1—2007.12.31	530
		2008.1.1—2008.1.31	101
衰减期	201	2008.2.1—2008.2.29	85
		2008.3.1—2008.3.31	36
		2008.4.1—2008.4.30	35
		2008.5.1—2008.5.31	13
		2008.6.1—2008.6.30	32

2. 三鹿奶粉事件

事件起因是很多食用三鹿集团生产的婴幼儿奶粉的婴儿被发现患有肾结石，随后在其奶粉中发现化工原料三聚氰胺。根据我国官方公布的数字，截至 2008 年 9 月 21 日，因使用婴幼儿奶粉而接受门诊治疗咨询且已康复的婴幼儿累计 39965 人，正在住院的有 12892 人，此前已治愈出院 1579 人，死亡 4 人。事件引起各国的高度关注和对乳制品安全的担忧。中国国家质检总局公布对国内的乳制品厂家生产的婴幼儿奶粉的三聚氰胺检验报告后，事件迅速恶化，包括伊利、蒙牛、光明、圣元及雅士利在内的 22 个厂家 69 批次产品中都检出三聚氰胺。该事件亦重创中国制造商品信誉，多个国家禁止了中国乳制品进口。9 月 24 日，中国国家质检总局表示，牛奶事件已得到控制，9 月 14 日以后新生产的酸乳、巴氏杀菌乳、灭菌乳等主要品种的液态奶样本的三聚氰胺抽样检测中均未检出三聚氰胺。

天涯杂谈上相关发帖量的走势图和“用户关注度”的百度指数图如下：

事件有两个关键节点，第一个是 9 月 11 日三鹿乳业承认其 700 吨奶粉受到污染并全部召回，随后事件进入问责阶段。第二个是 9 月 17 日，三鹿董事长被终止人大代表资格并被刑事拘留、石家庄市委副书记

① 注：此事件发生较早，百度指数尚未诞生，因此没有相应图示。

被免职。图 7.2 和图 7.3 中均可以明显看出网民对此事的第一个关注高潮就出现在 9 月 11 日前后。图 7.3 中则可以清晰看出网民的第二个关注高潮出现在 9 月 17 日前后，这一次关注度小幅略超第一次。接下来，国家开始整治乳业乱象，反思开始，关注度下降，舆论也逐渐平息。从中我们可以看出此事件的舆论经过了孕育期、发展期、高峰期（波动期）与衰减期四个阶段。

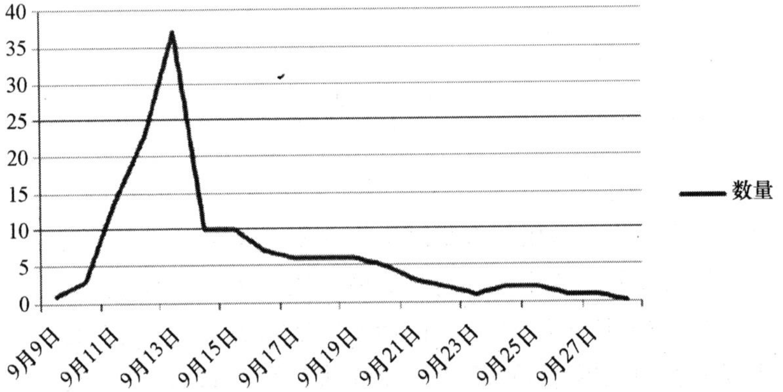

图 7.2　三鹿奶粉事件发帖量走势图

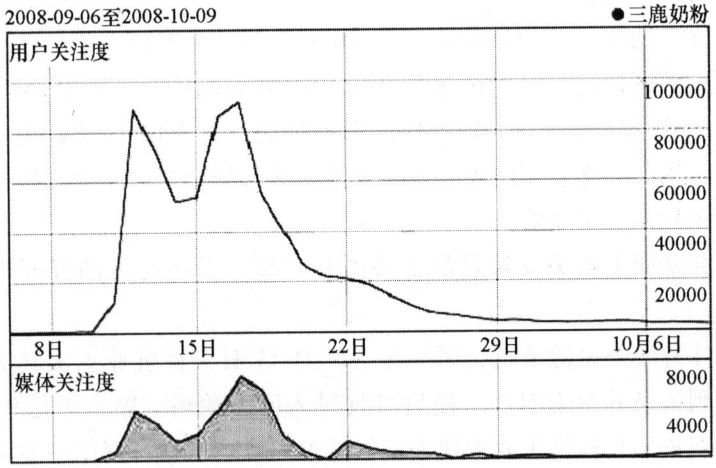

图 7.3　三鹿奶粉事件百度热点趋势图

3. 杭州飙车事件（“70 码事件”）

2009 年 5 月 7 日杭州的一次交通事故，胡某驾驶三菱跑车将横过马路的谭某撞飞，致使谭某当场死亡。事故发生后，在杭州当地“19 空间”论坛上，一个《富家子弟把马路当 F1 赛车道，无辜路人被撞起 5 米高》的帖子，引来大批网民发表对飙车族的声讨。杭州警方在案发后的事故通报中称，案发时肇事车辆速度为每小时 70 码左右，此说法引发争议而使反讽性质的“欺实马”迅速成为网络热词。事件最终由肇事者家属向死者家属赔偿 113 万元宣告结束。

天涯杂谈有关“杭州飙车”事件发帖量走势如下：

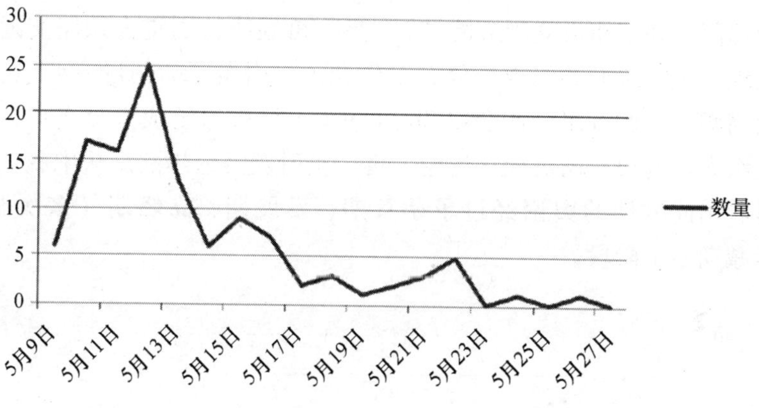

图 7.4　杭州飙车事件发帖量走势图

从上图中我们看到该事件的舆论关注有多次高潮，一次在 5 月 12 日前后，这与杭州警方 5 月 11 日承认肇事者存在违法超速行为而推翻此前“车速在 70 码”的论断相呼应；5 月 15 日，杭州警方以交通肇事罪向检察院提请批捕，并认定本次事故由胡斌承担全部责任，同时杭州警方也就早前的 70 码说法向公众道歉，这再一次引爆舆论关注；5 月 20 日晚，此案公安机关侦查终结，同日，胡斌以涉嫌交通肇事罪被移送检察院，事情虽已暂告一段落，但此后网民的讨论却又掀起一个小高潮。从中我们可以看出此事件的舆论经过了孕育期、发展期、高峰期（多次波动）和衰减期四个阶段。

4. 动车事故

2011 年 7 月 23 日 20 点 30 分左右，北京南站开往福州站的 D301 次动车组列车运行至甬温线上海铁路局管内永嘉站至温州南站间双屿路段，与前行的杭州站开往福州南站的 D3115 次动车组列车发生追尾事故，后车四节车厢从高架桥上坠下。这次事故造成 40 人（包括 3 名外籍人士）死亡，约 200 人受伤。事故也因此被定性为“特别重大铁路交通事故”。2011 年 12 月 28 日，国务院召开常务会议，认定为一起设计缺陷、把关不严、应急处置不力等因素造成的责任事故，刘志军、张曙光负主要责任。

天涯杂谈和百度指数反映出的公众对事件的关注和舆论走势基本一致。（见图 7.5 和图 7.6）7 月 24 日，中央成立事故救援和善后处置工作指挥部，并宣布成立国务院“7・23”甬温线特别重大铁路交通事故调查组。国家层面的调查与处置工作介入，引爆了 25 日的网上舆论第一次高潮。该调查组全体会议 28 日宣布了调查组组成人员名单。围绕调查组人员构成，网民展开讨论，再一次引发舆论热潮。从中我们同样可以看出此事件的舆论经过了孕育期、发展期、高峰期（多次波动）和衰减期四个阶段。

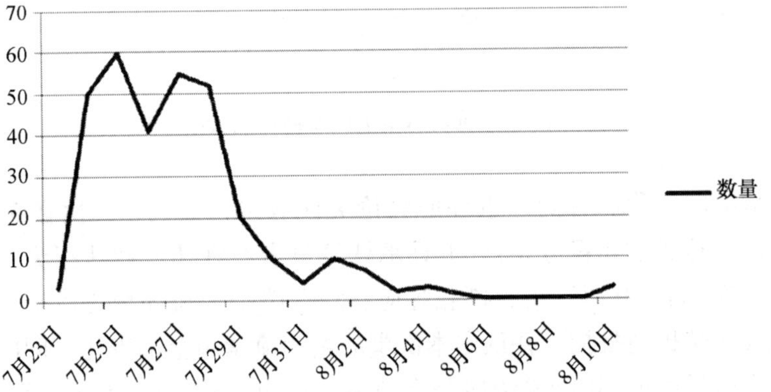

图 7.5　动车事故发帖量走势图

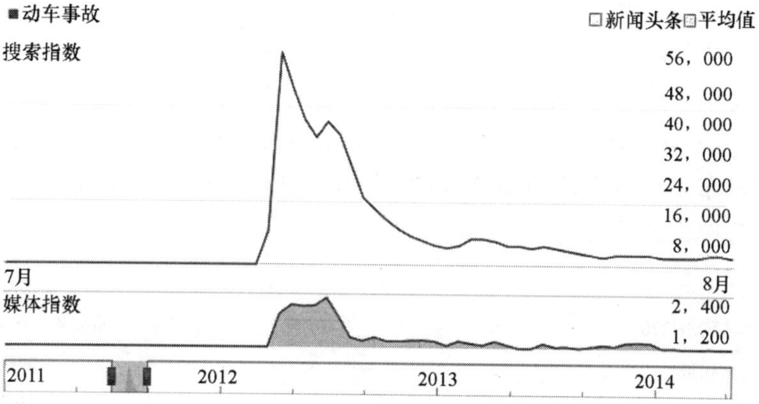

图 7.6　动车事故百度热点趋势图

5. 马航 MH370 事件

马航 MH370 事件是今年发生的重大事件。微博正在改变网络舆论生态，因此本次事件直接选取了新浪微博加以分析。本书选取微博转发量 1000 以上①的所有实时微博②，得到 391 条微博作为分析样本。

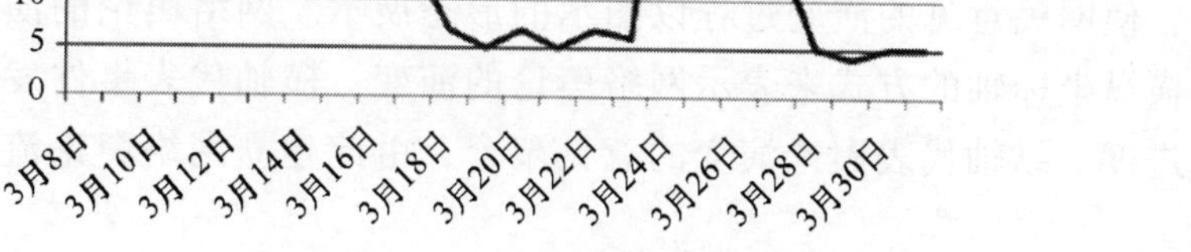

图 7.7　马航 MH370 事件新浪微博数量走势图

---

① 之所以选取“转发量”主要是考虑到总体的样本数量过于庞大，转发量超过 500 被认为“影响较大”，但是马航事件中转发量 500 以上的微博依然数量非常多，鉴于时间和精力的考虑选取 1000 作为样本录入标准。

② 之所以选取“实时”是因为微博关键词搜索功能仍尚待改进，只能选取热门或者实时，而热门微博的数据结果要远小于实时微博，鉴于样本科学性的考虑，选取“实时”作为搜索标准。

通过马航 MH370 事件微博数统计图和百度指数图，我们发现马航舆论发展阶段与前面几个事件基本一致，不同之处在于波动阶段，舆论力度超出了前一次高潮。（见图 7.7 和图 7.8）根本原因是 3 月 24 日晚 10 点，马来西亚总理纳吉布在调查尚未展开，搜索还未结束的情况下突然宣布，马航失联航班 MH370 在南印度洋坠毁，机上无一人生还。这成为舆论的转折点。

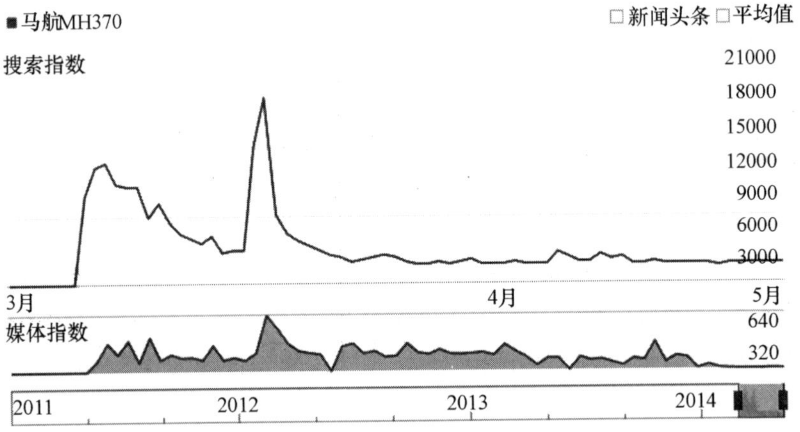

图 7.8　马航 MH370 事件百度指数热点趋势图

二　网络舆论演进周期图

为了更清晰地描述网络舆论演变的过程，在此构建网络舆论演变图示，使网民意见的演变过程以图示的形态展示。网络舆论的演变图示以横纵坐标轴的方式来表示网络舆论的演变：横轴代表事件发展的时间进度，纵轴代表舆论演变的意见聚合，由此建立网络舆论流变的图示。

根据上文对五个热点事件舆论演进趋势的分析，从舆论的聚合—分散变化这个角度来看网络舆论的形成与演进，大致可以发现有两种类型的演进模式：消解型网络舆论演变、螺旋反复型网络舆论演变。

（一）消解型网络舆论演变

华南虎照事件的发帖走势图呈现出单峰形态，我们将此类演变称为“消解型网络舆论”（见图 7.9），它基本遵循着形成期→爆发期→高峰期→消散期的过程进行演变。当少数话题进入社会现实空间或网络空间形成一定影响时，作为内容要素的热点议题就逐渐形成。社会中的公众形成一部分网民力量开始广泛关注和讨论，一旦触发潜在矛盾造成利益失衡，这些热点议题将会被代表化和标签化转变为社会焦点事件，各种态度、意见和情绪聚集和分化，网络舆论爆发。互联网作为新媒体的主要力量开始通过建立讨论组、转帖、置顶等方式为网民提供参与讨论的平台，传统媒体则通过追踪报道对事件进行深入了解和探访。网民、互联网以及传统媒体三者的循环互动将网络舆论推向高潮。官方政府、有关部门介入调查，随着事实真相的公布、相关事件的解决，矛盾和冲突逐渐化解，舆论慢慢平息。事件矛盾主体短时间内积极响应、果断回应并采取有力措施，是事态得到弱化的关键因素。

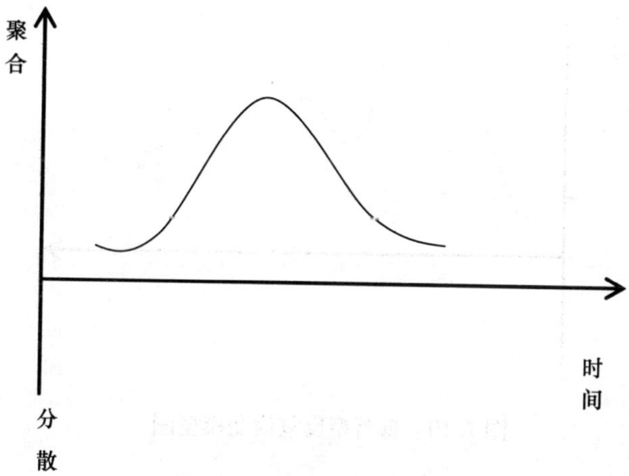

图 7.9　消解型网络舆论演变图

该图代表了网络舆论变化的基本过程，是具有普适性特点的理想图示。虽然现实中的演变过程不是这么简单，但基本上所有的网络舆论演变都能够囊括到这个基本图示中。

（二）螺旋反复型网络舆论演变

三鹿奶粉事件、杭州飙车事件、动车事故与马航 MH370 事件的发帖走势图均呈现出双（多）峰形态，我们将其称为“螺旋反复型网络舆论”，它遵循着形成期→爆发期→高峰期→反复期→消散期的过程进行演变。从形成期→爆发期→高峰期，螺旋反复型网络舆论的演进过程与消解型网络舆论大致相同。而当网民、传播媒介已经将事件推向高潮后，政府、有关部门却失声缺位甚至对事件事实进行否认的态度使原本可以控制的事态愈演愈烈。随着事件出现的新进展、不断加入的新信息变量，使事件本身出现了循环反复特征甚至是议题的转化，演变成新的舆论热点。如果事件的进展和网民的预期基本一致，缺乏指向的信息将使网民的关注度和兴奋点降低，逐渐转向新的热点议题（见图 7.10），杭州飙车事件和动车事故的舆论走向呈现此样态；如果新加入的信息变量与前述事实有所出入甚至相悖时，将会带来轰动性效应，形成的新一轮网络舆论更为激烈和凶猛（见图 7.11），三鹿奶粉事件和马航 MH370

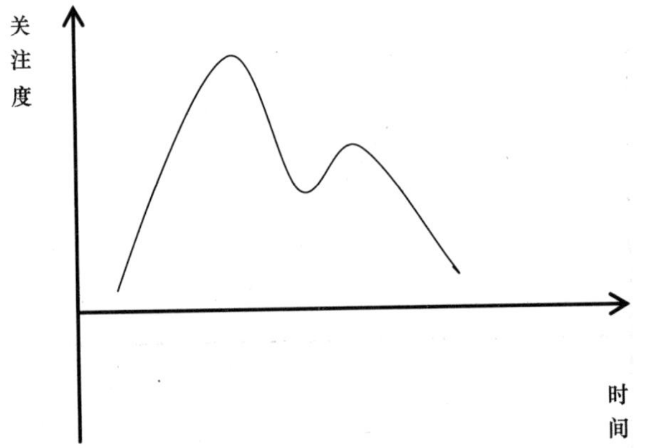

图 7.10　低落型反复演变模型图

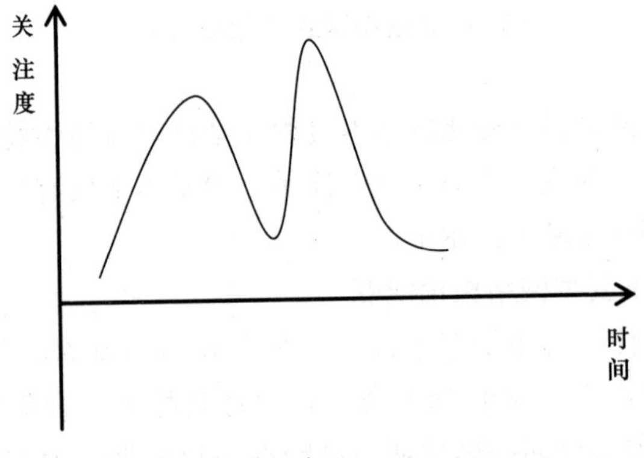

图 7.11　激进型反复演变模型图

事件的舆论走向呈现此样态。只有事件主体部门掌握主动权，采取正面回应、澄清事实、公开信息和惩处问责等相关措施才能使事件渐渐恢复常态，网络舆论得到消散。在循环反复期，网络舆情具有明显的摆动特征，公权力部门的处事态度和行为做法将直接影响网络舆论的后期进展和变化。

三 网络舆论演进阶段划分

（一）以往网络舆论演进阶段的划分方式

对于网络舆论演变进程问题，学者提出了不同的划分阶段，分别有三阶段、四阶段、五阶段甚至多阶段的演变阶段划分模式。从研究的发展历程来看，学者们对网络舆论演进阶段模式的构建经历了一个由少至多、由简单逐步走向复杂的过程。此外，学者们多从具体研究对象出发研究网络舆论演变阶段，比如大多数学者以“舆论（情）”、“群体性突发事件舆论（情）”、“网络舆论（情）热点”、“网络舆论（情）突发事件”、“公共危机事件网络舆论（情）”等演变为研究对象。只有部分学者直接以“网络舆论（情）演变”为对象。

1. 早期网络舆论演变的三阶段模型

从各学者对舆情、网络舆情或网络舆情热点事件等演变进程划分模式看，三阶段模式是较早且典型的进程划分模式，徐向红[①]最早提出了舆论演变的三阶段模型：“萌生—生成—统一。”后来，以王来华[②]、陈月生[③]等为代表的舆情研究先驱人物提出了“发生—变化—结束”的舆情演变三阶段模型。此外，则是徐敬宏、史波等提供的三阶段划分模式。徐敬宏[④]以“非常规突发事件网络舆情”为研究对象，提出了“产生—传播—聚合”的模型。史波[⑤]以“公共危机事件网络舆情”为研究对象，提出了“形成—发展（发展/作用/变异）—结束（终结）”的模型。

舆论或舆情演变三阶段模型在简洁性、抽象性上具有优势，但在创

---

① 徐向红：《舆论的形成初探》，《东岳论丛》1988 年第 1 期。

② 王来华：《舆情变动规律初论》，《学术交流》2005 年第 12 期。

③ 陈月生：《群体性突发事件与舆情》，天津社会科学院出版社 2005 年版，第 10 页。

④ 徐敬宏：《非常规突发事件中网络舆情的生成及管理》，《当代传播》2010 年第 7 期。

⑤ 史波：《公共危机事件网络舆情内在演变机理研究》，《情报杂志》2010 年第 4 期。

新性、解释力方面存在不足。

2. 网络舆论演变的四阶段模型

伴随着对舆论及网络舆论等认识的深入，学者逐渐发现以简单的“发生—变化—结束”的三阶段模式进行舆论或网络舆论划分已缺乏反映舆论变动内在过程及具体特点的功能。于是，有学者提出了新的划分模式，如刘毅提出的“涨落—序变—冲突—衰变”的四阶段划分模式，[①] 这一模式在用词和呈现网络舆情变动规律性上具有创新性，但其划分注重于反映网络舆情演变的某种特点，而内在逻辑性和前后接续性特点并不明显。同属天津社科院舆情研究团队的姜胜洪则提供了另一种形式的四阶段划分模式，即“起始—持续高涨—波动变化—淡化或消落”四阶段模型。[②] 这一进程划分着眼于网络舆情热点的具体演变，且具备了表述舆情演变特点的功能，但这一划分模式对各个进程或阶段“描绘”不足，如“持续高涨”在反映网络舆情烈度增加上具有价值，但在反映舆情数量变化上则显得不足。方付建在前人基础上对突发事件网络舆情的演变提供了“孕育—扩散—变换—衰减”的四阶段粒子模型，他借鉴物理学或计算机科学中常用的“粒子”思想构建突发事件网络舆情演变模型。即将每个具体的舆情话语当作某个“舆情粒子”，根据“粒子”数量增减反映舆情孕育情况；根据“粒子”移动或复制反映舆情扩散问题；根据“粒子”结合、分散等反映舆情变换特征；根据“粒子”数量、“粒子”大小变化等反映舆情衰减现象。这个模型具有更强的创新性和解释力，但是此模型更多地描绘了舆情运动的表面规律，对于舆情运动背后的深层次规律的揭示却不够。

3. 网络舆论演变的多阶段模型

除了网络舆论演变的三阶段和四阶段模型，一些学者提供了内含更多环节的舆情演变阶段模型。如谢科范等以“网络舆情突发事件”为对象，提出了网络舆情突发事件“潜伏期、萌动期、加速期、成熟期和衰退期”五阶段模型。[③] 这一模型依据突发事件演变阶段划分模型，重点反映的是由网络舆情引发的突发事件的变化。因此，该模型在反映网

---

① 刘毅：《网络舆情研究概论》，天津人民出版社 2007 年版，第 292—326 页。

② 姜胜洪：《网络舆情形成与发展规律研究》，《兰州学刊》2010 年第 5 期。

③ 谢科范：《网络舆情突发事件的生命周期原理及集群决策研究》，《武汉理工大学学报》（社会科学版）2010 年第 3 期。

络舆情演变方面不具有较好解释力。此外，则是喻国明、顾明毅等提供的内含更多环节的演变阶段划分模式，如喻国明以“舆情热点”为例，提出了事件发生、网络热炒到网民平息的演变阶段模型。① 该模型在反映某些特定事件演变及因事件诱发的舆情演变方面具有较强解释力，但此模型将事件与网民、媒体、政府等舆情行为者纳入关注视野。因此，该模型不属于纯粹的网络舆情演变阶段模型。而顾明毅以网络信息传播为研究点，总结了网络信息在整个传播过程中由出现、弥漫到行动的抽象进程。该模型更多从社会运动视角来解释网络信息传播过程，同样也不能算作纯粹的网络舆论演变阶段模型。

此外，我国不少学者也通过实证的案例分析，对网络舆情发生发展过程进行了划分，如下表所示。

表 7.2　**以往学者网络舆论演变阶段划分统计表**

学者	研究对象	演变阶段划分
王来华	舆情	发生—变化—结束
徐向红	舆论	萌生—生成—统一
陈月生	群体性突发事件舆情	发生—变化—结束
刘毅	网络舆情	涨落—序变—冲突—衰变
马映红	网络舆情	议题发生—信息缺失—信息搜寻—网络舆情形成—网络舆情引导—网络舆情消亡
姜胜洪	网络舆情	热点起始—持续高涨—波动变化—淡化或消落
谢科范	网络舆情突发事件	潜伏期—萌动期—加速期—成熟期—衰退期
徐敬宏	非常规突发事件网络舆情	产生—传播—聚合
史波	公共危机事件网络舆情	形成—发展（发展/作用/变异）—结束（终结）
喻国明	舆情热点事件	发生—网民爆料—传统媒体跟进—网络热炒—舆论施压—政府介入—网民平息
顾明毅	网络信息传播	早期传播—社会性知情—社会性表达—社会行动—媒体纪念
方付建	突发事件网络舆情	孕育—扩散—变换—衰减

① 喻国明、李彪：《舆情热点中政府危机干预的特点及借鉴意义》，《新闻与写作》2009年第6期。

（二）网络舆论演进阶段划分

通过对五个热点事件网络舆论演进过程的考察，结合以往学者的划分方式，本书认为划分为四个阶段比较科学。因此本书认可生命周期理论为依据，将生命周期的生、老、病、死基本思想运用到网络舆论演变中，认为网络舆论经过孕育与诞生—成长与扩散—鼎盛与波动—衰减与消退四个阶段的发展。

四　网络舆论演进模型构建

（一）网络舆论演进模型构建原则

网络舆论变化过程纷繁复杂，各种因素都会作用于舆论的呈现与变化过程中，且舆论演变具有不确定性、衍生性等特点，因此，网络舆论演变阶段划分成了一个难题。综观以往的舆论或网络舆论演变过程模型，角度各异，各有其适用领域。学者们的研究尝试无疑为网络舆论演变阶段划分提供了良好基础，但由于关注点、划分标准等差异，导致提出的演变模型存在不足。总体来看，这些模型普遍存在两个问题：一是模型缺乏理论依据。从已提出的演变模型看，多数学者基于对实事或现象的某种抽象，因此，虽然提出的演变模型具有某方面合理性，但却未能解释“为什么如此划分”的棘手问题。如早期三阶段演变模型按照常规的“发生、发展和变化”进行提取，这一划分的理论依据显得不足。二是所有模型均未跳出简单线性结构模式的窠臼。线性结构在简单化、抽象性上具有明显优势，但对解释复杂巨系统特性的网络却会显得有些力不从心。通过前面第二章对网络特点的分析，我们已经知道网络作为一个复杂巨系统，是非线性、不稳定、非平衡的，同时又是去中心化的，因此“变动”成为网络舆论的常态。网络舆论的演变不仅仅只有一种阶段模式，而是在每个阶段内部都可能发生新的变化，从而打破舆论传播的常态。因此，网络舆论是内生的自组织。每个阶段都可能变成一个新的节点，从而构筑起一张网状传播结构。此外，舆论的演变不仅是时间的延续，同时也是空间的延展；不仅是舆论表面样态的变化，也是深层结构和关系的动态过程。

为增强模型解释能力、概括能力及科学性和合理性，本书考察了网络舆论演变阶段划分应注意的原则，尝试提出一个更为有效的网络舆论演变模型。

1. 要有充分的理论依据。用以解释“为何如此划分”、“为何如此构建”等最基础的问题。搭建起模型扎实的“基座”。

2. 要有较强解释性和适用性。构建模型是为了更好地解释现象，因此，模型的解释力和实用性也是必须考虑的一个原则。网络舆论演变作为一个复杂的现象，虽然简单的模型在理论上和思维上具有合理性，但模型简单化则会弱化模型解释能力和应用价值，即某些网络舆论演变模型无法为人们认知突发事件网络舆情复杂变化过程提供有效指导或帮助，也无法反映舆情演变的内在特点。比如三阶段模型的应用性就大打折扣。因此，模型的构建不可“过简”。

3. 要有高度抽象性。模型得有普遍性价值，才能最大限度地解释纷繁的网络舆论现象。这就需要着眼于大量网络舆论案例，构建起有较高抽象性的模型，而不是仅仅局限于某一些或某一类案例。前述多阶段模型对网络舆论演变过程的描绘更具体化，然而在抽象性和普遍解释力方面有所欠缺。因此，模型的构建不可“过繁”。

4. 表层与内在双重揭示。网络舆论的演变除了带来舆论状态的改变，是否还隐含着更深层次的变换？是否意味着网络舆论的结构——网络舆论的本体和主体也会随之而变？因此，模型构建不仅要能反映舆论表面样态的变化，也要反映深层结构和关系的动态过程。

（二）网络舆论演进的“一轴两向”动态系统模型

何为“演进”？词典的解释是“演变进程”。“演变”是理解演进的核心语汇。根据词典的解释，演变指历时较久的发展变化。一般而言，以“演变”为主题的文献会加入某些限定语，如演变过程、演变规律、演变态势、演变机理、演变路径等。

要更好地描绘网络舆论演进的过程，需要结合网络以及网络舆论的特性。

1. 网络是一个复杂巨系统

简单系统是线性的、稳定的、平衡的，复杂系统是非线性的、不稳定的、非平衡的。线性系统倾向于消除变化，非线性系统则倾向于放大变化，系统的特性由系统各要素及环境之间的相互作用决定，不存在中央控制。个体间的相互作用产生非线性，非线性过程可增加不规则性。这就是普里高津所说的“耗散结构”。耗散结构理论从“熵”的深化入手，建立了一套处理非平衡、非线性系统演化过程的具体方法，证明了“开放”是系统保持有序的必要条件，信息流是系统发展的必要前提，竞争是系统发展的基本形式。网络就是一个典型的非线性复杂系统。复杂系统的重要参数是联系，即事物间彼此交流的方式。

这一复杂网络具混沌性。产生于20世纪60年代的混沌理论，与爱因斯坦的“相对论”、海森堡的“量子力学”一起被称为“20世纪三大自然科学革命”。混沌理论是关于复杂系统从有序突然变为无序状态的一种演化理论，是对确定性非线性动力复杂系统中出现的内在“随机过程”形成的途径和机制的研讨。

同时，复杂网络又具自组织性。根据复杂理论，自组织是指无须外界指令而能自行组织、自行创生、自行演化，即能自主地从无序走向有序。在此期间，系统会逐步打破原有的秩序，通过创造性活动寻求更大的发展。①

网络舆论的传播是一个复杂的舆论引导与处置系统，也是一个动态的、开放的非线性混沌、自组织系统。这意味着系统会从有序变为无序，也会自主地从无序走向有序，处于一种动态的平衡过程。

2. 网络舆论的演进是一个动态系统

网络舆论是一个不断发展变化的动态过程。对于这样一个动态过程，需要以一种动态的理论视角去加以认识和描述。社会学在经历了对结构主义的反思之后，更强调从文化和动态的取向认识社会现象。因此，当代社会学理论中的主体性、建构性、互构性理念为网络舆论研究打开了新的思路。如果把这些理论视角转化到具体的网络舆论描述上，会对舆论的动态过程有更加清晰的认识。从主体上看，经历了从个体到群体再恢复个体的发展过程；从表现形式上看，经历了从潜在舆论到显性舆论再变潜在舆论的转变阶段；从状态来看，经历了从相对稳定到波动再到动态平衡的演变路径。

此外，马克思主义哲学中唯物辩证法三大规律之一的“否定之否定规律”，是人类认识过程的普遍规律。它表明事物自身发展的整个过程是由肯定、否定和否定之否定诸环节构成的。其中否定之否定是过程的

---

① 江耘、张星久：《网络事件中舆论信息的自组织复杂网络仿真研究》，《学习月刊》2011年第5期。

核心，是事物自身矛盾运动的结果，矛盾的解决形式。因此，事物是"螺旋上升式"发展的。网络舆论的形成、发展过程，实质也是网民对事物的认识发展过程，网络舆论的演变也符合"螺旋上升"式。肯定—否定—否定之否定的规律在网络舆论演变中的表现即是，网络舆论的主体、表现形式和状态基本都经过类似的路径。

基于上述理论依据，本书提出网络舆论演进的"一轴两向"动态系统模型。首先，本书提出的网络舆论演变模型属于四阶段模型；不止于此，本书还以自组织和复杂巨系统理论为依据，指出网络舆论演变的四个阶段并非简单线性，而是非线性、网状结构，在此结构中还可以演化出孕育—波动—衰退、孕育—扩散—衰退、孕育—扩散—波动—衰退或孕育—衰退等其他演变过程；此外，本书还以动态系统理论为依据，提出在四阶段的解析基点背后，还隐含着网络舆论主体从个体到群体再恢复个体的发展过程，表现形式从潜在舆论到显性舆论再变潜在舆论的转变阶段；状态从相对稳定到波动再到动态平衡的演变路径。（见图7.12）

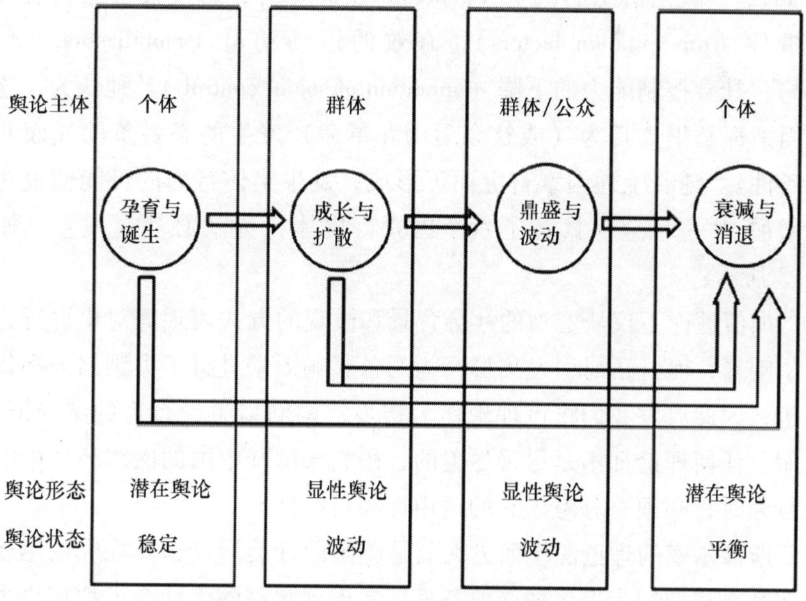

图7.12　网络舆论演进模型图

第二节 稳定—波动—平衡的网络舆论形式动态结构

一 网络舆论演进的影响因素分析

获知了网络舆论大致演进周期后，随之而来的问题是网络舆论生成、演进的影响因素及其作用机理究竟是什么？把问题放到当代社会大背景下，从理论的高度宏观把握，用多元的视角深入思考网络舆论非常重要。网络舆论是现实社会和网络社会重叠关系下发生发展的一种客观社会现象，就其实质而言，是公众对某一热点问题或事件的态度及情绪等在网络上的投影和现实社会需求在网络上的话语表达。网络话语表达作为一种社会集群行为，社会学上的集群理论具有较好的解释力。其中，斯梅尔塞提出的“加值理论”尤为值得重视。

加值理论认为，集体行为、社会运动和革命的产生，都是由以下六个因素共同决定的：有利于社会运动产生的结构性诱因（structural conductiveness），由社会结构衍生出来的怨恨、剥夺感或压迫感（structural strain），一般化信念的产生（generalized beliefs），触发社会运动的因素或事件（precipitation factors），有效的运动动员（mobilization for action），社会控制能力的下降（operation of social control）。他认为，这六个因素都是集体行为（或社会运动和革命）发生的必要条件（而非充分条件）。随着上述因素自上而下形成，发生集体行为的可能性也在逐渐增加。[①] 一旦全部具备了六个因素，集体行为就必然会发生，如图7.13所示：

加值理论不仅从宏观的社会背景和微观的方式表现等对集群行为进行了阐释，而且还对引发集群行为的各影响因素进行了类别划分和作用分析，因此启发我们将该理论作为初步建构网络舆论行为的解释框架。然而，任何理论都不是尽善尽美的，用它来解释中国的网络环境中的集群行为时，必须充分考虑它的适用性和可行性。

斯梅尔塞的理论源于西方尤其是美国的社会运动，其探究的主要是现实社会集群行为发生的必要条件，考虑到解释网络社会虚拟环境中的

① 赵鼎新：《社会与政治运动讲义》，社会科学文献出版社2012年版，第21页。

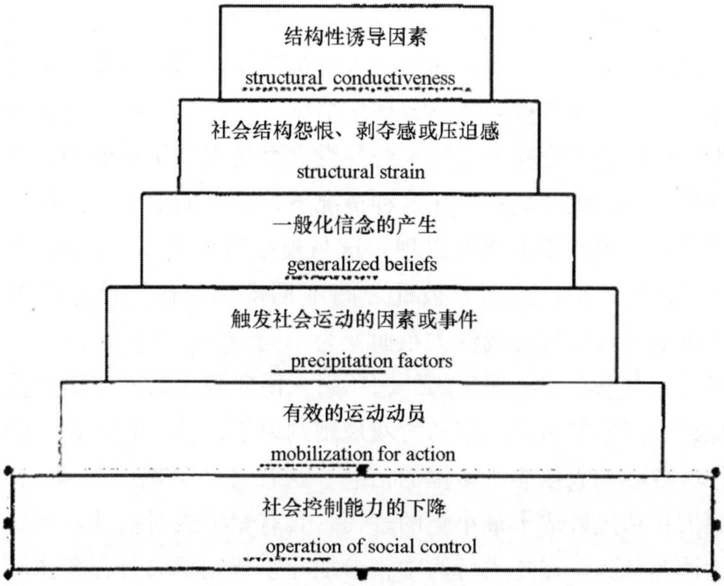

图 7.13　加值理论图示

集群行为以及在中国土壤中的适用性和可行性，可能需要对加值理论中的影响因素作如下三方面的适当调整：一是鉴于中国社会转型的现实语境，根据本书前面章节的论述，中国社会在政治、经济、文化等各方面的转型更多给社会带来结构性压力，因此在谈论“结构性诱导因素”时会着重社会转型带来的“社会结构性压力”；二是结构性怨恨、剥夺感或压迫感在网络环境中更多折射在网民心理层面，网民心理内涵更为复杂，因此在下文某些阶段将以“网民心理”替代“结构性怨恨、剥夺感或压迫感”，当然，在论及网民心理时会着重论述现实社会问题引起的怨恨、剥夺感和压迫感带来的影响；三是在网络环境下，“有效的社会动员”通常由媒介和舆论领袖来扮演。因此会针对舆论演变不同阶段的特点，选择媒介或舆论领袖或者二者均有涉及来论述“有效的社会动员”这一影响因素。

除此之外，加值理论还有一点遭受质疑，即认为几个固定要素先后次序发生，集体行为必然产生。赵鼎新就指出，从根本上说，希望找到几个固定的决定社会运动产生和发展的充分必要条件及其相互之间的逻辑联系是行不通的。其中的原因很复杂，但最主要的原因是影响集体行为产生和发展的各个因素之间不可能存在某种非历史性的、一成不变的联系。加值理论也不例外，如某一人群虽然受到剥削却由于种种原因不会因此而产生很强的被剥夺感或被压迫感，而他们被剥夺感或被压迫感的产生，往往是因为受到一些本身并没有直接受到压迫的知识分子灌输一种政治理念所致。显然，在这种情况下，广义的信念在时间或逻辑上均要早于剥夺感或压迫感的出现，这与模型假设是不一致的。[①] 在网络环境下，加值理论的六要素彼此之间不见得一定按照前述递进模式行进，很可能会打破这种线性关系而变为不同力量的博弈。

因此，本书在加值理论之外，还引入博弈理论对网络舆论演进机理进行探究。博弈是指在一定的游戏规则约束下，基于直接相互作用的环境条件，各参与人依靠所掌握的信息，选择各自策略（行动），以实现利益最大化和风险成本最小化的过程。具有竞争或对抗性质的行为可以称之为博弈行为。在这类行为中，参加斗争或竞争的各方各自具有不同的目标或利益。为了达到各自的目标和利益，各方必须考虑对手的各种可能的行动方案，并力图选取对自己最为有利或最为合理的方案。

在网络舆论演进的不同阶段，各影响要素彼此博弈，这导致每个阶段起主要作用的因素也各不相同，同一要素在不同阶段所起作用也各不相同。

二　网络舆论演进中各动因博弈机制研究——加值理论的视角

（一）网络舆论孕育与诞生

威廉·葛德文说："我们的一切知识，我们的一切观念，我们作为有理性的动物所具有的一切，都是从刺激产生的。"[②] 陈力丹在研究舆论的一般形成过程时把"社会变动、较大事件的发生刺激意见的出现"作为第一个因素提出，他认为这样的外界信息一旦与公众的价值观念、历史记忆、物质利益、心理因素发生碰撞，便会激起种种议论或产生多种情绪性表现。[③]

网络舆论的孕育与诞生实际上就是加值理论提出的结构性诱导因

---

① 赵鼎新：《社会与政治运动讲义》，社会科学文献出版社 2012 年版，第 22 页。

② 杨雄：《网络时代与社会管理》，上海社会科学院出版社 2007 年版，第 205—206 页。

③ 陈力丹：《舆论学》，中国广播电视出版社 1999 年版，第 51—52 页。

素，结构性的怨恨、剥夺感或压迫感，触发性事件刺激下的产物。

1. 结构性因素——潜在动因

斯梅尔塞认为结构性助长是对特定的集群行为的一种许可，是一种有利于产生集群行为的社会结构或周围环境。大量的研究也发现，集群行为的产生需要必要的环境场所，或者说，某些特殊的场合有利于促进人们对某种普遍刺激作出自发的反应，进而产生集群行为。网络环境下，现实的社会结构与状况是刺激网上民众通过舆论表达来解决问题的深层次根源。首先，社会存在决定社会意识，舆论的产生是人类物质生活和生存的需要和产物；其次，中国处在社会转型巨变中，不同地区、行业、阶层、群体之间的交往、交锋频繁而激烈，前所未有、层出不穷的新现象、新问题、新矛盾等舆论客体也不断刺激着中国的网民表达意见、发表言论。社会转型是一个宏大的命题，社会学家郑杭生认为，其意指社会从传统型向现代型的转变，或者说由传统型社会向现代型社会转型的过程，也即是从农业的、乡村的、封闭的半封闭的传统社会，向工业的、城镇的、开放的现代型社会的转型。[①] 塞缪尔·亨廷顿在其著作《变化社会中的政治秩序》中指出："现代性孕育着稳定，而现代化过程却滋生着动乱。"[②] 社会转型的实质是社会结构的转型。正因为社会结构的巨大变化，以及由此带来的最直接变化——社会各阶层的分化，成为矛盾与冲突的起点。关于社会转型与网络舆论形成的关系，本书第四章已详细论述，此部分将主要从社会阶层的变化与冲突这一视角，反映网络传播环境下社会结构性诱因与紧张因素促生网民态度、情绪乃至行为倾向的动力机制。

改革开放30多年来，我国"两阶级一阶层"的社会分层结构逐渐解体，社会阶层结构由简单化到多元化，由封闭转向开放，现代社会阶层结构已基本形成。但我国社会阶层结构的现代化转型远未完成，整个结构正处在从传统"金字塔形"向"橄榄形"过渡的转型期。传统的"金字塔形"结构，即少数人居于社会上层，中间呈过渡状，而下层很

---

① 郑杭生：《60年，中国社会是怎样转型和发展过来的》，新华网理论频道（http://news.xinhuanet.com/theory/2009—08/24/content_11934420.html）。

② 塞缪尔·亨廷顿：《变化社会中的政治秩序》，王冠华、刘为译，上海人民出版社2008年版，第19页。

大的社会结构。各国的发展经验表明，中等收入者占大多数的社会，即两头小中间大的“橄榄形”或“纺锤形”社会，是比较稳定的社会，也是理想的现代化社会结构。我国的社会结构与“橄榄形”仍有一定的距离，中国社会科学院2010年1月发布的《当代中国社会结构》报告也提出，目前中国社会结构落后于经济结构大约15年。整个社会中下阶层比重仍然很大，中层比重偏小，上下阶层比重失衡、阶层之间贫富失衡的特征明显。社会学家李强通过调查发现，几乎所有的社会问题，都可以从“社会结构紧张”上得到解释。① 比如，2011年发生在我国广东省汕尾市所属陆丰市乌坎村的“乌坎事件”就是一起典型的结构性诱因导致的群体性事件。从2011年9月21日事件爆发，一直到2012年4月乌坎事件才逐渐平息。乌坎事件起因于乌坎村村委会领导原村支部书记薛昌、原村委会主任陈舜意在当地居民不知情的情况下将乌坎村的最后一块集体土地卖给开发商，引发乌坎村民的集体上访。乌坎村原村支部书记薛昌在职期间，将乌坎村3200亩土地陆续卖掉，卖地款项达7亿多元人民币，而给每位乌坎村民的补偿款只有500元，其余款项全部被当地官员私吞。当地居民屡次上访无果，乌坎村仅存的最后一块土地被卖给地产开发商，激发乌坎村民极大愤慨，并约定于9月21日游行示威，22日政府派出军警镇压而最终引爆骚乱。② 后来，乌坎村民多次到陆丰市政府门口游行上访。12月9日，公安机关抓捕多名事件参加者，后乌坎事件主要组织者薛锦波非正常死亡。矛盾再次激化。12月20日，广东省委副书记朱明国进驻汕尾陆丰，调查处置乌坎事件，并提出答应归还薛锦波遗体、答应村民的土地诉求等六点建议。乌坎事件出现转机。2012年1月15日，工作组宣布解散村党支部，同时成立新的党支部。此后事件逐渐平息。

正如新加坡《联合早报》评论所言：“乌坎事件”是一个时代的缩影。它恰好反映了当下中国农村普遍存在的征地拆迁大潮所带来的社会矛盾的激烈冲突。这正是结构性诱导因素引发网络舆论的潜在原因。

2. 结构性怨恨、剥夺感或压迫感——直接动因

社会结构变迁及其带来的结构性诱导因素，最易在公众心中形成怨

① 李强：《“T字形”社会结构与“结构紧张”》，《社会学研究》2005年第2期。
② 白如金：《乌坎事件调查》，《中国新闻周刊》2012年第1期。

恨、剥夺感或压迫感等各种心理和情绪。

“结构性的怨恨、剥夺感或压迫感”表现为社会不平等、不公正、社会压迫、剥削等。由于资源的有限性、机会的不均等性和能力的差异性，人们在资源的分配上出现了较大的差异，在利益的获得上也出现了很大的差别。这导致社会强者更强，弱者更弱。不同阶层之间的收入差距不断扩大已经成为不争的社会现实。弱势群体相对强势群体必然会产生一种被压迫、被剥削的怨恨，也必然会对现存的社会结构提出质疑。加值理论中的结构性怨恨、剥夺感或压迫感指出，特定社会结构或背景中的某些问题以及由此衍生的怨恨、剥夺感或压迫感等，使人们认为有必要通过某种方式或行动来促进解决。

当前，我国正处于“发展黄金期和矛盾凸显期”，也恰恰是利益关系调整最剧烈的时期。在转型过程中出现的一些现实问题，特别是关于制度方面的问题，如政策制定缺乏对个体权利的尊重保护、社会资源分配不公、执行中的违法违规行为，如一些地方乱批乱占耕地，拖欠、截留、挪用土地补偿费，在征用土地中侵害、损坏民众合法权益等，很容易拉大不同利益群体之间的差距，使阶层固化日益凸显，并由此引发不少群体的不满、不公感。有学者总结出的现阶段我国民众中弥漫着“分配不公感、机会不公感、起点不公感、参与不公感和话语权不公感”五大不公感。①

在现实生活中，如果民众长期受不公感影响，在遇到群体性事件发生时就很容易被不满、怨恨等负面情绪支配和左右，其产生的舆情行为也会因此发酵形成强大的破坏力量。而这些由于现实社会中的利益关系调整而引发的矛盾与冲突映射到网上，则是不同阶层人群会因为特定的利益而通过互联网这个无时无界的大平台迅速集结，并通过发表言论，甚至是制造言论等方式表达利益诉求，从而形成网上喷聚的舆情。

如果前述贫富失衡、阶层失衡问题得不到很好解决，带来的直接后果将是社会二元对立，社会逐渐形成弱与强、贫与富、下与上的二元对立阶层。在所有形容我国社会新阶层的代名词中，应用最广泛的是“弱

---

① 郭奔胜：《寻良策化解风险》，《瞭望》2010 年第 3 期。

势群体”。作为一个形象的比喻词，弱势群体指的是在社会地位、社会财富、社会权利等方面处于不利地位的人群，可分为自然性弱势群体、生理性弱势群体、社会性弱势群体。一般意义上的社会弱势群体指，由于制度、权利匮乏而造成的贫困人群以及社会地位低下的人群。[①] 弱势群体通常表现为社会地位低、经济贫困、生活质量和心理承受能力差，下岗失业者、农村低收入人口、城市贫民等。比如在乌坎事件中，事件的参加者主要是失地农民这一社会弱势群体。

个体发展失衡、贫富不均有历史原因，但更重要的原因则是社会结构发展失衡带来的经济发展不平衡。这种经济的不平衡首先表现在地区之间。由于中央政府的梯度发展战略及各地区地理条件、产业结构、历史遗产等的差别，广东、上海、浙江、江苏等东部沿海地区位居经济发展的前列，中部省份成为相对发达地区，而西部省份则成为不发达地区，并且这种区域差距有继续扩大的趋势。其次，行业间的发展失衡也带来垄断性与非垄断性行业人群的差异。属于不同行业部门的群体之间，尤其是垄断企业员工与普通行业员工之间收入差距巨大。再次，个体间发展失衡、贫富不均也表现在城乡之间，尽管改革开放以来，城镇居民、农村居民和城乡居民的收入差距经历了缩小与扩大的起伏，但进入20世纪90年代后期，差距扩大的趋势日益明显。[②]

社会转型发展中出现的二元群体对立，贫富差距加大问题使我国民众普遍存在一种“相对剥离感”。人们对其处境感到怨恨或不满未必是在绝对意义上被剥夺，而是与某些标准相比感到被剥夺了。默顿认为，当个人将自己的处境与其参照群体中的人相比较并发现自己处于劣势时，就会觉得自己受到了剥夺，这种剥夺是相对的。有时，即使某一群体本身的处境已有所改善，但如果改善的程度低于其他参照群体的改善程度，相对剥夺感也会产生。[③]

在网络环境下，群体二元对立现象和网民被剥夺感显得更为强烈。

---

① 胡星斗：《权利供给的缺乏导致贫穷》，腾讯网（http：//view. news. qq. com/a/20090420/000030_ 1. htm）。

② 韩运荣、黄田园：《我国当前社会问题舆论调控研究》，中国传媒大学出版社2011年版，第16页。

③ ［美］罗伯特·K. 默顿：《社会理论和社会结构》，唐少杰译，译林出版社2006年版，第388页。

一方面，在网络全天候、遍在性的放大效应下，处于劣势一方的阶层往往对贫富差距、强弱对立现象印象更为深刻，导致其被剥夺感更为强烈，这也是很多网络舆情关注的群体事件中都带有明显的地区性、地域性、行业性的原因之一。如广州乌坎事件、贵州瓮安事件、四川什邡事件和富士康跳楼事件、城管打人事件、民工讨薪事件，等等。另一方面，网民的交互性、便捷性不仅使网民在主观上对其他群体的偏见和对所属群体的认同均得到了加强和固化，并使得网络动员具有了更为强大的力量，影响个人或群体的态度和行为，导致的对立和不满情绪在不断扩大，如网上经常出现诸如“我们百姓 VS 你们政府”、“屌丝 VS 富二代”之类，就是将自我认同为与以官员、富人为代表的强势群体对立的弱势群体。一旦利益受损，网民很容易将其当作替罪羊，视作发泄、攻击的对象。

3. 网民心理——舆论“框架”

美国社会学家欧文·戈夫曼的“框架分析”（Framing Analysis），被普遍认为是框架理论的原典之一，戈夫曼所使用的“框架”一词与葛列格里·贝特森（Bateson）的框架概念最为相近，他将框架定义为个人对事件或资讯的设定、感知、辨识和标示的认知基模，并认为人们的日常活动隐含或使用了特定的诠释框架并形成诠释的基模，使看似无穷的事物能被分辨、察觉、确认和命名。在戈夫曼看来，社会事件散布各处，彼此无所归属，需通过符号转换方能形成与个人有关联意义的主观认知，这种转换过程就是框架的基础。换言之，框架是个体处理（包括筛选与组织）观察素材的前提和规则，个体需倚赖框架组织经验调整行动。

戈夫曼从象征互动的视角切入“框架”这个概念，实则也已为后来的研究者提供了两条研究路径：1. 人们如何建构社会现实；2. 认知过程中的认知呈现与资讯处理如何互动。戈夫曼之后，框架研究兵分两路，一路沿用社会学家和人类学家根据贝特森对框架的定义继续阐释框架之路，从互动层面强调框架协助人们分类组织和解释外在信息的功能，其代表观点如，框架是人们组织事务的原则，其功能在于提供人们整体性的思考基础，针对一连串的符号活动发展出中心思想，建构其意义等；另一条则发展为认知心理学家们对认知过程的“知识基模”研究，这一路研究视框架为记忆中的认知基模，为人们外界事物的心智代表，若经启用可影响其后续的阐释或判断，协助人们分类、组织以及解释外界信息的功能。

“框架”理论为我们探究网民的认知模式与心理提供了一个新的路径。网民的言论表达是否受到预设的“舆论框架”的限定。考察历年网络热点事件中表现出的网民舆论，发现“舆论框架”明显存在。这些“框架”与加姆逊提出的集体行动框架不谋而合。他认为，集体行动框架由不义（injustice）、代理（agency）和认同（identity）三个部分组成。在中国语境下，这三种框架分别对应的是“锄强”、“济弱”与“公平正义”。

“锄强”框架：具体表现为仇官、仇警、仇富、仇医、仇专家、仇社会，等等。即对于凡是代表权力、权威的典型人物倾向于采取负面态度，充满了不信任感和不安全感，也就是出于对“不义”的愤慨而采取的情感和态度。这种框架认识使得一旦事件或议题涉及前述某类人物，网民有时会不分青红皂白，立马采取批判立场，自动站到这些人物的对立面，与弱势群体一道开始构筑针对他们的舆论“防火墙”。比如，打假议题，看似网民基于追寻真相的心理，实际上背后隐藏着对所谓权威人士的不信任。

与“锄强”舆论框架相对应的是“济弱框架”。涉事双方如果包括城镇普通居民、企业职工、农民、无业人员与主体公权力大、公益性强、公众关注度高的“三公部门”和其中的公职人员，由于双方身份相差悬殊，这种地位、能力、条件、立场等方面的不对等很容易经由网络而渲染放大。面对这种对立关系时，网民往往变为弱势群体的“代理”，自觉站在弱势群体的立场上对抗公权力。当然，这类框架也可以看作“锄强”框架的变异。

在“锄强”与“济弱”框架背后隐含着第三类框架——“公平、正义框架”，网民之所以批评官员、警察（城管、法官等）、富二代、医生、专家等权威人士，支持城镇普通居民，企业职工、农民、无业人员，正是基于对公平、正义的高度“认同”。网民的批判因此就具有了正义化身的立场。在所有“舆论框架”中，此类框架所占数量最多，而且似乎成为“元框架”，成为很多其他框架的“潜在框架”。

（见图 7.14）如当下的食品卫生、交通环境安全问题，征地拆迁中的血腥暴力行为等，这些频频发生的与网民切身利益相关的事件屡屡刺激网民神经，不断激发网民正义感、不平感和权益感的爆发，网民希望事件能够得到妥善处置，消除事件的负面影响，建立长效的预防机制，使悲剧不再发生在自己的同胞身上，也减小发生在自己身上的可能性。在涉及国家关系、民族利益方面的议题，网民之所以常常采取民族主义立场的原因，同样也是出于寻求国家正义、保护国家利益的考虑。

在 2009—2013 年 100 件网络舆论热点事件中，锄强框架、济弱框架和公平、正义框架的热点事件如下表所示：

表 7.3　　2009—2013 年 100 个舆论热点事件舆论框架统计表①

	2009 年	2010 年	2011 年	2012 年	2013 年
锄强框架	杭州市飙车案 访民“精神病”说 逯军“替谁说话” 吉林通钢暴力事件	郭德纲弟子打人事件 李刚之子校园撞人致死 安阳曹操墓真伪之辩 唐骏“学历门” 张悟本涉嫌虚假宣传	郭美美事件 药家鑫案 刘志军贪腐案 故宫失窃系列事件	王立军、薄熙来事件 微笑局长成“表哥” 多地曝集资案 哈尔滨塌桥事件 沈阳大量商铺关门 四川什邡事件 广东乌坎事件	薛蛮子涉嫌嫖娼被拘事件 李××案 薄熙来案 上海法官集体嫖娼事件 新快报记者陈永洲被批捕事件 陕西神木“房姐”事件 海南万宁校长开房事件 罗昌平实名举报刘铁男事件 农夫山泉“质量门”事件
济弱框架	湖北巴东邓玉娇案 云南“躲猫猫”案 “开胸验肺” “小学生卖淫”案 河南灵宝王帅案 湖北石首市骚乱 罗彩霞事件 上海钓鱼执法	富士康员工跳楼 袁腾飞言论惹争议 宜黄强拆自焚事件 唐福珍自焚	钱云会案	北京特大暴雨灾害 陕西孕妇引产事件	曾成杰被执行死刑 夏俊峰被执行死刑事件 长春盗车杀婴事件 甘肃初中生发帖被刑拘事件 厦门公交大火事件

① 我们并不能按照三个框架把现实中的热点舆论完全截然分开，“锄强”与“济弱”往往互相伴随，二者背后又往往隐含着“公平正义”的追求。此处的划分也仅仅是相对而言。

续表

	2009 年	2010 年	2011 年	2012 年	2013 年
公平正义框架	重庆打黑风暴 网瘾标准与治疗 “绿坝”之争 湖北大学生舍身救人 央视曝光谷歌涉黄 成都公交车燃烧事件 习水县嫖宿幼女案	腾讯与360相互攻击 上海世博会 北京查封天上人间 方舟子遇袭 各地校园袭童案 山西问题疫苗 商丘赵作海冤案 王家岭矿难救援	7·23动车追尾 佛山小悦悦事件 日本9.0级地震 深圳大运会 利比亚政局 各地房产限购 抢盐风波 免费午餐计划 李娜法网夺冠 神舟八号发射升空	钓鱼岛与反日游行 伦敦奥运 神舟九号与天宫一号对接 黄岩岛与南海局势 莫言获诺贝尔文学奖 周克华案 方韩论战 毒胶囊与“皮鞋很忙”	斯诺登“棱镜门”事件 芦山地震 黄浦江死猪漂浮事件 香港“限奶令”事件 《南方周末》事件
公平正义框架		部分地区罢工 谷歌退出中国	上海染色馒头事件 双汇瘦肉精 微博打拐 上海地铁追尾	电商价格战 最美女教师张丽莉	
其他	贾君鹏红遍网络	网络红人“凤姐”	乔布斯去世	《舌尖上的中国》	“光盘行动”

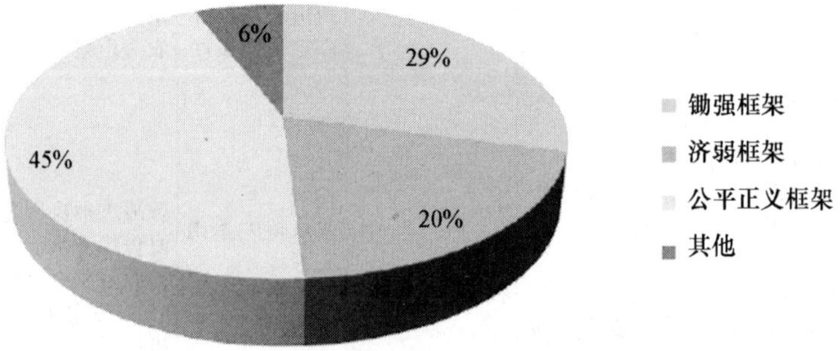

图7.14　2009—2013年100个舆论热点事件舆论框架比例图

4. 触发性事件——导火线

加值理论认为，触发社会运动的因素或事件（precipitation factors）是集群行为的导火线，当人们不满足于现有讨论或其他目前存在的条件，如社会结构性压力和信念形成时，一些偶然引发的事件或传言往往通过提供具体刺激的方式，使普遍的情绪向现实的行动转化。

比如在乌坎事件中，乌坎村民发现最后一块土地被村领导卖掉，就是直接触发乌坎村民聚会上访的导火线。而政府与村民之间的矛盾则直接激化了整个事件，使得乌坎事件越演越烈，最终成为一起影响深远的群体性事件。在什邡事件中，市民对政府钼铜项目对环境可能带来的污染的担心，导致他们一直反对该项目继续进行，从而引发群众游行示威，进而形成一起群体性事件。

我们发现触发社会运动的因素或事件带有极大的偶然性，但是这些偶然性因素又带有必然性一面。那些事件背后都有深层次的社会根源和价值逻辑，即社会结构变迁以及结构性怨恨、剥夺感或压迫感的形成。事件本身只不过是社会复杂多样的一个体现。一些社会阶层和利益团体重构时遗留和集聚的社会问题，较易形成舆论热点事件中主要集中的议题，激起公众和网民心中的非理性情绪。喻国明总结了九类热点议题：政府官员的违法乱纪行为、涉及代表强制国家机器的司法系统和城管队伍的、涉及代表特权和垄断的政府部门和央企、衣食住行等全国性的民生问题、社会分配不合理贫富分化严重、涉及国家利益和民族自豪感、重要或敏感国家地区的突发性事件以及影响力较大的热点明星和公众人物的火爆事件。①

本书对2009—2013年度100大网络热点事件进行内容分析，发现互联网热点议题集中表现在九个方面（见图7.15），按比例多少依次排列如下：

（1）涉及官员、权力机关等。这里面包括政府官员的违法乱纪行为、涉及代表强制国家机器的司法系统和城管队伍的、涉及代表特权和垄断的政府部门和央企等。此类议题最多，占全部事件的30%。这与社会转型期多种因素的影响及人们复杂心态的作用下，形成的“逢官必究”的社会共性心态有关。官员、警察、城管等成为带有负面色彩的事件主体。“表哥杨达才”、“神木房姐”等，还有很多的征地拆迁引起的群体性事件，比如乌坎事件、钱云会案等也都与此相关。

---

① 喻国明：《中国社会舆情年度报告（2010）》，人民日报出版社2010年版，第251页。

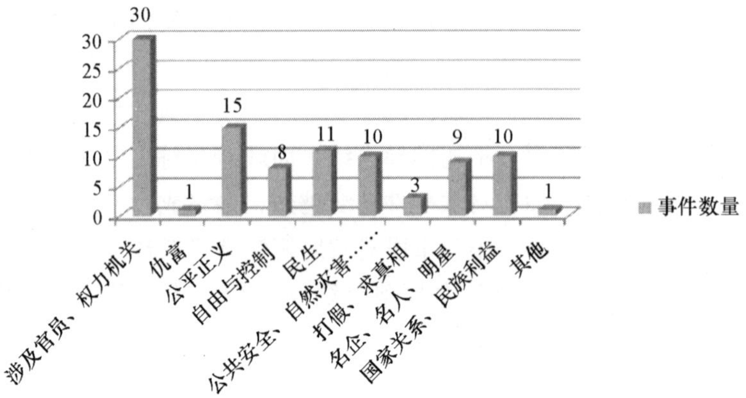

图 7.15　2009—2013 年 100 个舆论热点事件舆论议题分布图

（2）涉及社会公平和正义。社会发展到今天，人们对于公平和正义的要求更为强烈。我们看到此类议题数量位居第二，占到全部议题的 15%。社会上的特权现象、行业垄断现象、“潜规则”现象以及司法不公都成为批判的焦点，网民对弱者遇到的不公正待遇极为敏感。不少网民以“意见领袖”的身份在网络上维护公平和正义掀起舆论浪潮。比如赵作海冤案、唐福珍自焚等。

（3）涉及衣、食、住、行的民生问题。近几年，房价、油价、甚至菜价的价格动态，还有医疗改革、教育改革、金融改革等方面，都受到网民的极大关注。比如各地房产限购政策、抢盐风波，等等。这类议题位居第三，占全部热点的 11%。

（4）涉及公共安全、食品安全、自然灾害、重大事故、环境污染等方面。近几年自然灾害和重大事故频发，除了在现实社会受到极大关注之外，在网络上也是网民讨论的焦点。这类议题位居第四，占全部热点的 10%。比如汶川大地震，上海高楼大火、王家岭矿难以及日本核泄漏事件。食品安全也是关注重点，从三鹿奶粉开始，苏丹红、蒙牛致癌门、柑橘蛆虫事件等层出不穷。

（5）涉及国家关系以及民族利益。近年来，国际形势复杂，中国又处于局势比较复杂的东亚地区，一些涉及领土争端、对外关系的话题，特别能够激起网民的爱国主义情绪。比如莎朗斯通“辱华”事件（2008）、对网上“哈韩”“哈日”群体进行言论攻击的“69 圣战”

（2011）、钓鱼岛与反日游行（2012）、黄岩岛与南海局势（2012）等一系列事件都是这种网络民族主义的表现。

（6）涉及知名企业、公众人物。现实社会中的知名企业、公众人物的一举一动都能成为网民热议的对象。比如，腾讯和360互相攻击的“3Q大战”、富士康员工跳楼和网络红人“凤姐”，等等。

（7）涉及自由与控制的议题。这里面主要反映的是公民或媒体的言论自由问题。此类议题数量也不算少。比如河南灵宝王帅事件、甘肃初中生发帖被拘事件、《南方周末》事件，等等。

（8）涉及打假、求真相的事件。由于一些地方政府为了试图封堵舆论，隐瞒真相或者曲意辩解，惹怒公众，使公众寻求真相的欲望更加强烈；还有一些所谓的专家所发布的虚假消息，招致众多网民的打假声潮。比如张悟本涉嫌虚假宣传、唐骏“学历门”和安阳曹操墓真伪之辩等。

（9）涉及“富人阶层”或者贫富差距。当前中国正处于经济高速发展时期，一些潜在的矛盾开始出现。在贫富问题上，民众对一些通过不正当手段暴富的人相当痛恨，另一方面，“富二代”的炫富摆阔，也让人们十分愤慨。致使网民出现“逢富必反”心理。不过，这一点在历年网络舆论热点中的表现并不显明，仅有杭州70码飙车案榜上有名。这可能有两方面原因：第一，很多富人阶层常常与政府、官员相连，所谓“官商结合”，第一类议题中的一些事件实际也涉及此类议题。第二，仇富心理虽在网络舆论中有所表现，但未达至全国最具影响力前20名热点事件的程度，因此在统计中未有体现。

2012年年底，网上疯传的一条微博“我的未来十年十大心愿”：1. 不用再到海外买婴儿奶粉；2. 能在大超市买到安全的食品；3. 白领不再沦为房奴；4. 环境污染不再恶化；5. 贫富差距不再扩大；6. 企业家不再忙着移民；7. “裸官”不再增多；8. 股市从圈钱机器变成价值创造场所；9. 人民不再“拼爹”；10. 对公权力的约束取得进展。[①] 从另一个侧面也呼应了前述网络舆论热点议题。

① 丁曦林：《呼唤春天，思考春天》，《新民周刊》2013年第1期。

5. 一般化信念产生——网络舆论诞生

当每个人对社会的认识达到某种共识时，一般化的信念也就随之产生。一些看似不经意的偶然性事件很可能轻易触发潜藏已久的公众情绪，刺激网民的“认知基模”，从而形成始料未及的舆论旋涡。而在媒体和公民记者的作为下，记者或网民善于寻找、汇集甚至制造符合民众社会情绪认知或期待的新闻或信息。一旦海量新闻中出现了与大多数网民的认知期待或内在情绪相一致的新闻，网民会在情绪或诉求刺激下主动发言，或制造新闻跟帖，或评论事件。

大量关涉强势群体如官员、警察、城管、富人、医生、专家等，强势部门如铁道部门、中央企业、中央电视台等，强势国家如美国、日本、德国、英国等事件被报道出来，以激发或冲击网民积淀情绪的方式成为热议事件，并促成了舆论风暴。如学者指出的，当代中国出现的仇富、仇官（腐）、仇警、民粹心理等社会态度成为诸多舆论事件的燃料。① 一个热点事件的存在加上一种“框架化”的表达，可成为点燃舆论的导火线。

比如，在“哈尔滨警察打死大学生”事件中，网上出现警察殴打大学生的视频画面后，警察身份、官员背景迅速勾连起网民“仇官”、“仇警”同时又“锄强济弱”的认知基模，形成了警察无良、大学生可悲的舆论风暴，舆论射出的利箭指向警察。

6. 网络舆论孕育与诞生过程演进图

在网络舆论孕育与诞生过程中，上述各因素交织作用，共同促生了网络舆论的诞生。此过程可以图 7.16 所示方式概括：

网络舆论诞生后，此阶段并不必然过渡到第二阶段，这要视事件自身、相关职能部门及媒体对事件的处理方式而定，同时受议题敏感度和网络舆论的倾向性影响。如果事件本身敏感度不高，且相关职能部门和媒体对事件的处理方式和态度与事件的网络舆情具有一致性，则该阶段可以直接过渡到第四阶段——衰退与消亡阶段。反之，不管事件敏感度高与否，如果相关职能部门处理不当或态度暧昧不清，媒体煽风点火只顾吸引眼球，做法与民意相左或严重相悖，那么事态则

① 张涛甫：《试论当代中国的舆论表达主体》，《中国地质大学学报》（社会科学版）2010 年第 3 期。

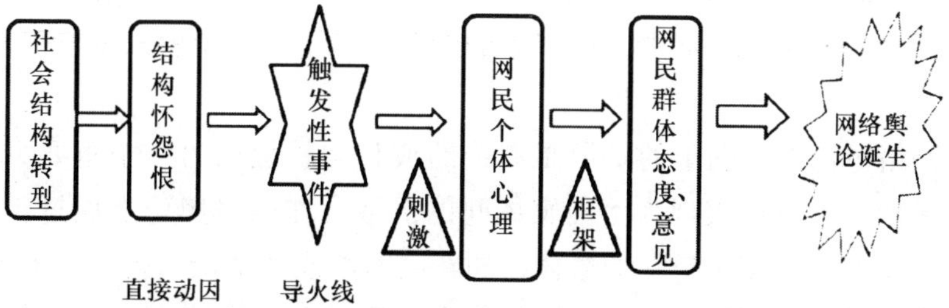

图7.16　网络舆论孕育与诞生过程演进图

会进一步扩大，网络舆论将被催促着进入第二阶段，迅速成长与扩散。

（二）网络舆论成长与扩散

网络舆论的成长与扩散包含两层意思：一是在量上的扩散；二是在空间上的扩散。

网络舆论在量上的扩散表现最为明显，是最易引起注意的地方，也是网络舆论传播速度之“快”在不同方面的展示。舆论数量表现为点击率、新闻跟帖量、新闻转载量、论坛帖文数、帖文回复数、博客博文量、博文回复数、微博数量及转发量等。舆论数量的增长通常不具有明显的线性规律：一般会在多个载体或平台呈现出间歇或爆发的增长。由于网民的阅读、点击、回复、评论、转载等发言行为具有随机性，舆论量在一个较短的时间内呈现出无规律的增长。不过，从长期看，事件舆论量的变化呈现一个由无到有再到无的简单过程。

像2013年的“复旦研究生投毒事件”，其网络舆情就是这样成长与扩散的。在刚开始时，只是上海复旦大学官方微博于15日发的一则通告，若非校方的通告，连受害人同一栋宿舍楼的很多学生都不知道此事。此通告一经发布就引起了社会各界和网友的高度关注，网友留言发帖数量直线上升。凤凰网等专门为这起事件设立了资讯专栏。在凤凰网于16日15:03发的一篇题目为《复旦研究生疑遭投毒去世，室友被刑拘》的稿子，截至到当日21:35，短短的六个多小时，就有11262人次的浏览，231人做出评论。与此同时，新浪、腾讯等都对此事做了大量的报道和追踪。与此事件相关的报道源源不断。网友在对这次悲剧唏嘘不已的同时还联想到了多年前的“朱令铊中毒事”。“复旦研究生投毒事件”在量上的迅速扩散反映了人们对此事的关注、不解以及对逝者的同情。

网络舆论在空间上的扩散是舆论的成长与扩散的另一个重要方面。这种扩散，一方面表现为不同媒体间的扩散。在网络舆论发展过程中，有些舆论产生于某个单一的载体，如新闻网站或某个论坛帖文，但随着关注度提升，新闻网站报道会被转载或编辑到论坛和即时通信工具，论坛热帖也会被记者或编辑进行加工而成为新闻网站的新闻源。另一方面，往往表现在从网络空间到现实空间的扩散。比如，当毕节5名儿童闷死在垃圾箱内的消息在网上散播开来之后，网络舆论呈现海量化，理性、非理性声音集中喷发，对政府的谩骂、对相关制度的抨击纷至沓来。后来随着对事件的追踪报道，舆论关注点开始扩展到随迁子女以及留守儿童问题，继而发起实际行动，各界人士从自己做起，关心自己身边的留守儿童，促进了义务教育助学制度的完善。网络舆论从网络到现实的扩散对于问题本身及其他相关问题的解决有重大的帮助作用。

目前，网络舆论空间是多元的，既有类似于新闻网站、公共论坛等的大众网络媒介，也有QQ群、微信圈子、校友录、兴趣网站、地方论坛等小众网络媒介，这些不同的媒介形式或空间都有可能成为舆论空间。而现实中的舆论空间也是多元的，既有地区化、广场化的公共活动空间，也有小群体性的小众话语平台，多元的复合平台构成了舆论空间。

在网络舆论的成长与扩散阶段，刺激舆论成长与扩散的影响动因主要体现为，以舆论领袖及媒体为代表的社会动员力量与以政府为代表的社会控制力量的博弈。

1. 舆论领袖——社会动员

普遍情绪和共同信念并不会自动轻易地转化为集群行为。斯梅尔塞认为，即使在催发作用的事件已经发生时，如果有关的人没有为了采取行动而组织起来，集群行为也不会发生。如果领袖人物出现并鼓励其他人采取行动，集群行为可能就会接踵而来，“在行动动员的过程中，领袖是极其重要的”①。同时，他还进一步指出，领导的权威、有效的策

① 转引自宛恬伊《虚拟社会的集群行为：基于四个网络事件的分析》，《青年研究》2010年第4期。

略和快速的信息传递是社会运动动员的关键。下面，从这三个方面加以阐释。

网络舆论行为的行动动员中，最为关键的要素是领头人物或领袖人物，这实际上即是传播学视角下的意见领袖。这一经典概念最早由拉扎斯菲尔德等在《人民的选择》中提出，他认为，对于媒介所传播的信息和观点，并不是直接流向受众的，而是要经过部分会积极接受的人，他们率先从大众传媒获取信息，并形成自己的看法和观点，再以人际传播的方式来影响周围人意见的形成。这部分积极影响他们意见形成的人即为“意见领袖”，而另一部分人则主要依靠与这些“意见领袖”的接触来指导自己的行动。意见领袖作为媒介信息和影响的中继和过滤环节，对大众传播的效果产生重要影响。[①] 20 世纪 70 年代初，罗杰斯等人在《创新扩散》一书中将两级传播理论进一步扩充，提出多级传播理论，认为媒介信息传至受众的过程中有多种方式、多种传播渠道，可能由多级中介环节组成信息传播链。[②] 显然，正如领头人物在集群行为中占据的重要位置一样，意见领袖无论是在两级还是多级信息传播过程中都扮演着非常重要的角色，他们利用自己在大众中的威信或某个领域的专长，为他人提供信息、观点或建议，进而促成网络舆论的成长与扩散。

网络环境的特殊性使得网络意见领袖的构成和影响也发生了相应的变化。有学者认为，网络意见领袖是指，在那些活跃在网络传播过程中，经常通过提供信息、建议与解释等方式，在舆情形成演变过程中对网民的行为和态度产生影响的人。[③] 她更进一步指出，网络意见领袖的构成主要由社会名流、权威机构发言人、政府高层人士、专家学者、草根活跃人物等群体组成。实际上，这些人物可以归为两大类：“社会精英”和“网络草根”。前者如郭美美事件中的姜鹏勇、王鹏跨省追捕事件中的陈杰人、毒胶囊事件中的赵普等，后者如乌坎事件中的“鸡精”、“表哥”杨达才事件中的“孙多菲”、江西宜黄拆迁自焚事件中的

---

① Paul Felix Lazarsfeld, Bernard Berelson, Hazel Gaudet , *The People's Choice: How the VoterMakes Up His Mind in a Presidential Campaign*, New York: Columbia University Press, 1948.

② Everett M. Rogers, *Diffusion of Innovations*, New York; Free Press, 2003.

③ 林敏：《网络舆情：影响因素及其作用机制研究》，博士学位论文，浙江大学，2013 年，第 85 页。

“逢君恶”和“李海年”等。

马尔科姆·格拉德威尔在《引爆点：如何制造流行》（*The Tipping Point: How Little Things Can Make A BigDifference*）一书中指出，要想传播达成效果，就需要把有限资源集中于三类人身上：联系员（connector），致力于把大家联系在一起；内行（maven），喜欢向他人传授知识；推销员（salesman），热衷于说服他人相信某个观点或事物的有效性。① 实际上，舆论领袖在舆论扩散过程中就扮演着联系员、内行和推销员的三重角色。通常会采取以下动员策略：第一，作为信息的收集和发布者。他们保持着极强的敏感性，善于捕捉各类社会热点事件，迅速从事件中挖掘出“引爆点”——它们通常以生动形象、简洁有力的形式表达，比如“躲猫猫”、“喝水死”、“表哥”、“房叔”等，从而迅速掀起网络舆论的高潮。第二，对事件做专业、内行的解码。对于大多数个体而言他们不具备生产“意见与观点”的能力，他们有的只是对“意见与观点”的选择。意见领袖往往能以其专业和才识层层剖析、深度阐释使网民自觉不自觉地认同意见领袖立场、心悦诚服地接受其观点，最终左右网民的立场和舆论表达。第三，以其娴熟的互联网技术使用，多形态传播方式，成为信息的推销员。舆论领袖常常运用视频、语音、文字、图片、图表、Flash 等多种表现形式，以论坛、微博、微信、QQ、博客、跟帖等众多自媒体为发布渠道，为网民生动地展现信息、传授知识。由此可见，舆论领袖通过联系员、内行和推销员角色的强大动员能力与策略，造就网上的主流意见，从而引领网民的舆论倾向。从这一意义上讲，舆论形成与扩散的起点是“意见领袖”。公众对“意见领袖”给定意见的选择过程就是舆论的扩散过程；参与意见选择人数的多少直接决定着舆论的强弱。

相较传统媒体时代，网络舆论领袖信息的更新频率、传输速度有了质的飞跃。一方面，网络时代信源渠道大大拓展，移动互联终端与平板电脑的无缝对接使得“网络时代人人都是电视台”。尤其是在突发事件中，某个籍籍无名的人或许突然就会成为信息的中心、成为事件的草根意见领袖。他们持续不断地发布文字、视频等多样内容，不断加快信息

① 转引自胡泳《我们需要什么样的网络意见领袖?》，《新闻记者》2012 年第 9 期。

更换的频率，并成为影响网络舆论持续发生变化的重要来源。另一方面，粉丝与意见领袖之间信息传递直接化，与粉丝的“零距离对话”也促使意见领袖不断有机会修正、充实自己的观点、意见。这在客观上促进了信息的更新，加快信息传递的速度，并持续影响网民的舆论行为。比如2011年的“7·23动车事故”中，网友“袁小莞”在事故发生四分钟后就发出了第一条微博，比国内媒体在互联网上的第一条关于“列车脱轨”报道早了两个多小时，而在场的其他微博用户更是不断更新发布关于事故现场的种种图片、文字信息，从场景、寻人、遇难名单、献血等多角度、立体式全面展示这次突发事件。短时间内，甬温线特大铁路交通事故迅速以图文并茂的全透明方式在全国民众面前得以展现。

2. 媒体联动——传统媒体与新媒体联动互动

舆论领袖发挥个体的社会动员力量之外，往往会引起媒体以组织身份加入社会动员的行列。二者彼此互动，相互作用和影响，并最终带来了舆论在数量和空间上的扩散。

此阶段，媒体强大的动员力量，表现为传统媒体与网络媒体常常联动互动。传统媒体在长期的发展历程中形成的丰厚无形资产具有不可替代性，固有的受众群体、原创的专业评论、深入的理论剖析，加强了传统媒体传播信息的可信度和权威性；网络媒体在爆炸式的信息时代占据主导地位，新闻时效性强、传播时间周期短、网民参与度高，并以文字、图片、声音、视频等多种形式加强了网络等新媒体传播信息的生动与新奇。网络舆论在网络论坛中发生、发展，一层层发帖与回帖使事件逐渐浮出水面，自下而上的网民意见形成一定强度的舆论气候后，传统媒体开始予以关注。当来自网络的事件信息得到传统媒体关注后，传统媒体开始了自上而下的信息输送过程。网络媒体对传统媒体的信息传递表现出社会底层信息传至社会上层的过程，即一种自下而上的信息输送；传统媒体对网络媒体等其他媒体的信息传递表现出社会权威上层对社会底层信息的传递和回应，即一种自上而下的信息回流。在此过程中，传统媒体和网络媒体之间的复制扩散效应和多方力量的融合联动作用，在形成更大的舆论风暴迅速扩散网络舆论的同时，也使网络舆论呈现出多元化特征。

3. 两个话语场的博弈——社会控制能力下降

社会控制能力的下降（operation of social control）是指，社会控制机制的软弱无力或失败，以致无法阻止某种集合行为的发生。传统意义上的社会控制是指社会组织体系运用社会规范以及与之相适应的手段和方式，对社会成员（包括社会个体、社会群体及社会组织）的社会行为及价值观进行指导和约束，对各类社会关系进行调解和制约的过程。[①]控制主体主要指政府（官方）。官方控制力在面对日益崛起的网络舆论场的话语力量时，常常感到掣肘和挤压，控制能力在下降。

目前，学界普遍认可整个中国社会的舆论生态中双舆论场的存在这一事实。社会舆论的流动方式正逐渐从单向变为双向，从而造就了民间舆论场与官方舆论场。双舆论场的博弈本身就意味着官方社会控制能力的弱化、民间反制能力的增强。

以往的舆论传播模式基本上以“瀑布模式”为主，即政府通过大众传媒使意见流向意见领袖和民众，从而影响和引导舆论；随着网络影响力的扩大和网络舆论的日益成熟，民众可以借助网络方便快捷地发表意见，而传统媒体也日益重视起网络舆论、注意倾听民众的诉求，跟进报道。这使得公众的意见能够不断到达权力阶层，影响政府的决策，就像一锅烧得滚开的沸水一样。因此，意见很容易而且源源不断地主动向上传播，使权力阶层在舆论面前迅速做出反应，也就是所谓的“蒸腾模式”，使舆论能够与政府形成对流和反馈的互动模式。[②]

统治者要实现自己的社会管理目标，就千方百计去营造有利于自己执政的氛围。他们倡导的和反对的，形成官方的话语。普通民众在接收官方话语后，总会从自身的真实感受出发去观察社会生活，根据自身的是非观和利害关系，得出自己的看法。自然，民众的看法和官方的话语会有差异，有时还很大。

媒体有时对民众的口头舆论，包括对网络论坛和手机短信等新兴媒体有意或者无意营造的舆论了解得不够及时，反应也比较迟钝。在许多时候，民众对某一社会问题已经议论纷纷，可是官方媒体却避而不谈；

---

① 曾庆香、李蔚：《群体性事件：信息传播与政府应对》，中国书籍出版社2010年版，第81页。

② 蒋乐进：《论网络舆论形成与作用》，《北京理工大学》（社会科学版）2006年第4期。

或者虽然作了报道，但与民众对事件关心的程度、关注的角度以及对信息总量的需求相差甚远。这种反差的存在，使得在某些时候、在某些问题上，民间舆论与官方话语互不衔接、互不交融。对民众的正确舆论，主流媒体没有及时给予肯定性的报道；对一些模糊认识，主流媒体没有及时给予解释和疏导；对一段时间出现的影响社会稳定的错讹流言、传闻，主流媒体没有及时予以澄清。

这就出现了新华社前总编辑南振中所言“两个舆论场”的分裂。对民众情绪了解得越少，民间舆论与官方话语重叠的部分越小，主流媒体引导社会舆论的针对性和有效性就越弱。如果民间舆论与官方话语根本不能重叠，主流媒体就有丧失舆论影响力的危险。官方话语的弱势，在客观上助长了网络舆论的扩散。

当然，网络舆论发生后，政府也试图采取措施，影响舆论。为了促使舆论朝有利于自己形象的方向发展，政府最常采取的做法是会聘请网络评论员进行干预或引导。然而，现实中，网评员发布的倾向性言论不仅无法有效地引导舆论或消解舆论，反而可能会衍生出新的针对政府、官员或网评员的舆论。这一“交锋”过程推动着舆情扩散。此外，如果权力机关不在第一时间出面说明实情，最容易造成信息多级传播中的扭曲和衰变，更大的社会不稳定必然来临。因此，政府为回应网络舆论，会积极召开新闻发布会或发布声明、处置意见等，这又会进一步扩大事件舆论的感知范围。政府的回应、引导、干预等行为间接地推动着舆论扩散。

4. 网络舆论成长与扩散演进图

大多数公共事件或议题的网络传播都经历了如上过程。以“躲猫猫事件”为例，网络世界因不满“躲猫猫”说法，展开了对该事件的关注发帖与回帖。传统媒体了解到了相关信息后立即对该事件跟进，由于传统媒体严肃的信息处理过程，大多信息不及网络来得快，但准确度却很高，因此后期的网络媒体与传统媒体形成了良性互动。一则新信息的加入引发连环网民的讨论，传统媒体又针对该谈论进行更深入的舆论挖掘，自上而下传播。两个维度的舆论扩散共同促进了躲猫猫事件的最终解决。

在网络舆论成长与扩散阶段，暗含着网络空间里四个主体意见的角力，即以政府、社会组织等为代表的社会控制力量与以媒体、舆论领袖为代表的社会动员力量以一定的规律进行互动，相互作用和影响，形成了如下图的一个互动流程。

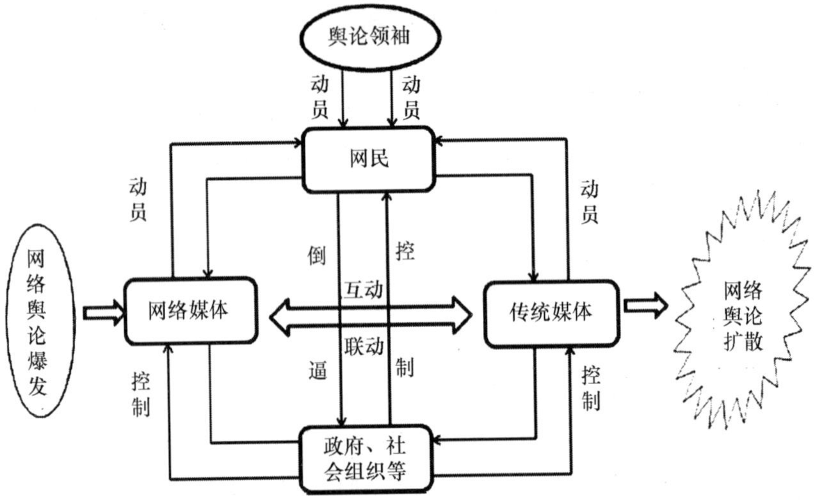

图 7.17　网络舆论发展与扩散过程演进图

（三）网络舆论鼎盛与波动

有些事件呈现的网络舆论是单线的，在经过成长与扩散后直接进入衰退消亡阶段。而有些事件由于自身比较复杂，事实真相往往不会很快为人所知或事件受到某些外力的阻挠，这就使其必然经历一个高低起伏的过程。这类网络舆论的鼎盛阶段并不是静态的，而是处在一个波动之中。它可以在走向一个制高点后因为一个外界因子的出现转而进入萎靡状态，尔后又受某个因子的推动从沉寂又奋而走向另一个高潮，这种高高低低的状态甚至可以此起彼伏数次。“波浪形周期虽然有高低相间和反复不断的特点，但每一次舆情的高潮都可能会出现阶段性的新特征。研究这种持续的舆情，既要注意它的历史的延续性和一致性，又要研究每一次新高潮中形成的新特点。”①

① 王来华：《网络舆情的变动周期和热点表现》，中国社会科学报刊网（http：//sspress.cass.cn/news/3283.htm）。

1. 网络舆论的波动表现

第一，舆论烈度的变化。有些事件开始时信息较少，网民没有特别关注，网民的议论也“无关痛痒”。而随着事件信息的更多披露，事件当事人的某些行为以及政府的拙劣应对会引发网民热议，有时会激发网民更多不满、愤恨、仇视、谩骂等情绪。尤其是政府应对事件表现拙劣时，网民的仇官等既有情绪被激发，导致情绪高涨，政府不作为或处置不当，批评、声讨和不满的声音就会不断增长。另外，在观点交互过程中，有些网民会因为各种观点、言论等产生话语摩擦，这种摩擦有时会在不断的交锋、争论中升级，逐渐成为具有“火药味”的话语战争。

第二，舆论指向变化。网络舆论指向往往由开始的倒向一边转换到倒向另一边。这一取向在近年来热点事件中表现得特别明显，如哈尔滨警察打死大学生事件、可口可乐收购汇源果汁事件、香艳日记事件等。在舆论孕育过程中，早期媒体披露的信息有时不仅有限且具有特定偏向，这时网民判断倒向了某一边，并且由于网民特定社会情绪或认知影响，网民强化某一单面认知或判断。但当新的甚至相反信息出现时，可能导致网民的舆论转向。比如哈尔滨警察打死大学生事件中，网民一看到“警察”、“大学生”的标签，自动选择站到大学生一边，舆论一边倒地声讨“警察”而支持“大学生”。但当网上更进一步披露现场视频信息，画面显示被打大学生挑衅并先出狠手打警察之后，网友又一边倒地转向声讨“大学生”而支持警察。

此外，有时由于某些舆论领袖的作用，舆论也可能由最初的常规化道德或法律裁判而转向了对社会更深的认知或分析，如香艳日记事件，开始由于大众化网民的常规性知识或认知的作用，舆论指向了韩峰及其腐化行为，而随着韩寒等舆论领袖基于社会现象的认知而认为韩峰是好干部时，网络舆论指向随之变化。

2. 网络舆论波动影响动因分析

（1）新触发性信息或事件——刺激因素

当新的刺激性信息或事件的重新输入，会导致网民的行为和情绪发生变化，事件相关信息的刺激程度越强，网民的这种变化越显著，网络舆论的波动程度也会相应地受到影响。如果事件的相关信息或进展和网民的预期基本一致，网民将会重点关注引起事件矛盾的双方主体之间的利益权衡、关键人物的问责和查处等结果性信息。事件的完结使不同网民的态度、意见和情绪得到中和，缺乏舆论指向的信息将使网民的关注度和兴奋点降低，逐渐转向新的热点议题或事件，原有事件的网络舆论在刺激变量的加入下波动不明显，逐渐弱化消散；如果新加入的刺激性信息或事件与前述事实产生较大出入甚至完全不同时，将会带来轰动性效应，网民可能推翻之前因接收到的事件信息而形成的态度和意见，并在短时间内盲目接受相信新的刺激性变量而形成新的态度和意见。此时，甄别和辨识能力下降的网民主要受情绪主导，形成新一轮更为激烈和凶猛的网络舆论，呈现出剧烈波动的形态。

（2）社会控制力量——政府态度与作为：决定性因素

网民会积极关注并热议政府的行为，甚至在网络舆论发展到这一阶段，政府的行为会成为网络舆论的决定性因素。政府的每次决策行为都有可能导致舆论的强度和方向的变化。在事件处理的过程中，一旦相关部门对事件的发生和发展不作任何回应、集体缺位失声或被动压制逃避，抑或回复前后不一致、态度前后不同、解释牵强附会等，网络上的不满、批评和抨击的言论和情绪会不断高涨，呈现出网民观点和情绪“一边倒”的局面；如果相关部门在事件发生的第一时间积极响应，果断采取措施权衡利益矛盾化解危机，则会获得公众的理解使舆情弱化，掌握到事件发展进程的主动权和设置权。

（3）媒介传播的两面性——畅通或堵塞，小道信息与权威信息

传播媒介对网络议题或事件的信息传播和扩散作用具有两面性。网络舆论与事件的信息传播和扩散程度紧密相关，堵塞的传播渠道会造成网络谣言的兴起而使网络舆情急速膨胀高涨，畅通的传播渠道和适度的信息公开将起到正面的引导作用使网络舆情逐渐弱化。此外，刺激信息的获得渠道也对网络舆论的波动具有关键性的作用。通过非正规渠道获得的小道消息传播更加快速，短时间内的网民关注度更高，更容易激起网络舆论冲向另一个高峰。而通过政府官方、强势媒体发布的最新事件进展具有较高的可信度和权威性，使网络舆论得到化解。

上述三种主要因素的综合影响，使网络舆论出现上涨或下落的波动趋势和形态。特别值得注意的是，有一些社会事件的网络舆论虽然已逐渐得到弱化，但实质上转化成了潜在的舆情因子，一旦新的舆论热点或

事件与其相关，就会使已经弱化的原有事件的网络舆论迅速爆发，再度成为广泛关注的社会焦点。①

3. 网络舆论波动演进图示

总结前面三种因素的相互作用机制，绘制此阶段网络舆论波动图如下图所示：

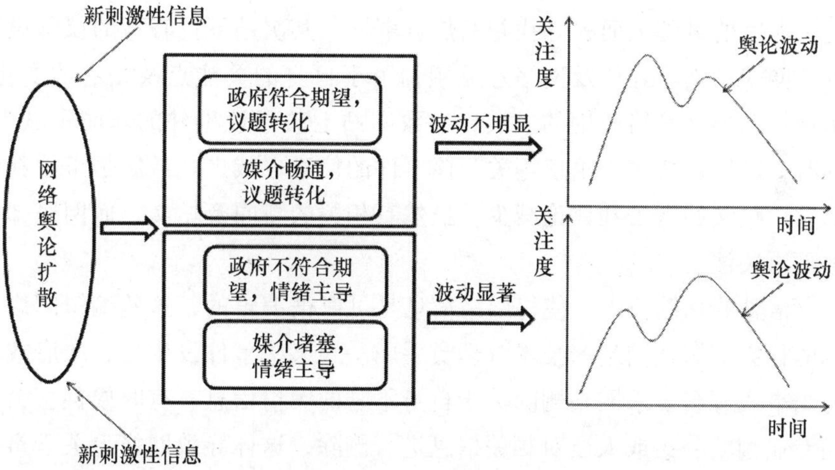

图 7.18　网络舆论鼎盛与波动过程演进图

（四）网络舆论衰减与消退

凡事有始自有终。正如人的生命周期一样，从诞生的那一天开始，每天都在走向死亡。在网络舆论中，随着时间的推移，如果没有新的激发因素的介入，网民的情绪会逐渐减退，并朝着理性化方向发展，遇到新的事件涌现并产生新的刺激，多数网民会自动转向新目标。从网络舆论演变看，衰退与消亡是网络舆论生成演变的必然归宿。

1. 网络舆论衰减的表现

网络舆论的衰减与消亡表现在下列三个维度上：

第一，“体”：舆论讨论空间缩小。在舆论扩散、反复期，网民、传统媒体与网络媒体多方联动，信息复制，不断推动网络舆论空间扩大的局面，在网络舆论的衰减期出现了变化。随着事件生命周期的结束，

① 毕宏音：《舆情视野中的网民上网行为分析》，《广西社会科学》2007 年第 4 期。

或者即便事情没有得到解决，但事件受到了强力干扰或阻挠，传统媒体不再对事件进行报道，网络媒体因为失去了传统媒体的声势支援也逐渐偃旗息鼓，现实世界和网络世界的讨论空间逐渐萎缩，直至消失。

第二，“量”：没有新舆论出现，甚至舆论内容消失。首先是不再有关于事件的新的报道出现，表现为传统媒体不再对事件进行报道导致网络媒体的新闻来源减少，或者网络媒体自身不再将注意力放在已经缺乏关注度的事件上而去寻找新的热点事件。其次是不再有新的议程设置的新闻或帖文。媒体及网络意见领袖由于自身的关注点及兴趣的变化，不再推动事件网络舆论的发展，导致网站上关于该事件的新闻量减少，同时，微博、博客、论坛等关于该事件的信息也减少。最后是事件新闻信息、帖文的点击和评论减少。虽然有相关的新闻及帖文，而网民却已经不再关注。

信息的存储技术，使得网络信息是可以被编辑的，这些编辑网络信息的权力掌握在网站的技术管理员手中。当某些事件发生后，政府或事件当事人等会要求网站删除关于自身不利的舆情信息，有时候甚至会雇用专业删帖公司或人员对相关信息进行删除，这样导致网络上关于事件某一方面的舆论信息缺失。或者他们通过技术控制信息的发布，限制对帖文发表评论，致使网民甚至一些意见领袖都无法将自我信息或舆论发布到特定平台上，新舆论无法再产生。还有些网站管理员会对帖文的访问权限进行限制，网民无法查阅、转载或传播，导致网络舆论衰减。不过这是一种控制下的衰减，不是自然自发的。

第三，“度”：讨论热度下降，舆论影响力弱化。在衰减期，随着事件相关情况的明朗，网民的情绪不像前几个阶段时那么激烈，发表的言论也不再带有强烈的情感色彩。新的议题也不再具有强烈的感染力和号召力，即使舆论还在缓慢增长或者新的舆论仍然出现，但是其影响力显著减弱，也不会给政府或事件当事人带来强大的舆论压力。网民的关注度、热议度、抗议度等都显著弱化。这一层面的衰减主要是影响力的衰减，它往往比网络舆论量上的衰减能更深刻地表征舆论衰减的实质。

2. 网络舆论衰减的影响动因分析

（1）网民心理平衡、兴趣发散

审美疲劳和注意力有限降低了网民对某一舆论事件无限持续关注的

可能。人们对于任何事情的关注都会随着审美疲劳的出现而逐渐降低。当一些极具爆破力的话题被充分讨论不再有新鲜话题可谈时，受众目光便开始游离，兴趣开始发散，网民便不会再投入之前的那般热情，这是网络舆论衰减的重要原因。2014 年 3 月由“文姚恋”（演员文章出轨，姚笛做“小三”）事件掀起的舆论高峰曾经秒杀当时的各大舆论事件，以至于有微博网友调侃“东莞拯救了春晚，昆明拯救了东莞，马航拯救了昆明，文章拯救了整个马来西亚，你给飞机的事都顶没了，小伙子好样的。一睁眼全这破事，飞机也不找了，昆明事件也不祈祷了，人家文章出不出轨又让你们思考了，一大清早到现在就全是伊利挺住！伊利加油的！我特么以为牛奶又出啥事了呢”，当然也有网友接着发问：“接下来谁来拯救文章呢?”事实上，文章不用拯救。公众的兴趣最多不超过一周。瞧当时如火如荼的事态，仿佛满世界的新闻就只剩下这一件事了。可随着当事人的道歉、各种公关声音的出现和网友们的审美疲劳，此事的关注度逐渐走低，除了看到之前网友对此作出的评论外，很少看到近期的转帖以及留言。

另外，网民的注意力也是有限的，在海量的网络信息面前，网民对一个事件的关注度不可能高居不下。当由于各种因素而使得网友失去对事件的兴趣时，网络评论就会锐减。当然，这在一些已经“过时”的事件中表现得相对明显。像当时的“芙蓉姐姐”、“凤姐”、“干露露”等网络红人，早已随着事件本身“新鲜感”的降低而逐渐淡出网友们的视线，即便偶尔还会出来“兴风作浪”，但点击率、关注度已经无法与当时相提并论。当年毛主席诗中感慨那些英雄人物“各领风骚数百年”，现如今网络时代，估计都要换成“各领风骚一两天”了。

通过集体情绪的宣泄，网民失衡的心理逐渐随着事件结局的到来或结果的尘埃落定得到一定程度的舒缓，舆论由此转趋稳定。

网民是舆论衰减的核心推动力量，如网民不再有兴趣关注、点击或评议某个事件时，舆论数量自然会减少，而政府、媒体和当事人也会在观察或响应网民偏好、诉求等基础上调整自我行为。如果网民在某个事件舆论的孕育、扩散或变换等过程中实现了自我诉求、观点的表达以及自我需要、诉求的满足等，网民不再发表言论，也不再关注事件。有时网民不再甘于“只有雷声，不见雨点”，开始从虚拟世界的参与投入现实社会的行动中，以真实的行动来替代舆情的诉求。

（2）舆论领袖反思、总结

在此阶段，随着网民对事件关注度的降低，各专业媒体、意见领袖开始从客观、专业的角度对事件进行反思、总结。正是这种“总结性陈词”式的言论，从另一个角度证明了此阶段网络舆论已经迅速消解。比如，在“文姚恋”事件后期，新媒体观察者魏武挥反思传媒的表现：“南方有个媒体集团的打法叫‘上下其手’，上三路下三路一起来。上三路的实力不弱，更有很多年前让一部法规完蛋的底子，后来有司频频出手，上三路武功被封了好几次大穴。倒是下三路功夫越练越猛，现在俨然已成招牌功夫矣。”①

再比如，在“表哥杨达才”事件中，深圳广电集团旗下中国时刻网播出的视频节目采访相关领域专家指出：“过去一些隐形矛盾到现在因网络力量渐成显性矛盾。杨达才的个案不光是一个官员的问题。官员的财产申报制度以及各种受约束力量让公务员行为变得透明起来。杨达才的情况对公务员系统是一种警示，它让公务员队伍在各种透明的制约机制、舆论监督、法规法制的约束力量下，将变得更加健康，经得起考验、质疑。”② 另一位专家指出：“微博监督能够调动人民群众监督权力的积极性，它很难为少数人控制。体制内的各种监督机制往往比较缓慢，由于机制不健全，很难发挥应有的作用，微博监督替代了体制内部分正规监督机制的不足。”③

舆论领袖的总结、反思，类似在给过去的事件画上一个句点，网民在这些言之成理的评论中，情绪得到释放，之前纠结的问题也找到了合理的解答，这事件在网民心里也终于能够作为历史的一页被掀翻过去。舆论开始沉入谷底。

（3）媒介安抚情绪或堵塞通道

在事件发生一段时间，特别是相关涉事或政府部门的结果或结

① 罗昌平：《媒变：文姚恋，周一见》，百度百家（http：//luochangping. baijia. baidu. com/article/9766）。

② 《陕西表哥存款疑云重重多达 20 家银行涉及杨达才》，中国时刻网（http：//www. s1979. com/news/china/201210/1056229810_ 6. shtml）。

③ 同上。

论性消息出来之后，与此相关的媒体、网站评论和网民讨论也逐步或直线下降，网络影响逐渐减小，舆论逐渐趋于减弱并逐渐达到平稳。

媒体会根据网民的兴趣变化调整自我报道或评议话语。另外，媒体有时也会主动进行引导或主导行为。有时，媒体会屏蔽、删除事件评论；更多的时候，媒体会自我调整关注点。此外，媒体有时受到其他力量，如政府的管控或命令，当事人的收买等，此时媒体会调整自我的行为或取向，促进舆论的快速衰减。

总而言之，媒介会通过刊播涉事或政府部门的结果或结论性消息，以安抚之前沸腾的民意；也可能会通过屏蔽、删除的手段堵塞民意的通道。

舆论通道的堵塞，一是表现为传统媒介通道的堵塞。在政府或各种舆论压力的影响下，媒体不愿意或不敢再发布事件信息或相关评论性言论。二是网络媒体通道的堵塞。可能是政府施加压力，要求不报道删除某个事件的新闻与舆论帖，也可能网络媒体发现了更有价值或吸引力的舆论热点而不再关注这些只能吸引少量注意力资源的旧的舆论要素或事件。三是舆论的传播者行为或话语受到限制或监控，无法将新的信息及舆情传播出来。四是一些舆论传载通道被政府关闭或限制，如在事件发生后政府临时关闭无线通信网络，关闭互联网，导致舆论无法传导，或政府将某一类信息进行屏蔽。

（4）社会控制力量解决或部分解决事件

政府和官方相关部门的积极介入和回应，是此阶段网络舆论出现弱化的重要因素之一。网民之所以对事实不清、真相不明的事件表现出极大的关注度和兴奋度，正是因为有着探寻事实真相的渴求心理。利益主体部门如果积极响应，会以正面回应的形式对外表明一种处理的决心和态度，在一定程度上会缓和矛盾双方的对立程度，使网民更加客观地看待事件。同时，还能树立一种良好的政治形象，从自身找出矛盾的症结所在，不推诿、不退缩、不失语；并体现一种果断稳健的处事作风，明确的问责机制使相关的失职人员得到应有的惩处，充分掌握事件的主动权和话语权。相反，如果政府应对不力、不当或政府无所作为的事件，则可能令舆论持续漫长过程。例如，2013 年由农夫山泉引发的桶装水标准争议事件，前后持续了三个月时间。正因为政府迟迟未表态，才导致民间舆论持续发酵，致使公众从对一家水企的质疑漫延至对政府相关部门的质疑。

由一个个的意见流汇集而成的网络舆论，实质上最终会形成一个统一意志，这个统一意志，无非就是希望通过舆论的声势引起政府、媒体及公众的注意，让问题得到重视，政府相关部门能够出面将事件做出一个合理的解决。

虽然网络世界表面上好像大海一样无边无际，但实质上它的承载力有限。当网络舆论讨论得越来越激烈的时候，海底的震动不断加强，极有可能会引发海啸。这时候就需要官方将事件的真相呈现在公众面前，给沸腾中的网络舆论有所降温，事件得到解决，舆论也将随之平息下来。随着时间的冲洗，网络上这些海量的信息和意见会慢慢被淹没在这个汪洋大海里，当事件本身得到解决且再没有实质性的进展时，便会被其他的更具新闻力的网络议题替代。

（5）触发性事件发散

在此阶段，事件的主要议题渐渐淡出人们的关注焦点，也导致了网民相关情绪的衰减。然而事件直接引发的其他新鲜话题仍可能不时出现在公众视野里。比如，“表哥杨达才”事件中的“表哥腐败”议题在舆论发展后期已慢慢失焦，但陕西省省长李金柱却仍然持续受到网络的关注，甚至有网民将其在百度百科的人物简介编辑为“现任陕西省人民政府副省长，2012 年 9 月，因为替陕西安监局长杨达才名表事件开脱，被推到网络的风口浪尖”。在“我爸是李刚”事件中，不断有网民爆料“被撞女生的舍友集体保研，让缄口换取研究生的待遇”、“河北大学校长被指曾求助李刚”等信息，甚至在随后即 2013 年初，还有人在微博发帖称：“李刚的儿子李启铭说的‘我爸是李刚’只是他说的话里的一部分，原话是‘赶紧打 120，救人要紧，没关系，我爸是李刚’。”

然而，我们也要看到，与高峰期相异的是，尽管此阶段还不断有新的话题生成，然而由于话题本身的分散性和网民注意力的疲乏等种种原因，无法形成真正的刺激性诱发因素，也无法激起更多的网民关注与讨论，因此相关的网络舆论最终还是不可避免地走向消解。

3. 网络舆论衰减机制图

总结前述网络舆论衰减的动因，绘制此阶段网络舆论衰减机制图，如图 7. 19 所示：

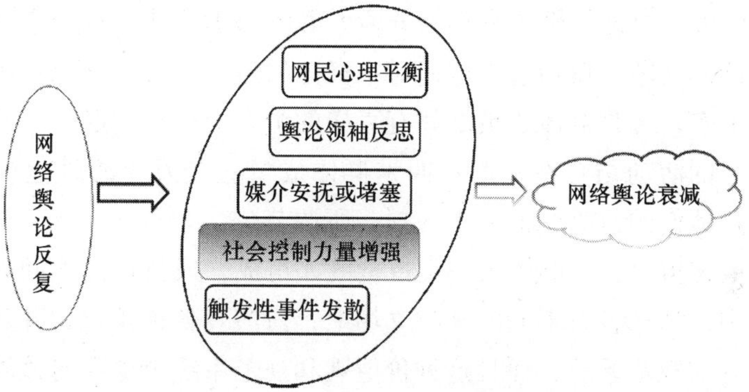

图 7. 19　网络舆论衰减与消退过程演进图①

第三节　个体—群体—个体的网络舆论主体动态结构

网络舆论在形成之前需要经过个体态度意见表达和群体态度意见碰撞两个阶段，从最初的征兆出现到舆论发生总有一些信息和情绪通过网络渠道显现出来。② 因此，在网络舆论演变过程中，网民结构会同时发生动态变化，即从个体到群体，最后再恢复到个体。

一　群体概念界定

群体是人们生活的基本单位，又是社会的重要结构要素，它是连接个人与社会的桥梁。“所谓社会群体，就是处在社会关系中的一群个人的合成体，这个群体，一般来说，不仅群体中的个人自己能够意识到，而且也是被群体以外的人们所意识到的。”③ 波普诺指出：“社会群体可以定义为两个以上，具有共同身份和某种团体感，并且具有共同目标和

① 此图中“社会控制力量”因素是此阶段最重要的因素，因此加粗显示。

② 史波：《公共危机事件网络舆情应对机制及策略研究》，《情报理论与实践》2010 年第 7 期。

③ 李毅：《社会学概论》，暨南大学出版社 2011 年版，第 80 页。

期待的人。”①

由此可见，群体中的个体成员之间能够相互识别、相互交流沟通、相互影响，成员有着共同的目标和价值取向，对群体有一定的认同和归属感，因此关系结构相对稳定。

群体可以根据规模的大小划分为大群体和小群体。社会学研究比较关注小群体问题，概括起来他们对小群体的定义主要包含以下内容：一是人数不多；二是群体成员之间有直接的个人交往和接触；三是群体成员由共同的活动结合在一起；四是群体成员直接发生感情上的相互联系；五是他们的行为受群体中的规范所调节。

谢里夫指出：小群体由一定数量的人组成，成员彼此之间处于相互作用之中，站在各自不同的某种立场上，扮演着各种角色，并且有一定的价值观和规范系统，而且这种价值观和规范系统至少在对该群体很重要的方面调解着各个成员的行为。②

在网络社会中，网民往往因为兴趣和关注点不同而形成一个个小群体，在群体内他们互相交流与沟通，逐渐建立起熟人关系。网络舆论的发生过程也是网民从个体到小群体再到群体的形成过程。随着参加者的不断增加，意见被扩散到更大的范围，群体规模也随之壮大，影响力不断强化。一旦针对某事件的群体形成并达到一定规模，就很容易引发舆论潮。

二　网络舆论群体的形成

群体是通过社会互动或社会关系结合起来进行共同活动，并有着共同利益（追求、期望）的人类集合体。③ 网络舆论的演变，从主体上看，经历了个体—散群—集群—舆论群体—散群—个体的动态形成过程。一般来说，舆论群体的形成需要经历相当长的一段时间，并不是一定规模的成员聚集在一起就可以形成。不过，突发事件有可能导致公众的快速聚集，在短时间内形成时间性舆论群体。从总体上看，伴随着网络舆论的演变，网络舆论主体经历着群体的形成和消散过程。具体而

① ［美］戴维·波普诺：《社会学》，李强译，中国人民大学出版社2007年版，第309页。
② 时蓉华：《现代社会心理学》，华东师范大学出版社1989年版，第378页。
③ 张春华：《网络舆情：社会学的阐释》，社会科学文献出版社2012年版，第130页。

言，主要包括以下阶段：

（一）散群阶段

“舆论的产生首先是由分散的、彼此没有发生联系或很少联系的个人意见开始的，表现为个人对现实问题的看法。在这个阶段，个人意见以自发形式出现，呈现出个人意志和观念的单独活动方式。”①

在这个阶段，从形态上看个体与个体之间是相互分离的，没有过多的交往和互动。作为个体的网络舆论主体对议题的关注往往出于个人兴趣或其他个人目的。不过，他们由于对某议题的共同关注聚合在一起，形成散群。散群中没有明确的目标，也没有共同的行为规范，没有一个确定的舆论领袖存在，个体间的关系是零散的，甚至个人还没意识到自己处于这一群体中。

舆论在此阶段尚未形成，或者说尚处于潜在状态。及早在此阶段发现舆论的萌芽，并对个体成员进行干预，是可以实现对舆论的有效引导的。然而，因为此时成员彼此之间联系松散，舆论又处于萌芽状态，引导常常会因无对象感而变得盲目且无力。因此，此时并非引导的最好时机，而应该着重观察与判断。

（二）集群阶段

在这一阶段，随着对事件或话题的关注度增加，群体成员之间的交往越来越密切，各种立场、观点不断交流、碰撞，甚至冲突。部分成员由于志同道合聚合程度逐渐增加，另有一部分成员因为观点不同而发生分化，但无论融合还是冲突，从整体上看，成员之间的关系更加紧密。在集群阶段，成员之间的关系虽然都是临时的，出自对舆论议题的高度关注而聚合，但集群中有了明确的成员关系，有了持续的相互交往和互动，并形成了一致的群体意识和规范。这样，也就有了分工协作及一致行动的能力，成员之间的凝聚力进一步增强。这一阶段，“舆论领袖”开始在群体内形成，但其影响力还不稳固，其地位仍在不断受到质疑和“抵抗”，所以只是在一定范围内成为“意见代表者”。由此，集群还是一个暂时的群类，其成员可能拥有一致的身份认同和规范，但在本质上，集群是不稳定的、缺乏理性。按照布鲁

① ［美］沃尔特·李普曼：《公共舆论》，阎克文、江红译，上海世纪出版集团2006年版，第21页。

默的说法，集群是“一个与文化无关的群体，也是一个与道德无关的群体”。

舆论在此阶段开始显现“庐山真面目”，即便面目并不十分清晰，但至少面纱已经撩起，大体轮廓我们已能判断。加之此阶段个体成员尚处在聚而未合状态，真正的舆论群体尚未形成，群体的认同感、行为规范也还未完全形成。但“舆论领袖”已经开始出现。因此，此阶段成为舆论引导的最好时机。基于对网络舆论走势的判断，重点结合“舆论领袖”的工作，有针对性地引导舆论，可能可以使得舆论能够理性发展。

（三）舆论群体形成

在这一阶段，群体成员对所在群体产生了认同，群体结构开始发挥作用。他们针对某事件在一定程度上达成了共识，从相互争辩的零散舆论状态逐渐转移到有计划的寻找话题、制造舆论，甚至试图介入和干预。从集群发展到舆论群体，实际上标志着舆论事件的升级，意味着从自发状态到自觉状态的转变。群体开始逐渐汇集成员的资源，致力于任务的完成和目标的实现。一是通过成员在现实社会中的身份，进行资源整合和互补后，开始策划介入干预或行动。二是“意见领袖”为得到更多认同发起介入或行动。在此阶段，舆论群体的规模不断扩大，认同程度高度一致，而这又会直接影响舆论事态的发展。

从个体到舆论群体，是网络舆论发生的最基本的动态过程。其中，个体与群体、群体与群体之间的关系是通过对舆论事件或话题的态度与兴趣来维系的。因此，群体的内聚力来源于群体成员对特定舆论议题的认同感。

一旦舆论群体形成后，成熟的网络舆论也就形成。此时再试图进行引导，并非不可能，但难度明显加大。群体成员的认同感高度一致，目标也高度一致，对舆论事件形成了固定判断，类似刻板印象已然形成。若试图进行引导，一是需要提供足够多、影响力足够大但要避免极端性的真实信息。王慧军的研究发现，外部信息对舆论的演变有显著影响。当外部观点的影响力比较小的时候，外部信息的作用，不能影响所有的个体，与外部信息不一致的观点仍然可以形成。如果外部信息的影响力足够大，群体观点可能完全被外部信息的观点吸引，群体舆论可能发生转向也或者群体无法形成统一观点。但是，如果外部信息表达的是一个极端观点，整个群体不再收敛于外部信息的观点值。一部分个体“不相信”这个极端，自发地形成小群体观点。①

日本大地震引起的“抢盐风波”的成功处理告诉我们，要迅速平息事件，必须保证权威部门的声音足够大，及时、准确地发布权威信息，给民众科学、合理的解释，使公众信服，才能稳妥地解决问题。另外，存在不同声音的外部信息时，民众因为对事情本身缺乏了解，可能被不同外部观点所吸引。前面的相关规律表明，谁的声音大，民众就会听谁的。所以权威部门的声音一定要盖过与突发事件有关的杂音，才能以正视听。

（四）舆论群体消散——散群

在此阶段，群体目标随着事件的解决，或者长期以来仍无法达成一致而消失。群体成员彼此之间的认同感也伴随着事件的消失而逐步衰减，他们彼此的交流互动不再积极而主动，交流重新变得零散而没有重点。因为对舆论事件或话题的共同关注而聚合起来的网络舆论群体逐渐消散，重新回到散群，乃至松散个体状态。

在此阶段，群体的存在、放大或瓦解受到舆论事件的发展过程的直接影响。其中，关键性成员的离开或发生激烈冲突，或长期以来在群体目标上无法达成一致，都有可能导致群体的瓦解。例如，在“躲猫猫”事件中，云南警方公布看守所内有在押人员因为“躲猫猫”一类的捉迷藏游戏而死，网上的质疑之声铺天盖地。网民们致力于还原事件真相，云南省委宣传部邀请了8名网民、4名政法界人士、3名媒体记者组成“调查委员会”前往云南看守所进行调查，在调查过程中与云南省委宣传部副部长伍皓进行对话。最终发表了就此事件的调查报告。但调查报告的真实性、中立性和客观公正性均遭到了网民的质疑，网民内部因为对报告的不同态度而出现分化。有的说“走过场做给大家看的，连同监狱的人都没问到”，有的说“最基本的证人、证据，你们都接触不到，你们去100遍看守所也没有用”。甚至这些参与调查的网友还被指责为“五毛”。参与调查的网友因为得不到网民的理解和支持而心灰意冷。网民却也因此而无法达成一致意见，群体目标失焦，并最终导致

① 王慧军：《网络舆论传播规律及其导向研究》，博士学位论文，南昌大学，2012年，第64—67页。

群体瓦解。

此外，在舆论事件或话题得到解决后，有一部分成员关系因为此事件的交往与合作而得到强化，变得更加紧密；而另一部分成员则会慢慢退出群体，使得原有的群体规模缩小，甚至回到小群体状态；有的群体则逐渐松散，最终解散。群体成员关系的中止或瓦解最可能发生在事件性群体中，即某事件结束，群体即随之瓦解。在此需要指出的是，群体成员不断寻找新的兴趣点，并可能因为另一个舆论事件或话题的发生而转移注意力，加入另一个群体。因此，舆论群体的结构往往是开放的、流动的。

在此阶段，网络舆论逐渐消散，看似不需再进行舆论引导。但有一点不能被忽视，即消散的舆论并非彻底消失，而是会作为“痕迹”保留在参与者的个体记忆之中。也就是舆论很可能会成为下一次舆论生长的“种子”，有什么种，就会开什么花，结什么果。因此，不能坐等舆论自行消散。此阶段舆论事件的发展是群体发展的关键性因素，舆论事件得到妥善解决会成为此次舆论引导，乃至以后舆论引导能否有效的关键。如果事件并未得到妥当解决，而仅仅被暂时压制下去，舆论会随着这种压制而逐渐消散。但政府的公信力、相关部门或群体、个人在民众心目中的形象会再一次受到伤害，一旦将来某一事件又触及政府、相关部门或类似群体、个人时，舆论可能会再一次快速爆发。

当然，舆论群体的瓦解并非意味着群体的结束，只是在状态上重新回到松散、无目标的结构，当新的舆论事件或话题进入网络个体的视野，又可能会因为对事件或话题的高度关注而重新聚合。因此，在网络舆论演变过程中，网络舆论群体基本上处于聚合—消散—重聚—重散循环往复的过程。

第四节　潜在舆论—显性舆论—潜在舆论的网络舆论本体动态结构

从舆论的存在样态来看，除了最终形成的共同的意见外，实际上还包括公众的信念、态度和情绪等。这是广义理解的舆论。就认识舆论、构建和谐舆论生态而言，将舆论做广义理解更有意义。因此，本部分内容将网络舆论视为网民的信念、态度、意见和情绪的总和。喻国明将传统舆论划分为三种存在形态，包括潜舆论、显舆论和行为舆论，各代表了舆论演变中的不同阶段。我们所熟识的舆论形态一般经历从情绪型潜舆论至显舆论再到行为舆论的过程。这里的潜舆论即爆发之前那些尚未构成舆论条件的公众意见；显舆论则是意见重组、吸附后形成的群体社会观念形态；而行为舆论则将显舆论行为化，反作用于现实世界的事件。

与传统舆论不同，网络舆论虽然也会扩散至现实社会，从而引发社会行动，但多数情况下，网络舆论还是局限在网络空间上生发与消散。因此，网络舆论从潜在舆论走向显舆论后，并未终止，而是又逐渐回归隐性舆论。根据前文所述的舆论演变阶段与机制可知，大部分网络舆论最终并未完全消失。一则事件结束之后，往往以此为源头开始类似事件的追踪报道。事件或议题的显舆论形态成为网民自我知觉的一部分而被内化，关注度减低并不能扼制网民对类似事件的呼声；此时的网络舆论已经潜藏在网民心中，蓄势待发，一旦类似事件再次出现，显舆论会马上形成。

一　潜在舆论生发

网络潜在舆论，是指没有公开表达或没有成型的网民意见、信念或情绪。包括两种类型：一是没有公开表达的信念；二是知觉到而又不易确切捕捉到的公众情绪。

（一）信念型潜舆论

李普曼谈到过一种现象：“在日常世界里，常常是在有证据以前很久就已有了真正的判断，这种判断本身就包含着结论，证据是很自然地进一步证实这种结论的。”①

康德也提出“先验知识”（transzendental）的概念，认为我们在认识世界时总是以头脑中固有的先验知识来认知眼前的事物。他对这一哲学概念做过两方面的基本定义：“我将所有那些不是与对象有关，而是与我们关于对象之认识方式有关的认识，只要它们是先天可能的，都称作‘transzendental’。‘transzendental’并不意味着某种超越出经验的东

① ［美］沃尔特·李普曼：《公众舆论》，阎克文等译，上海人民出版社2006年版，第79页。

西（那将会是‘超越的’），而是某种虽然先于经验（‘先天的’），但除了使经验成为可能以外还没有得到更进一步规定的东西。”也就是说，“先验知识”意为先于经验的，但为构成经验所不可或缺的东西。康德认为，客观物质世界只能给人们一堆杂乱无章的感觉材料，而知识的构成全靠用人的头脑里固有的“先天形式”来加工整理，因此先天形式和后天的经验是构成知识的根本要素。

这里所说的“先验知识”也好，还是前面提及的“判断”也罢，实质都是一种“预存立场”，即以往积累的生活经验和较为牢固的判断事物的标准。它们是预先存在于人们头脑里的观念，是人在社会化过程中习得的相对固定的价值观、道德信条、最基本的好恶等带有所在群体特有传统、现实政治经济体制印记、个人性格特征的信念。

在网络舆论客体出现之前，每个人不管是否意识到，也不管承认与否，都有着预存立场，这种东西会有意无意地决定个人意见的基本倾向。因此，信念构成舆论的深层内容。在此意义上，网络舆论的深层次内容——信念，是一种潜在的舆论。

当网络舆论的客体（舆论事件或话题）包含的要素与预存立场相冲突或者一致时，都会产生心理张力，要么去弥合心理的失衡，要么去表达自己的支持，显性舆论随之产生。

相同文化传统和政治经济体制，使得网民信念有相近的地方。但是由于分属不同的社会群体，网民的信念差异也会很大；即使同属一个群体之中，个人间的信念也存在差异。研究这种信念，是做好舆论引导工作的基础。然而对此的把握是最困难的。首先因为这种信念往往看不见摸不着，存在于人的头脑与内心，而世界上最莫测的莫过于人的内心了。其次，信念的差异巨大，也增添了准确把握的难度。

（二）情绪型舆论

这种网络舆论分为两种，一种是间接的情绪型舆论，即既有的共性社会情绪，另一种是直接的情绪型舆论，即网络舆论议题引发的公众情绪。

社会情绪是网民对社会存在所产生的认知或反应。社会越动荡、社会问题越多、社会矛盾越尖锐、社会越处于不确定性的转型或变迁之中，社会情绪往往越多元、激烈并蔓延、共振。当代中国社会是一个剧烈转型、问题丛生的社会，各种矛盾聚焦放大，正接近某种临界点、引爆点乃至所谓“历史的拐点”，社会转型时期给“事件”提供了温度和湿度，而网络时代，事件不仅容易发生，还更容易进入公众视野。[①] 多种社会情绪不断涌现，尤其是针对政府或官员的情绪十分明显。在网络空间中，网民在与政府的交往或互动中对政府低效、官员腐败、体制失调等有深刻认知，而在民生问题如失业、病无所医、住无所居、教育机会缺乏等产生的社会挫折感或压抑感则提供了社会情绪的生长空间。当前社会的系列因素促动了网民社会情绪的发育与成长，且因对象、事件、行为、问题等一致或普遍感知而容易产生共同社会情绪，如仇官、仇警察、仇富人、仇社会等。

公共情绪是一种集合社会心理，它的外在形态一般表现为对某一事物的普遍心绪，并通过只言片语透露出来。[②]

由于系列共性社会情绪的存在，特定问题或事件一旦触及网民这些社会情绪，网民的言说意识和反抗情绪就会非常明显。比如，在公权力大、公益性强、公众关注度高的问题上，包括公民权利保护、公共权力监督、公共秩序维护和公共道德伸张等，就容易促生新情绪，此外，由于中国的集权或控权的特点，中国网络社会中一直弥漫着社会文化的压抑感，譬如对知情权、传播权、消费权受到损害的憎恶，对网络内容及服务的不满意，对社会转型期阶层矛盾的愤懑等。[③] 因多种因素的作用，网民群体已积淀了一系列共性情绪、意识和心态，而这些社会情绪、意识和心态为网络舆论的最终形成提供了精神要素，它们构成了间接的情绪型网络舆论。

此外，还有直接的情绪型网络舆论。有很多舆论事件或话题，最初引发的不是较为清晰的意见，而是公众的情绪。情绪通常比较含糊地表达了公众对于舆论议题的态度，是显舆论的原始阶段。正如刘建明所言：“潜在舆论是意见的萌芽或潜伏状态，情绪是这种舆论的唯一外部形态。”[④]

心理学家拉扎勒斯（Lazarus）认为，公众情绪的产生与他们对刺激

---

① 王少磊：《互联网之火：网络舆情和时代焦虑——从南京的突发事件谈起》，《南京邮电大学学报》（社会科学版）2010 年第 1 期。

② 刘建明：《舆论学概论》，中国传媒大学出版社 2009 年版，第 350 页。

③ 杜骏飞：《理解贾君鹏事件的三重视角》，《新闻记者》2009 年第 9 期。

④ 转引自胡泳《我们需要什么样的网络意见领袖?》，《新闻记者》2012 年第 9 期。

情景的估量——好或坏有密切关系。这种估量通常是直觉的，但又依赖于记忆。[①] 当一个重大的舆论事件或话题出现在网民面前，人们会习惯性调动头脑中的记忆，不经意地运用信念进行判断，然后会以一种直觉的形式——兴奋、愉快、敬慕、爱戴、悲怆、抑郁、焦虑、厌烦、冷漠、恐惧、愤怒等情绪的波动体现出来。这些公众情绪成为潜在舆情因子，如果他们长期处于极度压抑和封闭的环境内累积作用，随着其活跃程度和社会化程度的提高而剧烈运动最终形成舆论热点，从而引发大规模的网络舆论。

不论是信念的还是情绪型的舆论都是公众意见倾向的征兆，虽然有时缺少理性和清晰度，然而它们的力量却不容小觑。如果对非理性的情绪型舆论引导不力或出现引导失误，很可能导致不利于社会稳定的显性舆论产生。潜在网络舆论的存在也提醒我们注意，网络舆论的引导工作很多时候是"功夫在诗外"。引导并不一定要等到显性舆论爆发的时候才能去作为。这种引导是一种"被动式"引导。我们恐怕更需要"主动式"引导，通过改善政府形象，提高政府公信力等作为，疏解社会共性情绪，除此还可以通过权力下放、利益共享等作为，舒缓社会压力，为理性、和谐网络舆论的生成构筑良好的社会氛围。

二 舆论显在化

潜在舆论在遇到外界刺激，或者自身经过一段时间的酝酿，会转化为显性舆论。显舆论是指在一定范围内相当数量的网民，以各种公开的形式表达的对舆论客体的态度。在此阶段，网民心理的移情、共情促成了舆论的显在化。

（一）移情：刺激—反应模式

霍曼斯的行为主义命题提出的"刺激—反应"模式对网络舆论从潜在舆论转化为显性舆论具有一定的解释力。尽管我们对依据这一取向分析网络行为提出各种批评，但是，它的一些观点还是很有启发的。

一是成功命题：这是一种遵循报酬原则。该命题认为，个体的某个行动越是经常受到报酬和奖励，那么他就越有可能有类似的行动。霍曼

---

① ［美］阿诺德·拉扎勒斯：《心灵谣言粉碎机》，万颖莹译，机械工业出版社 2013 年版，第 55 页。

斯认为，人的行为是为获取一定的报酬而发生的，从某种意义上讲，网民的网络参与也是收到相应报酬的结果。二是刺激命题。该命题认为，如果某一特定的刺激出现会带来某种报酬或奖励，那么现在的刺激与过去刺激越相似，个体就越有可能进行类似的行动。社会热点话题往往会吸引网民的关注，并不断刺激强化他们的参与。三是价值命题。这是一种遵循趋利避害的原则。该命题认为，某种行动所产生的结果对某个体越有价值，那么他就越有可能采取同样的行动。相反，如果某种行动产生的结果使此人受到惩罚，那么他就有可能采取措施避免类似行动的发生。这里的价值包括经济价值，也包含社会价值乃至伦理道德价值因素。人们总是选择对其有价值的社会交往行动。网络行为其实也是个体价值和社会价值互动的产物。四是“剥夺—满足”命题。这是活动的报酬和奖励遵循经济学上的边际效用递减规律。该命题认为，越是经常得到某种报酬，那么随着报酬的增加，此人所获得此报酬的满足感和价值感就会减少，甚至消失。五是“攻击—赞同”命题。这个命题包含两层含义。其一，当某人的行动没有得到他期望的报酬或者他得到了料想不及的惩罚时，他将被激怒并很有可能采取攻击性行为，而这种行为可以发泄他的不满情绪。其二，当某人的行动获得了他所期望的报酬，特别是报酬比预期的还要多，或者他的错误行动没有受到预想中的惩罚，他都会非常高兴。

这五个命题有一个根本前提就是理性人的存在。这一命题充分说明了社会交换的实质就是个人或者为获得报酬或者为减少惩罚而采取的理性行动。

潜在的各种社会情绪或信念，需要在合适的时机和情境中得到释放。网络为这种释放提供了天然的平台。当网络上出现各种事件或话题，会刺激人们的神经，激发起潜在的情绪与信念。这些议题会成为人们评论发泄的靶子，人们会通过“移情”作用，把自己日常行为中遭受的“委屈”与刺激转移到网络舆论事件中来，这样，网络舆论事件中的人和事成为人们释放社会压力、发泄情绪的“替代物”，通过网上言论所形成的巨大舆论力量，人们心理在某种程度上获得补偿，也就是报酬或者价值，满足人们的不同需要。

（二）共情

共情与同情相关。坎迪斯·克拉克依据实验研究的结果认为，同情的基本含义是为他人感到悲伤和怜悯。克拉克认为同情是人际关系中的一种关键情感，是人类社会的基础。① 社会心理学认为，同情发展到一定程度会形成共情，所谓的共情，即当别人流泪时我们也跟着流泪，别人痛苦时我们也会跟着痛苦。当我们在为他人感到悲伤和怜悯时，我们就不会更多地关心自己的痛苦而更多地会去关心别人。如汶川地震发生后，网上舆论一边倒地支持捐钱捐物，地产大佬王石就是由于在地震中发表了不当言论，被网友当头痛批。

很多网民在现实生活中面临的多种需要，通过"移情"与"共情"作用被转移到网络上来，通过对不同网络舆论事件的评价反映，从而在有意识无意识间令自己的各种社会需要得到满足。

按照美国心理学家马斯洛的划分，他认为人类的需要是有层次的，人类从低到高依次有五种基本需要：生理的需要，包括人的衣、食、睡眠等；安全的需要，人们生活寻求安全、避免危险，以维持自我生存需要；爱与归属的需要，人是社会的产物，有亲情、友情与爱情，感情要有寄托，需要爱人也需要爱己；尊重的需要，尊重是希望自己的身份、地位与品行等能得到别人承认；自我实现的需要，这是最高层次需要。

很多显性舆论的产生，都是因为某些事件或话题或多或少让网民感受到社会生活中需要的遗缺，或让他们感到自己的某种社会需要受到威胁。如食品安全、自然灾害、环境污染等事件让人们直接感到自己最低层次的需要——生理需要受到威胁，因此，苏丹红事件、三鹿毒奶粉事件、南方雪灾、无锡蓝藻污染事件等都会受到网络舆论的一致批评与监督。各种交通事故、生产事故则让人们在生命安全需要受到威胁方面感同身受，如宝马撞人事件、七十码事件、马航客机失联事件等，皆受到网民强烈质疑。史上最毒后妈虐童事件，则让众多网民移情联想到爱与被爱的重要。还有官员腐败、政府管理方面的舆论监督，更多地体现网民作为社会公民实现监督社会的需要。

显然，显性舆论所表达的公众意见倾向更复杂，针对此类舆论的引导工作也会难度更大。

---

① ［美］乔纳森·特纳、［美］简·斯戴兹：《情感社会学》，孙俊才、文军译，上海人民出版社 2007 年版，第 47 页。

三　舆论复归隐性

公开表达的意见在得到预期的响应，或者成功地干预了社会现实、促进了事件的解决，或者遭到了外力的压制，抑或被新的事件或话题吸引而转移了关注的焦点后，显性舆论重新回复潜在状态。

在物质层面，网民的讨论虽然已经结束，但仍会以物质的形式长期留存网络空间。网民发帖、跟帖、转帖的文字形式，长期保留在虚拟空间中被网民观照。由于显舆论是为了适应环境而形成的、有自我表现成分和自我防卫成分，因此它也是暂时的、不稳定的舆论；相比起显舆论，网民默默关照的潜舆论会以知觉的形式内化，或者以波状流变继续缓慢扩散。诚如躲猫猫等事件，网民在类似事件发生后，仍会回忆起当年“躲猫猫”事件发生的始末及最终处理，相关发帖主题在网站不封锁消息的情况下依旧能够找到。如果新事件与之有共通之处，网民必然将潜舆论引发为大规模的新的显舆论，且规模更大、范围更广。

在精神层面，舆论形态逐渐隐性化会在两方面发挥作用：一方面是舆论形态转变为网民的某种记忆留存下来。在此次网络舆论的产生、演变整个行为过程中，网民获得的焦虑、不满、愤怒、遗憾、恐惧或兴奋、满足、愉快等新的情绪会成为痕迹留存在网民的记忆之中。这种记忆深层于网民精神领域，遇到新的事件或类似事件会被激发。而且这种记忆或认知成为附着于未来事件上的“催化剂”，不仅会放大某一事件的舆情，也会使事件的处置更加棘手或困难。另一方面是舆论转变为某种文化符号积淀下来。现在每一次网络舆论的发生、发展过程，几乎都会制造流行的“网络热词”。这些概念、语词具有很强的生命力、解释力和沉淀能力，会成为某种文化符号或社会标记而得以流传。而一个个社会事件则被这些具有高度代表性的词语标签化。比如“七十码”、“躲猫猫”、“楼脆脆”、“范跑跑”、“俯卧撑”，等等。这些个性化、独创性的语词赋予事件新的意义和特质，同时也以一种调侃戏谑的语气表达了网民对热点事件的情绪宣泄和对威权政体的挑战。他们以其强大的生命力和创造力留在了我们的文化之中，变成一个个具有象征意义的文化符号，成为未来网络舆论的催化剂。比如“躲猫猫”成为莫名死亡的代名词，江西九江看守所内，50 岁的李文彦刑拘期间突然猝死，来自看守所的解释是：李文彦半夜做噩梦后突然死亡，网民迅即从中寻找到类似的文化符号“做梦梦”，实现了符号与符号的勾连，从而迅速引爆了网络舆情。此后类似事件发生后，网友先后又创造了“洗澡澡”、“睡觉觉”、“喝水死”等一系列语词。

第八章　结论

本书将网络舆论置于社会转型的大背景下，对网络舆论生成的哲学基础、发生要素、传播逻辑和传播模式进行研究。同时运用社会集群理论中的加值理论、博弈论、物理学中的复杂系统和自组织理论，对影响网络舆论行为的影响要素及其之间的关系进行探究分析，试图揭示网络舆论演进过程中的多层次因素及其内在的演化机理和规律。

一　研究发现

1. “结构性因素”是当前我国网络舆论频发的主要原因，但这是必要条件，却非充分条件。隐藏其后的国家—社会关系才是更深的原因。

中国社会的政治转型、经济转型、文化转型以及媒介转型构成了网络舆论生成的“结构性因素”。转型过程中，一方面，社会力量在成长、增强。经济上，随着社会利益的分化和利益关系的重组，公民民主意识逐渐增强，公民进行利益表达的愿望和要求逐渐增强；文化上，市民文化、草根文化崛起，大众进入意义生产领域，挑战各种权威和经典。另一方面，国家对社会的控制力量因此而无法绝对化。意识形态层面，虽然国家政治意识形态仍占据主导地位，但意识形态“一统化”局面有所松动；制度层面、执行者层面都在逐渐向法治和民众倾斜；媒介上，传统媒体公共话语平台功能的弱化，媒介“话语霸权”受到互联网的挑战。

上述种种带来了传统的国家—社会一体化的社会结构向现代的国家—社会分离的转变。这一根本性的变革深深影响着传媒生态。在此背景下，网络舆论闪亮登场并成为“体制外博弈力量”。

然而，从社会转型到网络舆论发生之间还有许多其他中介因素在起作用。比如，在化解社会矛盾能力强的国家，网络舆论可能没有那么蓬勃兴盛；而在化解能力弱的国家，网络舆论就会频发，甚至会带来现实行动。不同的国家—社会关系会影响到网络舆论发生的可能性和规模。

从目前来看，网络舆论作为“体制外博弈力量”仍处于国家可控范围，不会带来社会的动荡。主要原因有二：其一，虽然中国每天都有大量公共事件以及网络舆论涌现，但这些言论背后都没有大型话语和意识形态的支持；其二，这些言论的目标指向多停留在经济和利益层面。从政府角度来说，中国出现的种种网络舆论在现阶段来说是比较容易应对的。特别是中国经济在目前仍然保持着较强的发展势头，中国政府的财政也有较大盈余。在这种情况下，面对当前最为普遍的以经济利益为诉求目标的集体行为与网络舆论，政府最简便的方法就是支付一些“安定团结费”。

2. 网络舆论作为客观存在，是具有实践主体性、交往主体性、认知主体性、价值主体性、主体解构性、反抗性及释放本我的网民群体，借助“关系化”的网络媒体作为中介，通过网上互动交流对社会矛盾问题发表的评价活动。

网络的本质是“关系”，是“中介”，是道器、人与世界关联的中介；网络舆论的本质是民众评价；公共性、重要性、冲突与反常性的社会现实构成网络舆论的客体；具有实践主体性、交往主体性、认知主体性、价值主体性的群体构成网络舆论的主体，主体的认识活动更多地释放本我，同时具有主体反抗性和主体结构性。由此，网络舆论作为客观存在，其产生的媒介因素、心理因素、社会因素都是客观实在。因此，网络舆论存在客观必然性。

3. 网络舆论主体的公众性，是网络舆论生发的内部性因素；公共领域和私人领域的融合，是网络舆论生发的外部性因素。

从微观层面考察网络舆论主体，发现利益、价值、情感交互作用促生了网络舆论。价值本质是由客体对主体需要及其发展的适合、接近或一致，即是主体利益的实现，所以，无论是价值还是价值观，它们的出发点与归宿都指向主体的利益。而情感是人类主体对于客观事物的价值关系的一种主观反应。由此可见，在网络舆论的生成过程中，利益因素是核心。公共事件与舆论主体利益相关，促使舆论主体对公共事件做出相应的价值判断，公共事件与主体价值观的冲突或一致，使得主体产生正向或负向的情感，情感驱动行动，促使网络舆论的生成与进展。这是网络舆论生成逻辑的社会学和心理学解释。用图示表示如下：

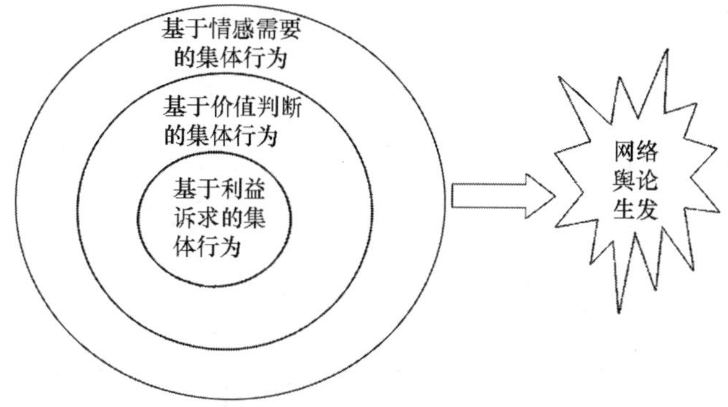

图 8.1　网络舆论生发的内部因素作用图

从宏观层面考察网络舆论客体，发现公共领域的私人化与私人领域的公共化是促进网络舆论生发的外部因素。这种双重转向反映了托马斯·弗里德曼在《世界是平的：一部二十一世纪简史》中提出的“世界正在被抹平的”另一个层面，即互联网技术带来的公私领域界限的消失与被抹平。

4. 网络舆论的生成逻辑

网络舆论大致按照公共议题—关注—交谈或互动—普遍性意见—网络舆论生成这样的逻辑理路生成。同时，在生成路径上存在共鸣效应和溢散效应。网络舆论生成模式图如下：

图中用四个圆圈表示舆论生成过程中的几个标志性环节，面积从小到大，颜色由浅入深，表明这是个影响不断扩大、力量不断积蓄的过程。

用三个双向互指的箭头表示舆论生成的三个阶段中舆论主体即网民的推动作用，也是面积从小到大，颜色由浅入深，表明了参与群体规模越来越大，参与程度越来越深，形成的力量也越来越强。箭头下面标注的“信息的裂变传播与话题的逐步集中”、“意见的充分表达与逐步聚合”、“言论的逐步融合与倾向一致”分别是这三个阶段的主要行为特征和效果特征。

每两个圆圈之间用双箭头互指，表示二者之间的作用与反作用关系。如事件是公共议题的基础，而随着公共议题讨论的深入，对事件真相的揭示也就会越来越深刻，会补充大量的与事件相关的新的信息进来；围绕公共议题的讨论会形成比较普遍性意见；大多数一致的倾向性意见，致使网络舆论生成，网络舆论反过来会使得不同意见者出现沉默现象。

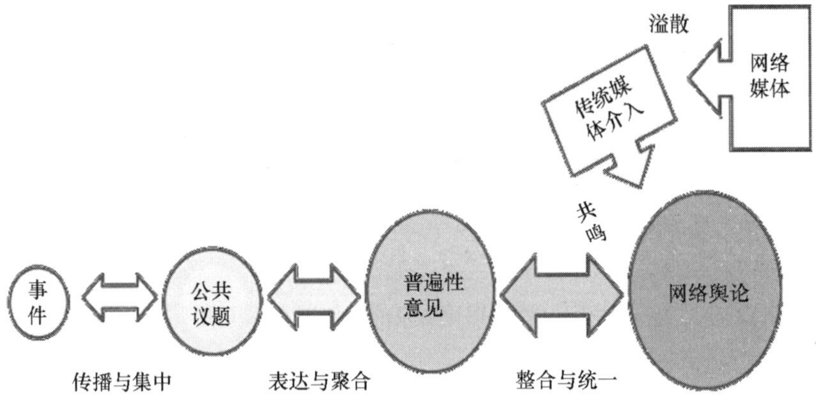

图 8.2　网络舆论生成模式图

舆论主体即网民参与舆论生成全过程，他们既是信息的传播者，也是信息的接受者，也起到了信息传递的媒介作用，还是话题讨论和意见表达的参与者。他们是生成舆论的内在推动力。

传统媒体、网络媒体的双向互动，即传统媒体向网络媒体的共鸣效果，网络媒体向传统媒体的溢散效果，是网络舆论的生成、扩散的外围力量和环境。它们的影响力并不仅仅体现在舆论生成的最后环节，而是覆盖全过程。

5. 网络舆论的演进规律

从舆论数量变化来看网络舆论的形成与演进，大致存在两种类型的演进模式：衰减式、螺旋反复式。网络舆论基本经过孕育—诞生、发展—扩散、高峰—反复、衰减—消亡四个阶段。在网络舆论的阶段性发展背后，还隐含着另外三条发展线索：一是网络舆论主体从个体到群体再恢复个体的发展过程；二是表现形式从潜在舆论到显性舆论再变潜在舆论的转变阶段；三是状态从相对稳定到波动再到动态平衡的演变路径。在每个阶段，不同的影响动因发挥着不同的作用，而且各影响因素彼此博弈，促使网络舆论进入不同阶段。

总结全书对网络舆论生成与演进机制的研究，制作下图：

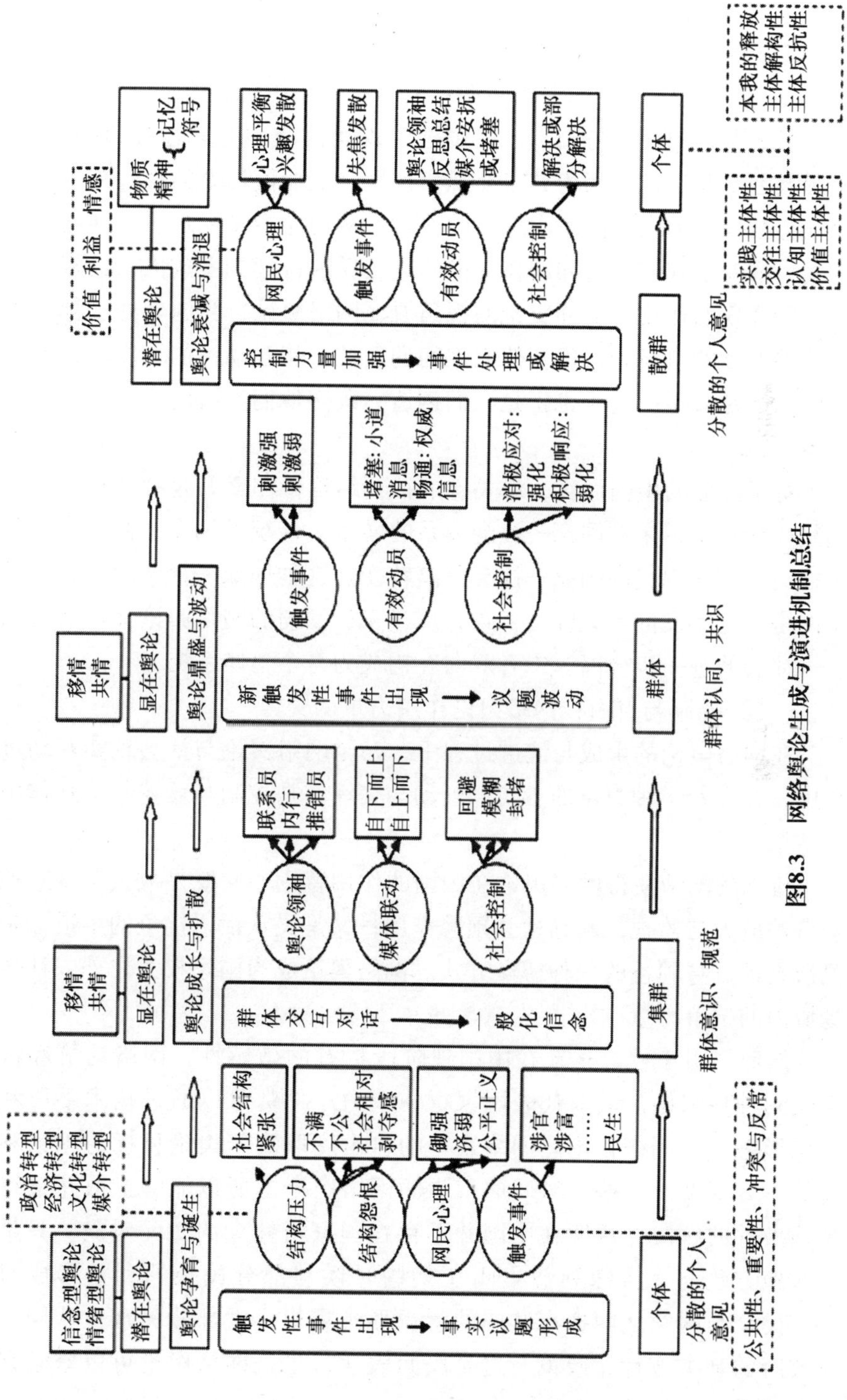

图8.3　网络舆论生成与演进机制总结

二 若干争议问题的思辨

（一）国家—社会的关系转型：网络舆论作用机制的隐形书写

网络舆论的存在与崛起，在中国的现实语境中有着客观的必然性。其影响因素及生发过程均具有客观存在性。从加值理论的视角来看，它是社会结构性因素在网民心理上的映射；从功能主义视角看，网络舆论的发生演变是现实社会问题在网上的直接反映，起到了放大、监督、预警社会环境的作用；从冲突论的视角看，网络舆论行为源于处于社会不同阶层群体的自身利益以及他们之间的对抗；从互动论的角度看，网络舆论形成及演化的过程也正是人们创造、改变他们生活世界（包括虚拟世界）的过程。

对于当下的中国而言，最关键的社会结构性因素乃是社会转型，特别是社会转型带来的国家—社会关系的转型。传统的国家—社会一体化的社会结构向现代的国家—社会分离转变。这种国家—社会的分离构成了网络舆论生发的宏大社会背景，反过来，汹涌的网络舆论又推动着国家—社会的进一步分离。二者双向互构成为一个整体系统。

（二）控制与自由：网络舆论作用力量的交锋

在网络舆论的生成与演进过程中，乃至网络舆论与社会现实互动过程中，存在着多种力量的参与、互动与交锋，是控制与反控制交互作用的结果。

特殊的国情使得网络舆论在中国的作用特别，它既是放大镜，对社会事件放大与监视，起到社会预警作用；又是民众话语抗争的渠道，是民众维护自身利益的一种博弈方式。网络舆论成为国家权力之外、社会场域内的抗争力量。

然而，由于社会运动在中国现阶段特有的敏感性，网络动员和抗争受到种种限制。政府代表国家行使权力。常常可以通过技术手段和意识形态封锁网络言论。网络表达的自由度取决于舆论目标与国家利益的一致程度。一些针对政府权力的网络舆论之所以能够扩散并最终干预事件的解决，说明在中国并不存在国家与社会的二元对立，只是一些地方政府、特殊利益集团在某些时候与部分民众的利益形成对立。民众与国家之间拥有共同的意识形态霸权，大部分民众也认同中央政府的基本方针、政策。这是民间表达，也是网络舆论可以繁荣兴旺的前提。

网络舆论的控制与反控制更好地表征了当前中国的国家—社会关系的实质：二者的分离并不意味着对立，而是已经形成某种双向互动、博弈的关系，但民间的抗争力量仍处于被操纵的地位，网络舆论代表的社会表达仅仅有了初步发展。

（三）理性与情感：网络舆论作用因素的主线

“舆论是一种群体意见的自然形态，因而它带有较强的自发性和盲目性，它的变化、发展在一定程度上是被动的……它的自在形态决定了它在总体上是一种理智与非理智的混合体。”① 一方面，网络在某种程度上的确提供了话语讨论的公共空间，民众可以进行自由辩论，在这样一个类似“观点的公开市场”中，各种观点的交锋可能会促使理性共识的达成。另一方面，网络上又充满了情绪宣泄性言论，往往也是各种流言肆虐、谣言四起的场所。有研究者指出网络舆情尽管掺杂着虚假、发泄和暴力等非理性现象，但其背后存在着代表网民真实意愿的隐性理性和实现舆论监督功能的宏观理性。②

过往的研究基于“理性人”的立场对网络舆论的非理性言论或情感、情绪色彩提出了批评。的确，对于民众而言，理性判断和理性决策是社会生活的主要运行规则。但新媒体的全通道传播方式让人们的感性判断得到极大调动和激活，越来越多参与到社会认知和社会决策中。所以，那些情感的、非理性的言论或情绪、态度的表达也同样需要引起我们的关注。正如有学者认为“哈贝马斯倡导的公共领域，过分强调理性话语，忽略了交际中的情感和修辞成分”③。事实上，“人类的大部分行为并不起源于人们的逻辑推理，而是起源于情感”④。本研究成果也从侧面验证了这一点。

本书从利益、价值、情感三个维度研究网络舆论生成逻辑时，发现公共事件与舆论主体利益相关，促使舆论主体对公共事件做出相应的价

---

① 陈力丹：《舆论学——舆论导向研究》，中国广播电视出版社 2009 年版，第 22 页。

② 王雅奇：《网络民意中的情绪与理性》，《北京邮电大学学报》（社会科学版）2010 年第 12 期。

③ Calhoun, Craig, *Introduction*: *Habermas and the Public Sphere*, New York: MIT Press, 1992. pp. 1 – 48.

④ ［美］维尔弗雷多·帕累托：《精英的兴衰》，刘北成译，上海人民出版社 2003 年版，第 3 页。

值判断，公共事件与主体价值观的冲突或一致，使得主体产生正向或负向的情感，情感驱动行动，促使网络舆论的生成与进展。仅有理性的判断，但若未对主体带来情感的裹挟，最终也无法导致舆论活动的展开。因此，在网络舆论行为中，网民意见态度的形成并不一定是通过抽象的分析和判断而获得的，而是通过情感化的方式而形成的。能够引发共鸣、达成共识并促使舆论高涨的帖文往往是那些能够激发网民内心深层次情感的言论，不少网民“被这些潮流所裹挟时通常是不知不觉的，他们想把不自愿的、非理性的行为表现成自愿的、理性的行为”①。特别是在一些非直接利益关系的群体性事件的网络舆论中，愤怒、同情、谴责等情绪的宣泄表达往往被放大。

三　网络舆论作用的认知立场

网络舆论的不断发展演变需要我们重新审视理性与情感的关系，特别是要充分重视情感、情绪的作用。基于以上认识，我们试可获得如下有关网络舆论作用的认知立场：

（一）网络舆论作用的影响力：不可低估，也不可高估

网络舆论正在成为国家之外的博弈力量。但这种力量的抗争仍处在可控范围，网络舆论对现实社会的干预仍仅仅有初步的发展。更多时候，网上公众表达是一种相对抽象的表达形式，尽管有时候能产生强大的舆论声势，但是不同于公众集会场合的表达，不能被即时转化为实践行动。从这个角度，对网上公众表达的话语情况需要关注、分析和思考，但对其影响力要综合考虑，不可低估，也不要高估。

（二）网络舆论的解决：现实社会场的解决与集体行为的制度化

网络虽然是虚拟的，但网络舆论不是虚拟的，它是网络背后人的意见的集中和反映。而网络舆论的作用，不在于它们在网络上汹涌，而是最终反映于现实，作用于现实，与传统媒体的互动从而形成舆论，并最终对现实形成压力而产生作用。

每次网络舆论的发生都是触发性事件导火线的点燃引起，然而其潜在原因却在社会转型带来的结构性因素。这就决定了网络舆论的解决可

---

① ［美］维尔弗雷多·帕累托：《精英的兴衰》，刘北成译，上海人民出版社2003年版，第12页。

能无法仅仅采取“头痛医头、脚痛医脚”的方法，现实社会场才是网络舆论的现实解决场。微观而言，每一次网络舆论的消散，在于触发舆论的社会事件得以解决。然而，仅仅一次事件的解决无法根本上阻止下一次类似网络舆论的爆发。因此，只有事件指向的社会问题真正得以解决，才能避免舆论风暴的再次来袭。宏观而言，社会实现顺利转型，原有转型过程中的结构性矛盾得以消弭，结构性怨恨、不满与剥削感消失，网民不再期望寻求网络解决现实社会问题，网络舆论才会不再格外活跃与蓬勃。只有当网络舆论不再是社会的突出力量时，才是正常社会应有的常态。

如何解决集体性事件指向的社会矛盾问题？亨廷顿在《变革社会中的政治秩序》一书中提出的一个核心思想就是：社会变迁本身并不会导致大规模社会运动和革命的产生，只有当一个社会中的社会变化不能被及时制度化时，社会变迁才会成为大规模社会运动甚至革命的温床。针对中国目前的问题来说，亨廷顿的理论可以解读为：中国能否平稳转型取决于中国政府对社会变化的制度化能力。换句话说，政府对目前正在兴起的网络舆论及其背后的集体行为的制度化能力才是决定中国发展的关键。

（二）网络舆论乃至网络对整个社会的作用：“中国式安全阀”

从本书研究看，网络舆论行为作为现实社会结构变迁压力的交流呈现，不管是在监测社会还是维护权益方面，都有着重要的存在价值，尤其是在疏导社会情绪、维护社会稳定方面，更是发挥着独特的作用。社会学家罗斯对此类抗争有清醒认识，他说：公开的反抗以某种方式维持社会，抗议提供宽慰，它给我们这种感觉，即我们并没有完全在某种关系中被压垮，否则我们将发现这种关系难以忍受，并且我们应该不惜一切代价从中解脱出来。在任何自愿协会中，统治分子对其他人的抗议和反抗的压制可能导致群体的分裂。精明的政治家都知道，在议会中和在新闻界中很好地容忍政府的批评者可以作为防止反抗的疫苗。自由抗议是一个“安全阀”，它让蒸汽溢出，因为如果蒸汽受到抑制，就可能使锅炉爆炸。因此，目前网络舆论对于中国的作用特别。大卫·伯恩曾这样评判网络的意义：“因特网与其说是一种东西，毋宁说它更像一个社会空间，因此它的作用与其说是榔头意义上的，毋宁说是德国意义上的。德国对于其国内人民的作用是让他们成为德国人；尽管海德格尔的追随者和其他一些人有可能不同意，但榔头的作用并不是使人们成为榔头，而是要把金属的钉子敲进木头里去。”① 我想也许可以这样描述网络舆论传播的作用，它同样也是“中国意义上”的。

四 研究不足及研究方向

总体来看，本书尚有如下三个方面有待改进：首先，本书旨在探究网络舆论演进背后的一般性规律，并构建其形成演进的模型。然而人类社会，包括网络社会的纷繁复杂和变动不居决定了没有任何一种研究能够构建一种解释指导社会行为的万能模型，本书构建的模型适用性有限，也就在所难免。其次，尽管本书对网络舆论演进阶段各因素之间的逻辑关系等方面进行了一定探索，并尝试对各因素之间的作用及机制作出比较，但在各层次的学理推进上仍有所欠缺。最后，本书选取的网络舆论热点事件多是二手资料的分析，缺乏参与行为的实践经验，在资料获取及定量分析上存在一定缺陷。

根据以上不足，笔者认为，未来需要对如下问题继续开展进一步研究：1. 虽然不能把影响网络舆论发生和发展的各种因素用逻辑关系贯穿起来，形成一个放之四海而皆准的理论模型，但这并不是说我们不能提出几个网络舆论研究的方向性角度。未来要总结研究的方向，并沿此方向继续推进相关研究。2. 对各阶段影响因素进行更为深入的研究，在探究各因素相互交织作用关系基础上加重层层推进的分析视角，增强理论的深度和厚度。3. 对资料不断收集扩展，更新、扩充个案，建立更为完整全面的数据库，使未来进一步量化研究成为可能；参与到具体网络事件中发表言论，以亲历者的身份开展研究；对相关的微博广播者、论坛版主及发帖人等参与者、亲历者进行访谈，提高未来研究的实践支撑。

正如施拉姆所言：“身处文字发明初期的人类也许会像今天的我们一样，有着兴奋与不确定的感觉，未来不知道将是危险还是机会。也许我们现在的状况可以用一句话来总结：崭新时代中的人类将对其心智发

① 大卫·伯恩：《网络民主：互联网与公共空间》，法律教育网（http://www.chinalawedu.com/news/16900/170/2004/9/ma00934171940020_132969.htm）。

展的命运负起空前的责任。”[①] 网络传播带给我们新的生活方式和体验，也必将对转型期中国社会带来新的变化，而这些将值得我们在未来持续关注。

---

① ［美］威尔伯·施拉姆：《传播学概论》，何道宽译，中国人民大学出版社2010年版，第109页。

参考文献

学术期刊

1. 金兼斌：《网络舆论的演变机制》，《传媒》2008 年第 4 期。
2. 刘海龙：《沉默的螺旋是否会在互联网上消失》，《国际新闻界》2001 年第 5 期。
3. 程葳：《网络论坛中发帖行为复杂性研究》，《系统工程学报》2009 年第 4 期。
4. 钟瑛、余秀才：《1998—2009 重大网络舆论事件及其传播特征探析》，《新闻与传播研究》2010 年第 4 期。
5. 关梅：《网络舆论的社会意义及其引导策略探析》，《东南传播》2009 年第 9 期。
6. 薄明华：《我国网络舆论研究 10 年：回顾与展望》，《学术论坛》2012 年第 8 期。
7. 李琼瑶：《网络舆论的现状及引导》，《湖南行政学院学报》2006 年第 3 期。
8. 燕道成、蔡琪：《国外互联网管理及启示》，《当代传播》2007 年第 2 期。
9. 谭伟：《网络舆论的概念及特征》，《湖南社会科学》2003 年第 5 期。
10. 昝玉林、许文贤：《引导网络舆论：现代思想政治工作导向功能的发展》，《求实》2005 年第 6 期。
11. 林恩全：《网络舆论及其控制》，《军事记者》2004 年第 9 期。
12. 董德宾、宿亮：《网络舆论：特点、现状及引领途径》，《党政干部学刊》2009 年第 8 期。
13. 彭鹏：《网络舆论的功能和调控策略》，《南京政治学院学报》2005

年第3期。
14. 杨军：《网络环境下舆论的形成机制分析》，《江西社会科学》2006年第8期。
15. 郑萍、薛冰：《网络公共舆论的形成机理及其影响政策制定的途径》，《中国行政管理》2009年第1期。
16. 田卉、柯惠新：《网络环境下的舆论形成模式及调控分析》，《现代传播》2010年第1期。
17. 钟克勋、邹万明：《从汶川地震看社会化网络媒体舆论监督的力量》，《西南民族大学学报》（人文社科版）2008年第8期。
18. 陈力丹：《虚拟舆论场：政府怎样发挥主场优势》，《人民论坛》2011年第8期。
19. 杨宁芳、杨泽华：《当前外国网络舆论监督存在的问题及出路》，《新闻爱好者》2010年第11期。
20. 王邈、蒋一斌：《网络群体极化及其心战功能》，《西安政治学院学报》2006年第4期。
21. 张桂霞：《网络舆论主体的群体极化倾向分析》，《青岛科技大学学报》（社会科学版）2005年第4期。
22. 樊亚平：《杨丽娟事件与网络舆论的非理性》，《当代传播》2005年第5期。
23. 冷冶夫、刘新传：《由网络暴民现象引发的对媒介素养教育的思考》，《东南传播》2008年第9期。
24. 刘正荣：《从非理性网络舆论看网民群体心理》，《现代传播》2007年第3期。
25. 侯利强：《意见领袖存在的深层心理动因》，《山东视听》2006年第11期。
26. 周裕琼：《网络世界中的意见领袖》，《当代传播》2006年第3期。
27. 申雪凤：《网络环境下意见领袖的嬗变》，《广西大学学报》2006年第6期。
28. 陈彤旭、邓理峰：《BBS议题的形成与衰变——对人民网强国论坛的个案研究》，《新闻与传播研究》2002年第3期。
29. 宋豫等：《“西北事件”期间中国人民网，〈中日论坛〉和日本雅虎〈日中关系〉BBS论坛的内容比较研究》，《新闻与传播研究》2004

年第 12 期。
30. 曾凡斌：《重大突发事件中的 BBS 舆论特点与管理初探》，《出版发行研究》2006 年第 4 期。
31. 吴凡、彭莲萍：《评论界崛起的一股新力量——解读博客评论》，《新闻爱好者》2009 年第 4 期。
32. 王新佳：《博客评论的影响力》，《中国高新技术企业》2006 年第 1 期。
33. 张卫华、张庆永：《微博客传播形态解析》，《传媒观察》2008 年第 10 期。
34. 方付建、汪娟：《突发网络舆情危机事件政府回应研究》，《北京理工大学学报》（社会科学版）2012 年第 5 期。
35. 邵春霞、彭勃：《谁的公共领域——概念运用的困惑与修正》，《新闻大学》2007 年第 2 期。
36. 王君平：《虚拟的网络社区现实的公共领域——浅谈强国论坛对公共领域的重构或转型》，《中国社会科学院研究生院学报》2004 年第 6 期。
37. 陈剩勇、杜洁：《互联网公共论坛：政治参与和协商民主的兴起》，《浙江大学学报》（人文社会科学版）2005 年第 3 期。
38. 师静、王秋菊：《从“7・23 动车追尾”看微博舆论波的成因》，《新闻界》2011 年第 12 期。
39. 李瑞芳：《“邓玉娇事件”网络舆论风暴的生成及其特点分析》，《东南传播》2009 年第 10 期。
40. 任宝凤：《从“躲猫猫”事件看网络舆论引导》，《新闻爱好者》2009 年第 8 期。
41. 左光荣：《试论网络舆论与高校思想政治教育》，《新闻知识》2010 年第 8 期。
42. 谭伟：《网络舆论概念及特征》，《湖南社会科学》2003 年第 5 期。
43. 蒋乐进：《论网络舆论形成与作用》，《北京理工大学学报》（社会科学版）2006 年第 4 期。
44. 邹军：《试论网络舆论的概念澄清和研究取向》，《新闻大学》2008 年第 2 期。
45. 杨志军：《网络舆论研究：背景考察、内涵界定与特质分析》，《厦门特区党校学报》2011 年第 4 期。
46. 王来华等：《对舆情、民意和舆论三概念异同的初步辨析》，《新视野》2004 年第 5 期。
47. 李勇：《网络舆情与网络舆论的转化及作用》，《新闻前哨》2012 年第 5 期。
48. 卢德华：《电视媒体广告效应的产生机制研究》，《广告大观》（理论版）2012 年第 1 期。
49. 曾姝：《媒介融合趋势下的舆论形成机制研究》，《湘潮》2010 年第 8 期。
50. 王佳：《网络舆论系统的构成与运行机制研究》，《新闻界》2012 年第 5 期。
51. 骆正林：《市场机制对村民选举中的信息传播的影响》，《哈尔滨师范大学社会科学学报》2011 年第 6 期。
52. 盛沛林、秦超：《印度洋海啸灾难爆发时的信息传播——兼论媒体的新闻舆论预警机制》，《军事记者》2005 年第 3 期。
53. 郭建斌：《理解与表达：对凯利传播仪式观的解读》，《2006 年中国传播学论坛论文集》，深圳，2006 年 8 月。
54. 张桥英、杨劲松：《论后现代文化特征及其影响》，《牡丹江教育学院学报》2009 年第 4 期。
55. 商伟：《“集体失语”与“集体发作”》，《青年记者》2004 年第 8 期。
56. 周翼虎：《社会转型期与网络舆论的兴起》，《青年记者》2009 年第 8 期。
57. 段京肃：《社会的阶层分化与媒介的控制权和使用权》，《厦门大学学报》（哲学社会科学版）2004 年第 1 期。
58. 正村公宏：《网络形成与信息化社会的课题》，《现代外国哲学社会科学文摘》1987 年第 7 期。
59. 杨琳：《网络舆情飙升：贪腐等 8 方面事件最刺激公众神经》，《瞭望（新闻周刊）》2009 年第 7 期。
60. 赵坤：《大力促进网络群体的发展》，《新西部（下半月）》2009 年第 1 期。
61. 陈勤奋：《哈贝马斯的“公共领域”理论及其特点》，《厦门大学学报》（哲学社会科学版）2009 年第 1 期。
62. 陈力丹：《关于舆论的基本理念》，《新闻大学》2012 年第 10 期。
63. 徐向红：《舆论的形成初探》，《东岳论丛》1988 年第 1 期。
64. 王来华：《舆情变动规律初论》，《学术交流》2005 年第 12 期。
65. 徐敬宏：《非常规突发事件中网络舆情的生成及管理》，《当代传播》2010 年第 7 期。
66. 史波：《公共危机事件网络舆情内在演变机理研究》，《情报杂志》2010 年第 4 期。
67. 姜胜洪：《网络舆情形成与发展规律研究》，《兰州学刊》2010 年第 5 期。
68. 谢科范：《网络舆情突发事件的生命周期原理及集群决策研究》，《武汉理工大学学报》（社会科学版）2010 年第 3 期。
69. 喻国明、李彪：《舆情热点中政府危机干预的特点及借鉴意义》，《新闻与写作》2009 年第 6 期。
70. 江耘、张星久：《网络事件中舆论信息的自组织复杂网络仿真研究》，《学习月刊》2011 年第 5 期。
71. 李强：《“T 字形”社会结构与“结构紧张”》，《社会学研究》2005 年第 2 期。
72. 白如金：《乌坎事件调查》，《中国新闻周刊》2012 年第 1 期。
73. 郭奔胜：《寻良策化解风险》，《瞭望》2010 年第 3 期。
74. 丁曦林：《呼唤春天，思考春天》，《新民周刊》2013 年第 1 期。
75. 张涛甫：《试论当代中国的舆论表达主体》，《中国地质大学学报》（社会科学版）2010 年第 3 期。
76. 宛恬伊：《虚拟社会的集群行为：基于四个网络事件的分析》，《青年研究》2010 年第 4 期。
77. 胡泳：《我们需要什么样的网络意见领袖？》，《新闻记者》2012 年第 9 期。
78. 蒋乐进：《论网络舆论形成与作用》，《北京理工大学》（社会科学版）2006 年第 4 期。
79. 毕宏音：《舆情视野中的网民上网行为分析》，《广西社会科学》2007 年第 4 期。
80. 史波：《公共危机事件网络舆情应对机制及策略研究》，《情报理论与实践》2010 年第 7 期。
81. 王少磊:《互联网之火：网络舆情和时代焦虑——从南京的突发事件谈起》,《南京邮电大学学报》(社会科学版)2010 年第 1 期。
82. 杜骏飞:《理解贾君鹏事件的三重视角》,《新闻记者》2009 年第 9 期。
83. 王雅奇:《网络民意中的情绪与理性》,《北京邮电大学学报》(社会科学版)2010 年第 12 期。
84. 雷跃捷:《互联网媒体的概念、传播特性、现状及其发展前景》,《现代传播(北京广播学院学报)》2001 年第 2 期。
85. 雷跃捷:《金融危机背景下美国媒介批评新动向研究》,《江西财经大学学报》2012 年第 1 期。
86. 南振中:《把密切联系群众作为改进新闻报道的着力点》,《中国记者》2003 年第 3 期。
87. 祝华新:《"两个舆论场"的由来和融通之道》,《南方传媒研究》2012 年第 38 期。
88.《夏俊峰下葬：三个悲剧家庭纠葛终结》,《新京报》2013 年 10 月 2 日 A12 版。
89. Guobing Yang, "The Internet and the Rise of a Transnational Chinese Cultural Sphere", *Media*, *Culture &Society*, Vol. 25, No. 4, 2003.
90. Eliza Tanner, "Chilean. Conversations: Internet Forum Participants Debate Augusto Pinochets detention", *Journal of Communication*, Vol. 51, No. 2, June 2001.
91. Merrill Morris, Christine Ogan, "The Internet As Mass Media", *Journal of Communication*, Vol. 1, No. 4, Winter 1996.
92. JennifersromerGalley, "On – line Interaction and Why Communication Researchers Should Study the Internet", *Journal of Communication*, Vol. 50, No. 4, Autumn 2000.
93. Mary E. McCoy, Dark Alliance, "News Repair and Institutional Authority in the Age of the Internet", *Journal of Communication*, Vol. 51, No. 1, March 2001.
94. Jane B. Singer, "Campaign Contributions: On line Newspaper Coverage of Election 2000", *Journalism and Mass Communication Quarterly*, Vol. 80,

No. 1, Spring 2003.

95. Guobin Yang, The co – evolution of theinternetand civil society in China. Asia Survey, Vol. 43, No. 3, May/June 2003.

96. Guobin Yang, The internet and civil society in China: A preliminary assessment, *Journal of Contemporary China*, Vol. 12, No. 36, August 2003.

专（译）著

1. 张春华：《网络舆情：社会学阐释》，社会科学文献出版社 2012 年版。

2. 彭伟步：《信息时代政府形象传播》，社会科学文献出版社 2005 年版。

3. 丁未：《社会结构与媒介效果——“知购假设”研究》，复旦大学出版社 2004 年版。

4. 李永刚：《我们的防火墙：网络时代的表达和监管》，广西师范大学出版社 2009 年版。

5. 王天意：《网络舆论引导与和谐论坛建设》，人民出版社 2008 年版。

6. ［美］凯斯·桑斯坦：《网络共和国：网络社会中的民主问题》，黄维明译，上海人民出版社 2003 年版。

7. ［美］劳伦斯·莱斯格：《代码：塑造网络空间的法律》，中信出版社 2004 年版。

8. ［美］埃瑟·戴森：《2.0 版数字化时代的生活设计》，胡泳、范海燕译，海南出版社 1998 年版。

9. ［美］帕特·华莱士：《互联网心理学》，谢影等译，中国轻工业出版社 2000 年版。

10. ［美］曼纽尔·卡斯特：《网络社会的崛起》，夏铸九等译，社会科学文献出版社 2001 年版。

11. ［英］杰夫·莫根姆：《互联网的冲击：英国政党对互联网的应用》，《网络传播与社会发展》，北京广播学院出版社 2001 年版。

12. 王雄：《新闻舆论研究》，新华出版社 2002 年版。

13. 刘建明：《基础舆论学》，中国人民大学出版社 1988 年版。

14. 喻国明、刘夏阳：《中国民意研究》，中国人民大学出版社 1993

年版。
15. 刘毅：《网络舆情研究概论》，天津人民出版社 2007 年版。
16. 喻国明：《解构民意——一个舆论学者的实证研究》，华夏出版社 2001 年版。
17. 陈力丹：《舆论学——舆论导向研究》，中国广播电视出版社 1999 年版。
18. 王天意：《网络舆论引导与和谐论坛建设》，人民出版社 2008 年版。
19. 甘惜分：《新闻学大辞典》，河南人民出版社 1993 年版。
20. ［爱尔兰］麦克·布赖德：《多种声音，一个世界》，中国对外翻译出版公司 1981 年版。
21. 章辉美：《社会转型与社会问题》，湖南大学出版社 2004 年版。
22. ［美］道格拉斯·C. 诺斯：《制度、制度变迁与经济绩效》，刘守英译，生活·读书·新知三联书店 1994 年版。
23. 《邓小平文选》（第 2 卷），人民出版社 1991 年版。
24. 《江泽民论有中国特色社会主义（专题摘编）》，中央文献出版社 2002 年版。
25. 陆学艺：《当代中国社会阶层研究报告》，社会科学文献出版社 2002 年版。
26. 彭兰：《中国网络媒体的第一个十年》，清华大学出版社 2005 年版。
27. 赵鼎新：《社会与政治运动讲义》，社会科学文献出版社 2006 年版。
28. ［英］约翰·诺顿：《互联网从神话到现实》，朱萍译，江苏人民出版社 2009 年版。
29. 汪丁丁：《自由人的自由联合》，鹭江出版社 2000 年版。
30. ［美］曼纽尔·卡斯特：《网络社会的崛起》，夏铸九等译，社会科学文献出版社 2000 年版。
31. 胡泳：《另类空间——网络胡话之一》，海洋出版社 1999 年版。
32. ［英］蒂姆·伯纳斯·李、马克·菲谢蒂：《编织万维网》，张宇宏、萧风译，上海译文出版社 1999 年版。
33. ［澳］特瑞·波索马特尔、［澳］大卫·格林：《沙地上的图案——计算机、复杂和生命》，陈禹等译，江西教育出版社 1999 年版。
34. ［美］约翰·布洛克曼：《未来英雄》，汪仲等译，海南出版社 1998 年版。

35. 韩运荣、喻国明：《舆论学原理、方法与应用》，中国传媒大学出版社2005年版。
36. 高鸿钧：《清华法治论衡》（第四辑），清华大学出版社2004年版。
37. 潘忠党：《舆论研究的新起点》，《新闻与传播评论》（2001卷），武汉大学出版社2002年版。
38. 陈新汉：《民众评价论》，上海人民出版社2004年版。
39. 陆俊：《重建巴比塔——文化视野中的网络》，北京出版社1999年版。
40. 韩震：《社会主义核心价值体系研究》，人民出版社2007年版。
41. 《马克思恩格斯全集（第19卷）》，人民出版社1956年版。
42. 全国13所高等院校“社会心理学”编写组：《社会心理学》，南开大学出版社2008年版。
43. ［美］塔尔科特·帕森斯：《社会行动的结构》，张明德等译，译林出版社2008年版。
44. 陈力丹：《舆论学》，中国广播电视出版社1999年版。
45. ［英］安东尼·吉登斯：《社会的构成》，李康、李猛译，生活·读书·新知三联书店1998年版。
46. ［法］加布里埃尔·塔尔德：《传播与社会影响》，何道宽译，中国人民大学出版社2005年版。
47. 陈月生：《群体性突发事件与舆情》，天津社会科学院出版社2005年版。
48. 刘毅：《网络舆情研究概论》，天津人民出版社2007年版。
49. 杨雄：《网络时代与社会管理》，上海社会科学院出版社2007年版。
50. ［美］塞缪尔·亨廷顿：《变化社会中的政治秩序》，王冠华、刘为译，上海人民出版社2008年版。
51. 韩运荣、黄田园：《我国当前社会问题舆论调控研究》，中国传媒大学出版社2011年版。
52. ［美］罗伯特·K. 默顿：《社会理论和社会结构》，唐少杰译，译林出版社2006年版。
53. 喻国明：《中国社会舆情年度报告（2010）》，人民日报出版社2010年版。
54. 曾庆香、李蔚：《群体性事件：信息传播与政府应对》，中国书籍出版社 2010 年版。
55. 李毅：《社会学概论》，暨南大学出版社 2011 年版。
56. ［美］戴维·波普诺：《社会学》，李强译，中国人民大学出版社 2007 年版。
57. 时蓉华：《现代社会心理学》，华东师范大学出版社 1989 年版。
58. ［美］沃尔特·李普曼：《公共舆论》，阎克文、江红译，上海世纪出版集团 2006 年版。
59. 刘建明：《舆论学概论》，中国传媒大学出版社 2009 年版。
60. ［美］阿诺德·拉扎勒斯：《心灵谣言粉碎机》，万颖莹译，机械工业出版社 2013 年版。
61. ［美］乔纳森·特纳、［美］简·斯戴兹：《情感社会学》，孙俊才、文军译，上海人民出版社 2007 年版。
62. 陈力丹：《舆论学——舆论导向研究》，中国广播电视出版社 2009 年版。
63. ［意］维尔弗雷多·帕累托：《精英的兴衰》，刘北成译，上海人民出版社 2003 年版。
64. ［美］威尔伯·施拉姆：《传播学概论》，何道宽译，中国人民大学出版社 2010 年版。
65. 雷跃捷、辛欣：《网络传播概论》，中国传媒大学出版社 2010 年版。
66. 雷跃捷：《大众传播与媒介批评》，中国传媒大学出版社 2010 年版。
67. 江堤：《跨越三百年的自卑——张朝阳谈网络·网络文化与生活》，湖南大学出版社 2000 年版。
68. Calhoun, Craig. *Introduction: Habermas and the Public Sphere*, Cambridge: MIT Press, 1992.
69. Howard Rheingold, *The Virtual Community: Finding Connection in a Computerized World*, New York: Harper Collins, 1994.
70. Franz Schurmann. *Ideology and Organization in Communist China*. California: University of California Press. 1973.
71. Van Dijk, J. *The Network Society: Social Aspects of New Media*. London: Sage, 2006.
72. Paul Felix Lazarsfeld, Bernard Berelson, Hazel Gaudet . *The People´s Choice: How the VoterMakes Up His Mind in a Presidential Campaign*. New

York：ColumbiaUniversity Press，1948.
73. Everett M. Rogers. *Diffusion of Innovations*. New York：Free Press，2003.

学位论文

1. 张彦超：《社交网络服务中信息传播模式与舆论演进过程研究》，博士学位论文，北京交通大学，2012 年。
2. 杜阿宁：《互联网舆情信息挖掘方法研究》，博士学位论文，哈尔滨工业大学，2007 年。
3. 桑丽：《网络舆论研究》，博士学位论文，中共中央党校，2011 年。
4. 付桂祯：《微博对网络舆论的生成与影响机制研究》，硕士学位论文，暨南大学，2010 年。
5. 邹军：《虚拟世界的民间表达》，博士学位论文，复旦大学，2008 年。
6. 王海龙：《网络舆论与执政党的舆论引导工作》，硕士学位论文，中央党校，2008 年。
7. 朱国东：《关于网络舆论演进的若干问题研究》，博士论文，北京交通大学，2009 年。
8. 方付建：《突发事件网络舆情演变研究》，博士学位论文，华中科技大学，2011 年。
9. 程慧：《网络舆情的形成机制研究》，硕士学位论文，江西师范大学，2011 年。
10. 段婷婷：《微博影响力的产生机制研究》，硕士学位论文，山东大学，2011 年。
11. 林小丽：《我国群体性事件的预防机制初探》，硕士学位论文，华南理工大学，2010 年。
12. 余秀才：《网络舆论传播的行为与动因》，博士论文，华中科技大学，2010 年。
13. 聂德民：《网络舆论与社会引导》，博士学位论文，上海大学，2009 年。
14. 林敏：《网络舆情：影响因素及其作用机制研究》，博士学位论文，浙江大学，2013 年。

15. 王慧军：《网络舆论传播规律及其导向研究》，博士学位论文，南昌大学，2012 年。

电子文献

1. CNNIC：《第 33 次中国互联网络发展状况统计报告》，http：//www. cnnic. net. cn/hlwfzyj/hlwxzbg/hlwtjbg/201403/P020140305346585959798. pdf。

2. 赵志立：《试析网络舆论的基本特性和运行规律》，http：//news. sohu. com/s2009/2009chuanbonianhui/。

3. Marshall Van Alstyne & Eric Bryn Jolfsson ，*Electronic Communities*：*Global Village or Cyberbalkans*? http：//web. mit. edu/marshall/www/papersC/yberBalkans. pdf。

4. 《各版本引发热议，哪个基尼系数更靠谱?》，中工网，http：//news. workercn. cn/c/2013/02/05/130205051647079770492. html。

5. 康新进：《当代中国社会四个阶层划分与阶层矛盾》，http：//www. 21ccom. net/avtioles/zgyj/ggzhe/cnticle - 2010062/11754. html。

6. 《史记贾君鹏列传》，百度贴吧，http：//tieba. baidu. com/p/2261664618? pid = 31344820741&cid = 0#31344820741。

7. 黄鉴：《当代易学"发展才是硬道理"倒退是没有出路的》，http：//asp. 5135. com. cn/yihun/ddyxfzcsydldtsmycld. htm。

8. 《杨佳袭警案专题》，铁血论坛，http：//bbs. tiexue. net/post2 _5857339_ 1. html。

9. 《2009 年中国网络社区调研数据发布—网民篇》，http：//news. iresearch. cn/viewpoints/101762. shtml。

10. 《天涯、西陆和网易社区人均日浏览时间有优势》，http：//news. iresearch. cn/charts/62330. shtml。

11. 郑杭生：《60 年，中国社会是怎样转型和发展过来的》，http：//www. sociology. org/yanjiubankuai/fenleisuoyin/fenzhishehuixue/fazha nshehuixue/2009 - 09 - 24/8787. html。

12. 胡星斗：《权利供给的缺乏导致贫穷》，http：//view. news. qq. com/a/20090420/000030. htm。

13. 孙立平：《告别 2004》，新浪博客，（http：//blog. sina. com. cn/s/blog_ 48b91372010003dn. html）。
14. 王来华：《网络舆情的变动周期和热点表现》，中国社会科学报刊网（http：//sspress. cass. cn/news/3283. htm）。
15. 《陕西表哥存款疑云重重 多达 20 家银行涉及杨达才》，中国时刻网（http：//www. s1979. com/news/china/201210/1056229810_ 6. shtml）。
16. 大卫·伯恩：《网络民主：互联网与公共空间》，法律教育网（http：//www. chinalawedu. com/news/16900/170/2004/9/ma00934171940020_ 132969. htm）。

后　记

感谢我的导师雷跃捷教授。他也是我的硕士研究生导师。正是在他“板凳需坐十年冷”的精神感召下，促使我后来毅然决定追随他继续深造。十多年来，雷老师不仅在为学上给予我悉心指导与帮助，还在为人上教导我如何宽以待人、严于律己。读博期间，我因为怀孕、生产、照顾幼儿的一系列问题耽搁了论文的正常写作进程，致使论文一拖再拖。在弟子着急、焦虑，拼命赶着要写出论文的时候，是雷老师告诫我：无论什么时候，身体都是最重要的。最终，雷老师同意延期答辩一年。这才让我定下心来写完这篇论文。感谢求学路上雷老师的提携与关爱。我将铭记在心。

感谢中国传媒大学研究生院的曾原纪副院长，在他的大力支持与帮助下，我才获得了这次宝贵的答辩机会。感谢中国传媒大学新闻学院研究生办公室的孟力力老师。读博过程正是因为孟老师细致耐心的工作支持才得以更加顺利进行。

感谢所有授我以业的老师，感谢给我以读博支持的所有人。

感谢我任教的中国青年政治学院的王冬老师、罗自文老师，在我一面写作论文，一面又承担教学、科研工作的情况下，他们给了我所能给予的最大理解与支持。感谢同事楚卫华老师，她的鼓励与支持给了我写完这篇博士论文的信心与勇气。感谢同事陈彤旭老师给予我在写作过程中的诸多启发与点拨。

感谢我的师妹王慧，在准备答辩的过程中给我很多帮助。感谢给我以友谊、关心和帮助的所有同学和同门。

感谢远去的奶奶与舅爷爷。奶奶曾经对我说过她的梦想：她希望自己的孙女要么做个外交官，要么做名记者。如果没有奶奶的鼓励，我想当年我不会决然踏上跨过哲学专业报考新闻学研究生的路。舅爷爷系德国柏林自由大学哲学终身教授，并曾任该校东亚研究所所长。在战乱频仍的年代里，从他跨上开往德国的邮轮那天起，就立下“为华人争光”的宏愿。最终他以自立拼搏实现了自己的梦想。他的坚强与睿智成了照耀我前行的明灯。承蒙厚爱，在他老人家病卧榻上时仍念念不忘关心我的博士论文进展。如今，完成的博士论文终于可以告慰两位老人的在天之灵。这是我心底最大的欣慰。

感谢我的丈夫。他是我的技术支持、家务总管和经济后盾，某种程度上说，出身法学专业的他也是我的半个导师，他常常以严谨的逻辑、简明扼要的叙述来“敲打”我的论文。感谢我们双方的父母，为了让我专心写作论文，他们几乎包揽了照顾幼女的所有事务。感谢我的哥哥，生命里还有哥哥的呵护，是我人生的幸事。

最后的感谢给我的女儿，非非。我将永远记得，她拽住我的衣服不松手、哭成小泪人儿的场景，只是因为忙于论文的我只有很少的时间陪她。在她生命最初的一年多里，我欠了她这么多，唯愿她长大后能稍微体谅我的不易。

当我写完这篇后记的时候，窗外不知何时下起了一场春雨，给多日雾霾笼罩下的北京带来些许的清新，灯下女儿熟睡的小脸，仿佛又平添了一份暖意。如果说，这篇论文是对我研究网络舆论心得的一个总结的话，那么，将要继续的新闻理论教学，又是一个新的开始。

2014 年 4 月 20 日夜于北京